珍藏本
纪念版

汉译世界学术名著丛书

近代心理学历史导引

下册

〔美〕G.墨菲 J.柯瓦奇 著

林方 王景和 译

2017年·北京

目　录

第四编　当代心理学的趋向与学科

第 四 编

当代心理学的
趋向与学科

第二十章　学习心理学 311

随着时间的推移，会有无限“智慧”积累起来，于是，我们就精明了。

詹姆斯·哈维·鲁宾逊

大量十九世纪和二十世纪早期的心理学都是以心理生活和行为中可观测对象的种种理论研究为中心展开的。早期关于心灵的观念让位于这样的议论，即：心灵可以还原为它的元素，心理的东西可以还原为行为的东西，而行为的东西又可以还原为生理的东西。有那么一些人，他们认为心理学应该只讨论纯属心理的问题，也有另外一些人，他们坚持心理学的说明将不得不同生物学、解剖学和生理学的说明紧紧相联。在这些议论中，学习过程的讨论是一个焦点。

像我们在第八章中看到的那样，十九世纪神经学和神经生理学已经大大促进了作为一门实验科学的心理学的成长，但是第一批关于学习的“生理学的”和“解剖学的”理论却比这些进展更早得多。当柏拉图①把心灵(mind)描绘成一个可以印上感性经验的蜡

---

① 参看 Hamilton and Cairns, eds. (1961, 191c, 1936—196a)。

板的时候，他涉及——即使仅仅是作为一种比喻，仅仅是为了辩论的需要——记忆的机体相关物。同样地，当洛克把这一论点（蜡板假说）再一次引进现代心理学时，他也是根据机体因素的形象说法来理解记忆。很久以前，亚里士多德就曾改变这种以此喻来对机体进行探讨的做法，提出了记忆在生理结构上的特定位置和生理机制的问题。他认为经验是由血液传导的，而记忆则保存在心脏(heart)中。从这个论点到盖伦关于记忆存在于大脑的提法只不过是一小步之差，而盖伦的说法去掉有关脑室的部分，直到今天仍然是神经解剖学和神经生理学的基础。

笛卡尔也非常注意身心交互作用在生理结构上的特定位置问
312 题；他认为位置在松果腺。他论证说，这个腺体里的活动同感觉印象相符；这些活动通过脑的微孔送出“动物元气”，并存下痕迹，便于以后的回忆。从笛卡尔开始，在主要的自然科学理论进展和阐明学习过程的观点之间一直存在着一种密切的关系。大脑已被确立为记忆在生理结构上的基地，确立为感觉报告的传达器官，而脑内记忆贮库的机能作用则成为一个主要概念。

哈特利(1794)把牛顿的活动粒子说应用于这个问题，并提出，大脑白色髓状质的振动是记忆的根源。他认为，感觉改变自然的振动型式——同一感性经验的多次重复导致已变型式的保存。在哈特利那里，学习心理学已经涉及练习和保持力的函数关系问题，涉及学习和记忆的特定神经生理相关物问题。自此以后，这些问题就同我们再也分不开了。

随着十九世纪神经解剖学和神经生理学的进展，大脑机能区分和神经组织传导性能已成为学习问题的研究中心。例如，贝恩

(1855)宣称，每一种习惯，感觉印象，或观念的连结都同神经结的成长有联系。神经元说(参看边码第120页)引导我们从早期关于记忆区域和机制的思辨假说逐步达到关于神经冲动传导——特别是间断神经元之间的结合点的传导——的神经解剖学和神经化学的专门研究。突触结合点的冲动传导因经验而变更的可能性为后继的心理学和生理学的学习论提供了主要的范例。我们将在第二十二章回到后一个题目上来，并同时讨论比较心理学和生理心理学的历史背景和现代发展。现在让我们先来看一看关于学习过程的心理学见解的近期历史吧。

二十世纪早期心理学的一切“学派”和系统观点必然都对学习过程问题持有某种立场。对于“学习论”多少详尽的阐述都能在本书前几章勾画的几乎全部主要心理学体系后期趋附者的著作中找到。可能有人会说，弗洛伊德和心理分析学一般都忽视学习论。果然如此，这主要是因为弗洛伊德对于感情、固恋、移情等等的探讨和他对于发展法的运用，这些受到重视的领域是以前大多数心理学学派所忽略的。心理分析学在其他体系保持沉默的场所作出了它最多姿的贡献。可以说，它已经从后门步入学习心理学。完形心理学从知觉认识领域开始，也从后门攻入学习论；而且仅仅是因为克勒和以后的科夫卡以及再以后的韦特海默尔发现，全部当 313
代学习概念从他们的观点来看都已经熟透得发了霉而不值得再加以认真的研究。现象学和人本心理学一般说来对于学习论始终是不耐烦的，因为大多数学习论着重于细节，那在他们看来同人类探讨存在的方式是根本不相干的。

学习的理论已经变成当代系统心理学中来自早期联想主义和

行为主义的那一部分的一个主要成分。不过,当代学习心理学不能禁锢于某一学派、某一研究方法或某一体系的范围内。由于拥有大量多方面的实验文献——摘其精华要点(Hilgard and Bower,1966)甚至也需要占用一大本书的篇幅——当代学习心理学体现了我们世纪早期各种学派所提示的许多重要线索,并且再细分为概念上和方法上的无数亚体系。

我们今天看到有一种逐渐增强的趋势,在它的影响之下,前一时代两极分化的学派几乎全部消失。这些学派正在被规范严密的实验学科所取代,其研究集中在有限定的行为领域、方法论探讨和理论问题上。在本书中,我们试图表明对学习过程理解研究的近期历史起源和当前的状况。我们愿以粗略而未加润饰的笔触勾画出一个画面,来表明本文讨论的主题范围内——作为现代心理学总体的一个方面——的当代问题和研究概貌。首先,我们要看一看那些主要的心理学家:桑戴克、格斯里、托尔曼、赫尔和斯金纳,他们在我们世纪的前半叶塑造了有关学习问题的种种心理学研究。

像桑戴克在本世纪早期已经弄清楚而格斯里以后又予以强调的那样,学习过程的事实就是围绕着“联结”过程的事实。联结的形成和破裂是可以观察到的基本事实,这是必须予以说明的。大致说来,在心理学历史的全过程中,S—S(从感觉印象到感觉印象)联结是最受重视的,但通常也有一个适当的地位留给 S—R(从刺激到反应),例如,在洛克和哈特利的著作那里就是如此。认为自己是一个生理学家而不是心理学家的巴甫洛夫,却也使反射在新的 S—R 型式中由获得的刺激引发出来。完形心理学强烈反对

S—R 关系的明显自动作用，运用了一种在克勒的顿悟实验中达到的 S—S 思维概念。但是完形论者认为反应对于 S—S 型式的起作用是主要的，正如格斯里运用“运动产生的刺激”的概念和托尔曼等运用“反馈”概念来维护从一个 S—R 型式到下一个 S—R 型式的动作循环一样。

桑戴克偏爱的字眼“联结主义”(connectionism)是对现代学
习论所做的差不离击中靶心的定义。在心理学历史的全过程中，314
正像格斯里(1952)提醒的那样，心理学家一直在强调联结：情境和行为的联结；一些行为和另一些行为的联结；一些知觉和另一些知觉的联结；一些思想和另一些思想的联结。心理学家也已经注意到在这些联结和它们的苦乐情感质之间的极其密切而又重要的关系——即在这些联想促成的行为和这些联想带来的欢欣和悲哀之间的关系。换句话说，联想主义和心理学的欢乐主义总是和我们在一起。桑戴克和格斯里的联结主义，弗洛伊德的自由联想和始发过程动力学(primary process dynamics)、赫尔的形式系统学习论(formal systematic learning theory)，克勒的有结构的顿悟学习(structured insight learning)和托尔曼的符号完形学习(sign-Gestalt learning)都是联想主义孕育出来的。这些理论有一些是纯粹的联想主义，最突出的是格斯里的邻近性条件作用说。其他的像弗洛伊德和克勒的理论，则把联结原理置于从属其他原理的地位。但是所有这些理论都需要联结原则，因为，正如神经系统内的冲动是联结着和结合着的，在心理学水平上的一切体系也都强烈要求承认联结的作用。

桑戴克的强化说和格斯里的邻近性条件作用

英国的进化论者劳埃德·摩尔根在哈佛给威廉·詹姆斯的学生讲课。年轻而又机灵的桑戴克从听课中受到启发而联系到动物的学习过程。他的第一批实验是对鸡、狗和猫做的。不久以后，他在哥伦比亚建立了一个临时的动物实验室，在那里，得到卡特尔的赞助，工作开展起来了。

最广泛研究的题目是动物学习曲线的特性。例如，一只猫放在一个笼子里，笼子只能靠打击门闩或枢纽才能开放，笼子外边放着一块鱼。连续的咬、抓、急趋而过，最后随着到来的是使动物获释的偶然动作。在随后的一次试验中，发生了同样的一般行为，在每一次新的试验中也都是如此。然而，出笼所需要的全部时间尽管有反复的波动，却表现出一致的缩短趋势。当练习的日数在 X 轴上标示出来，而完成一次行动需要的分钟数在 Y 轴上标示出来时，学习曲线最初迅速降落，以后越来越平稳，直到一个限度，达到了一个水平线，表明这个动物完全熟悉了任务。这样的曲线同布赖恩和哈特(1897)以前报告的学习曲线明显相符。后者虽然是根
315 据单位时间的成绩计算而不是根据单位成绩的时间计算，但也得出了同样的结论：练习收获递减的原则。就这一原则而论，两种曲线都同埃宾豪斯的遗忘曲线相似。

从桑戴克的曲线看来似乎很明显，对任务真相的突然领悟是少有的或者简直是完全没有的。在曲线中没有表示猫已“解决”课题的突然而持久的骤降。猫从散乱的动作开始，当练习继续进行

时，散乱动作逐渐减少，打击门闩所需的时间也必然减少。桑戴克看出，像斯宾塞和贝恩在他之前曾看到的那样，这种“散乱”动作在导致“正确”反应的发现上是很重要的，“尝试与错误”一词很快便普遍用来代表这种行为。甚至在猿猴中，桑戴克报告说，学习也是这样的一般类型。关于顿悟或“模仿”，桑戴克没有发现有明确的例证①。

桑戴克自己并不十分注重作为学习基础的生理过程。不过，那个时代的一般生理学概念——来自十九世纪后期的神经生理学发现和巴甫洛夫关于条件作用的著作——却被桑戴克用来制定许多生理学的学习定律。这些定律在《心理学原理》(1905)中提出，以后在《学习心理学》(1913)中，以及再后在《学习的基本原理》(1932)中加以阐发。这些定律中最有价值的也许要算桑戴克的效果律(law of effect)，它说明，联结的增强和削弱，是经验和强化作用的一种后果。一行为带来的满足据说可以增强一种联系，并使反应的再次发生具有更大的可能性；而烦恼则趋于削弱联系，从而降低反应的可能性。准备律是效果律的一个附属律，说明一个行为令人满意或使人烦恼的环境条件。练习律说明，“用”可以增强而“废”则会削弱感觉印象和行为冲动之间已经建立的联系。这一定律后来由于有新的证明而被修改，新的证明指出，练习影响学习仅仅因为练习使更直接的因素，如奖励和惩罚的后果，发挥作用。在他的事业的后期，桑戴克几乎把全部注意集中于效果律。

① 当然，我们确实从后来克勒等的著作中得知，在猴子中有模仿和顿悟这样的事情，或者，在像鼠这样低级的有机体中也可以期待有类似情况(参看边码第318页)。

他认为，奖励和惩罚不仅影响刺激-反应联结而且“波及”那些与始初联结前后毗邻的联结。他虽然放弃了他的某些早期的附属律如练习律等，却对完形论研究作了新的让步，承认刺激的成员特性即**所属性**在形成联结中的作用。

桑戴克体系的一个较次要的准则“联系迁移律”(law of asso-
316 ciative shifting)说明，当两个刺激临近而其中之一引起一个反应时，另一个刺激也获得引起同样反应的能力。这一准则和巴甫洛夫条件作用范例非常接近并变成格斯里学习论的唯一主要假设。

格斯里是一位使华生传统(参看边码第 245 页)系统化的人物，他厌恶任何哪怕只有一点根据精神、意识或主观现象来做解释的东西。来自邻近性的刺激-反应联结是格斯里体系的主要命题。他以此为根据建立了一种学习理论，并设法不仅避免使用心理概念，而且也不使用内驱力以及奖励和惩罚的概念。甚至练习对学习的明显影响格斯里也撇在一边；他论证说，一个刺激—反应联结在它初次发生时就获得充分的力量。这种联系次数的增加自身，而不是个别联结的增强或削弱，就足以说明练习后显见的成绩提高。那么，内驱力和强化，有机体行为的准备状况，以及一个行为的结果在导致满意或痛苦中的影响，又怎么解释呢？所有这一切，以及研究学习问题时某些其他需要注意的因素，格斯里都根据运动产生的内部刺激来说明。应该记得，这也是华生可以说“不很成功”地论述言语的复杂过程时的发明。

因此，据格斯里看来，没有什么东西可以削弱或增强一个已经建立的联结，自然也不可能有什么遗忘。那么，在长期荒疏或缺乏练习以后出现的显见的成绩下降又是什么缘故呢？这些，格斯里论证说，是由于形成了某些新的联结，同原有的联结不相容。桑戴克在他的准备律中论及的动机状态，在格斯里的体系中仅仅作为附属的势力保留下来；这些势力据认为只能通过动作次数和强度的增加而间接地影响学习。格斯里认为奖励仅仅同刺激呈现的机械安排有关。他论证说，“奖励”使有机体在一系列行为的结尾同某一刺激情境离开，从而阻止了不相容的新联结的形成，使最后一次行为和最后一次刺激之间的邻近性保持下来。

格斯里发表了许多著述说明他的学习机械观。他是一位能够从人类学习的复杂情境中找到丰富多彩的事例来阐明自己论点的大师。他坚持硬性、简单、机械而又概括一切的原则，同时又对人类行为的复杂形式兴趣盎然，也许正是这两者的矛盾使他从来没有提出过他的学习论的简单概说。这一任务由他的一位学生弗吉尼亚·沃克斯(1950)承担起来。

托尔曼的符号完形学习说 317

麦克杜格尔的目的论和桑戴克、格斯里的行为主义在托尔曼身上打下了印记，他在二十世纪二十年代作为动物学习问题的研究者开始制定一种系统的“目的行为主义”。即设想在一切动物和人类学习活动中都有一种基本的寻求目的的趋向。以白鼠作为他的试验对象，他在伯克利的加利福尼亚大学，持续三十年进行一项有魄力的研究计划，探讨“认识图”、“符号学习”和“中间变量”的作用和发展，那是一种研究认识问题的心理学的大胆尝试的一部分，实际上已经远远离开了其早期行为主义和目的论的起源。

虽然把学习问题的研究者区分为两大集团——承认联想传统和反对这一传统而拥护某种类似完形的原理——相当容易，这种区分在托尔曼身上却行不通(1932)。同意麦克杜格尔认为需要一种目的探讨的见解并同意行为主义者认为需要客观观察的见解，他在比较心理学的一项长期计划中强调学习情境的结构面貌：有机体对其所处环境有目的有选择地作出反应的能力。他使人有理由相信有机体把种种物体看成是达到目的的手段；的确，有机体的认识生活是复杂、有秩序又富有意义的，正像完形心理学者所主张的那样。在刺激和被观察到的反应之间，有必要(像在赫尔那里所做的)穿插一系列“中间变量”，借助于此，反应才可以被理解。这些因素的性质必须用实验探测出来。但是，它们同大多数行为主义者所设想的那些因素大不相同。很难对这些因素做出概括的说明。例如，“行为支持”(behavior-supports)是“行为动作所需要的环境中的特性，为的是使这些动作可以进行下去而不瓦解(disruption)①”。更具体地说，行为支持分为个人辨别性特征(discriminanda)，个人操作性特征(manipulanda)和手段目的关系(means-end relations)。有机体不是经常只对刺激有反应，而且也对符号-完形(sign-Gestalt)有反应，而一个符号完形就是一种“复杂的行为支持，一个符号对象，一个由符号代表的对象，和一个由符号代表的手段目的关系”。所有这些概念都被系统地用来设计决定性的实验测验并使早期的工作一体化。

① 瓦解是“行为的一种中止和被打乱，是某种以前没有遇到过的变化引进一定环境时造成的”。

那么，很明显，刺激并不是简单地**作用于**机体；机体是倾向于利用刺激的。托尔曼远不承认有什么纯粹的令人满意的性质自动地铭刻在行为中，他提供一系列实验来证明目的在赋予环境中种种物体以意义的作用。例如，电震可以用为一种“强化剂”（“emphasizer”）。根据条件作用的概念对学习所做的解释受到托尔曼
以种种理由进行的攻击：他指出，毫无必要认为有条件刺激的反应 318
是同原初无条件刺激的反应一样的。吃是对食物的恰如其分的反应，而对于迷津中的一条小径就不是这样；老鼠并不是吃小径，而是进入小径。条件作用，据托尔曼看来，不是简简单单一种新的刺激-反应联结的建立；而是一种“符号-完形期待”（“sign-Gestalt expectation”）。托尔曼研究的突出重要性在于坚持活的有机体树立期待目标而且有能力进行**创造性**的学习。在这里特别有影响的是克列切夫斯基（1932）早期的提示，即甚至一只老鼠也能提出解决它的问题的方法的“假设”并在进行中检验这些假设。虽然不能完全说服具有行为主义倾向性的人，这样一种见解对于强调以下可能性是极有意义的，即动物的认识生活，也像它们的运动行为一样，有必要在实验上同人类心理学进行接触。

也许，已经说了足够多的话来表明为什么托尔曼的研究既不是普通的目的论，也不是普通的行为主义，以及为什么他会说，尽管他自己也需要“**分析的**变量”，而还是以加入完形论者一伙为荣。他是一个“克分子的”（“molar”）而不是一个“分子的”（“molecular”）行为主义者；在关于有目的的统一体研究中，他寻求客观性。他的联想主义当然属于行为主义思潮；它拒绝把内省看成是心理分析的一种方法。不过，在他的联想主义中，心理活动的统一性通

过中间变量的发明扮演了一个重要的角色，这些变量是同可以观察到的周围事件和行为表现相关联而且可以从这些事件和表现推断出来的。托尔曼坚持认为，行为有它自己的特性，可以不依赖于有机体内神经的、肌肉的和腺的基础而识别出来（甚至经过推断识别）并加以描述。就这一点看，托尔曼当然也属于行为学派，行为主义者曾长期强调，应该根据行为自身的概念来理解行为，而不必还原到解剖学和生理学来理解。像在他之前的桑戴克和格斯里一样，托尔曼并不反对运用神经的概念作为比拟。但很清楚，他们都是在谈论心理学，而不是谈论生理学——谈论行为的冲动，谈论在外现行为和内隐行为中观察到的或推断出来的心理元素之间的联系。

虽然托尔曼的体系是目的论的，他却极力规避任何一点点目的的含意。他的目的论不过是表示，行为是由可以观察到的、客观上可以描述的最后结果所制约，不过，这些结果在他看来并不代表决定因素的任何颠倒秩序。从更近期的观点来看，托尔曼应该被认为是承认机能解释和前因解释根本不同的第一个人。许多流行的反馈环和控制论的范型问题在某种意义上都可以追溯到托尔曼。并不是一切可能有的目的论问题都已经从今天的心理学中抹
319 掉了，但现已取得的巨大进展主要是来自托尔曼的体系。托尔曼超过了华生和格斯里的纯机械决定论的行为主义，甚至也超过了桑戴克的欢乐主义的行为主义，恰恰由于他觉察到有可能对行为的追求目的一面进行一种客观的探讨，并承认来自一个已完成行动的反馈作用远比行为的形成和加强更为重要。

托尔曼也可以被认为是认识心理学的开山始祖。他对于中间

变量的强调在他的时代的全世界学习理论中引起了广泛响应。麦科克代尔和密耳的文章(1948)说明在运用这种变量时有许多危象。一个反应的执行可以概念化为一个简单的S—R联结，或者概念化为具有一种“假想构造物”的复杂介入型式，假想物的根据在于可以鉴别的生理变量或不需要具体生理鉴别的“中间心理变量”。这也就是希尔加德下述说法的部分含意，他说，一种特殊的语言，一种特殊的构造物体系，已经进入学习心理学，它对于想在实验室中研究学习问题的多数心理学家都是有益的，而在二十和三十年代曾经是那么紧张激烈的“学派”之争，今天则已极度沉寂。

赫尔的强化说

二十世纪早年贡献了论述学习过程的两项令人望而生畏的系统性心理学学说，两者在精神上都是联想主义的，在风格上都是还原论的。巴甫洛夫的条件作用范例为一种演绎法提供了工具，高级神经机制的作用和神经生理过程要由有控制的、客观的、可以观察到的刺激-反应联结推断出来。桑戴克的效果律把早年的欢乐主义原则同二十世纪早期的系统探讨结合起来，而且，以实验演绎法的巨大成就为支柱，它导致赫尔著作的产生——一个拥有特定定义，原理和假设的严密体系。限于本文的篇幅，对于这样一种复杂的理论，要进行充分的论述是不可能的。

赫尔的体系表现在三本主要著作中:《行为的原理》(1943)、《行为的基础》(1951)和《行为的体系》(1952)。在这一体系的最基本的形式中有十七项公设和十七项推论，这些形式作为交互作用的符号单位，阐明以下问题：(1)有机体带到学习前情境中的非学习的刺激-反应联结和感觉能力；(2)能引起行为有效加强的动机过程和内驱力状态；(3)习惯形成的规律；(4)影响反应引出的那些非联想作用的因素；(5)反应倾向的反向条件抑制；(6)在一个以上
320 刺激通过强化作用已和同一反应联系起来时使习惯力量和反应倾向两者都复杂化的因素；(7)当一个以上刺激在某一时刻同时呈现时使刺激的兴奋特性复杂化的因素；(8)由于个体差异造成的学习公式中常量的变动。

强化原理是这一体系的基石。在其初始形式中，赫尔的强化假说表明，一个反应由于一个基本需要或内驱力倾向得到满足而增强。后来在米勒和多拉德强调内驱力刺激而不是强调内驱力状态自身(1941)的影响下，赫尔把论证从基本需要的满足转移到内驱力刺激的操纵方面。于是，在回避学习(avoidance-learning)中，是对于痛苦感觉的回避而不是一种逃脱伤害的基本需要，变成了反应的重要加强力量。内驱力状态和内驱力刺激两者都被赫尔看成是中间变量。它们都作为符号单位被填入体系，在表达刺激和反应的函数关系的繁复数学公式中受到处理。这些符号单位不能设想为同生理或生理化学机制有关，而宁可说是同那些从可以观察到的输入/输出变量(observable input/output variables)推知的心理因素有关。这种符号单位的严格数学运用构成这个体系的基本逻辑。

赫尔的探讨支配着学习心理学概念近三十年之久，他的体系被应用于几乎一切已知的学习问题研究。例如，斯彭斯(1940，1956)应用这一体系解决辨别学习的问题就很成功。在这里，争论

的焦点是围绕着这样的问题展开的，即：学会分辨两个刺激主要是依据过去和现在联想作用的**连续性**呢，还是因为在有机体从一种系统的行为方式转移到另一种并在转移过程中达到一个新的整合水平——一个新的顿悟——时学习中会有一种连续性的中断呢？后一种看法曾为托尔曼和他的信从者特别是克列奇所拥护。但斯彭斯采取了连续性看法；通过赫尔原理的巧妙应用，他达到一个复杂的但具有高度预见价值的理论，涉及辨别学习中同强化有关的兴奋与抑制电位和泛化梯度(generalization gradients)的交互作用。尽管有这样成功的努力，赫尔的研究并不是一致受到尊重的。当时流行体系中不可调和的分歧，特别是在行为的完形论解释和行为主义解释之间的持久分歧，阻碍了一个单一的普遍可以接受的学习原理的出现。赫尔的体系受到各方面根据种种理由提出的批评。有针对赫尔坚持强化作用并强调内驱力还原原理(drive-reduction principle)的批评。也有来自另一些人的反对，他们毫不含糊地采用符号单位、合理构造物以及在建立心理学理论中采 321
用数学方法。在这些人看来，赫尔还不够数学化；他的数学探讨和符号构造物还没有达到一定高度，只不过刚能使可利用的数据同具有有限概括性的实验曲线相符。这并不能满足那种对于具有广泛数学概括性和独立操作能力(independent manipulative power)的真正合理构造物的新要求。时间在前进并越过了赫尔对心理现象的机械数学演绎研究。今天已没有什么大规模的实验计划是以赫尔的体系为根据的了，尽管这个体系仅仅在二十年以前还处于学习心理学的核心位置。

但是，时间也已经表明，行为虽然不屈从赫尔所尝试的那种严

格的符号对待，却仍然是精密的数学研究的正当主题；同时，行为的研究甚至在纯粹着重数据而反对推论的探讨中也能迈开大步，象斯金纳所做的那样。而且，当代的习性学和比较心理学的探讨开始指出，适应的确是一个非常复杂的过程，它受有机体种系发生“史”的错综复杂状况的影响不亚于受个体发生史的影响；而进化同环境问题打交道的千变万化的方式也不会允许对什么一般“学习过程”的跨物种的千篇一律处理。赫尔的体系，我们满可以肯定地说，已经逐渐退到“历史意义”的世界中。这个体系由于提供了一个值得仿效的方法已在心理学的发展中打下了不可磨灭的印痕；但是它的细节则已经丧失了它们原有的威力。

不过，赫尔对于学习过程中内驱力还原的着重强调持续了一个时期并经历了几次修改。首先是米勒和多拉德把着重点从内驱力状态和内驱力还原转移到内驱力刺激的实验控制上面，正像我们已经看到的那样，那已被收编到赫尔体系的后期形态中。另一个重要的修改是莫勒做出的，他论证说，内驱力状态原则只同手段学习(instrumental learning)有关，同反复尝试的学习有关，在这种学习中，发出的反应是由强化作用所控制的。他论证说，典型的条件作用能够用刺激替换和联系转移给予充分的说明得到的范畴上不同的学习过程(符号学习因为刺激替换，解答学习因为增强的尝试与错误过程)及其同一般行为理论的关系，已由莫勒给予详尽有效的审查，见于他的著作《学习原理与行为》(1960)和《学习原理与符号作用》(1960*a*)。这些书中审查的大量论证和实验材料在时间上还太邻近，本文还不可能做出恰当的历史评价。具有类似意义的对于赫尔研究的取代和嬗替现在正在数学领域中发展起来，这种取代并且表现于斯金纳对于操作性条件作用的研究。

数学模式与学习论 322

一个假设应该受到检验，这一看法在半个世纪以前的实验心理学中是极为重要的根本原则，现已逐渐显示出具有崭新的意义，一方面这是因为有费希尔的《实验的设计》(1935)的问世，另一方面是因为场论的研究从自然科学输入生物科学。大家都逐渐同意，假设和认识工具是兄弟关系，工具是从属于能够检验“理论”的一套方法的。有时候，如赫尔体系中的“假设的构造物”，或在自明的意义上公认的通则，被认为是需要受实验检验的理论的依据。不论如何，明显的是，需要有一种概括和描述相互联系的运算体系的方法，这些运算是必须在理论形成和理论检验的过程中实施的。第二次世界大战以后的时期中，习惯的用法迅速巩固加强，赞成在描述心理学的可观测物系统(Systems of observables)中运用“数学模式”。科学的共同语言——数学——的运用要求对心理学资料的一致的抽象和测量。它要求心理学资料的搜集成熟到一定程度才能运用数学的思维。同时，合理的数学运算把一定类型的问题排除在直接的研究计划之外。在经得住这种考验的问题之中，准确性和一贯性成为这一新工具有效运用的合格证明。

心理学中最古老的数据——如知觉数据，心理物理学数据，特别是来自学习和遗忘过程的数据——对于这一研究是大有帮助的。人们不仅可以提问，难道无含意音节和有含意材料的学习曲线不是相同的吗？而且可以进一步提问，知识和技能的获得，干扰的消除，顿悟的实现，不都是表明同样的基本曲线吗？假如不相同，难道不是至少也有可资利用的“近似”曲线吗？我们可以问一问，在所有的学习曲线中，或者，甚至在代表环境状况和有机体活动间函数关系的曲线中存在着什么类型的数学可概括性。有关适应、学习、顺应、生长等等最普通的问题成为相互关联的并且可以用符号来对付的了。

赫尔的体系当然是规模最宏大而又最广泛受到赞扬的学习问题符号研究，但它的发展并没有超出从观测资料推断而来的操作构造物界外。新近的数学理论家（Estes，1950；Bush，1960）赞美赫尔使心理学成为一门过硬科学的努力；但是他们也批评他作为一位数学理论家的不足之处。赫尔的程序基本上是一种曲线配合程序，它是同简单指数函数打交道的。由于他的经验演绎（empi-
323 rico-deductive）研究，以及在他的体系中对于许多数学上可以处理的学习论据的细节缺乏关心①，他受到非难。有趣的是，斯金纳对赫尔的反驳是说，心理学还不够成熟，还不能进行形式的理论建设，而且还没有足够的资料来进行这样一种精确的研究。这一观点受到许多人的谴责，不论是在数学理论领域之内或之外，他们的论证是：理论的主要作用就是详细说明应该搜集什么样的资料和为什么应该如此，而不是其他。

自从埃宾豪斯对于学习过程第一次系统地处理以来，一直有许多尝试要以各式各样的符号公式尽可能树立一种关于经验和学

① 在莱温那里也能发现有类似的态度，莱温虽然把一种新的符号研究（场论）和几个新的数学概念介绍给心理学，但他自己并没有在严格的数学研究中运用这些东西。

习成绩之间函数关系的概括画面。对进入学习过程的种种因素的客观测量，和关于这些因素的质的数学处理，常常是这些尝试中的焦点。是瑟斯顿在1919年第一次承担了这样的任务，即在经验的客观测量和学习过程的同等客观测量之间制定一个系统的数学函数。可资利用的实验数据表明有一条学习曲线指出一直在增加的函数值——一条同最好的成绩相应的渐近线。这自然也就是赫尔后来与之打交道的同一条曲线。使这样一个一般的学习曲线同有效数据相符的初始尝试逐渐地——又是首先在瑟斯顿的著作中——从当时使用的纯推论数学工具得出一个函数。

拉谢夫斯基在数理生物学方面的著作(1951)也给学习提供了新的模式。也许因为拉谢夫斯基主要是着重生物学和生理学的材料，他的研究对于那些旨在研究心理学资料的人并没有什么可观的影响。埃斯蒂斯(Estes)则在后一种人中是很突出的。他所开创的事业已发展成为对于学习和其他心理过程进行数学研究的一个相当广阔的领域。他把重点放在同引发反应和习得反应有关的刺激群的特征上。在他的数理学习论中主要的公理是，一个反应发生的或然率等于该反应的有效条件刺激元素数除以选出的刺激元素样品总数。像在他之前的格斯里一样，埃斯蒂斯也设想一个反应和一个选出的刺激样品在初次接触发生时只要一次试验便形成连接。

围绕着埃斯蒂斯数理学习论可能提出的问题，在许多方面也同涉及格斯里学习概念时所提出的问题相似。方法上招人喜欢的简单并不一定就是俭省，它只具有很有限的应用价值。自然，是由 324
于提出的理论函数同所搜集的经验资料相符这个优点，才决定了这个研究法的价值。不过，在现在的形式中，埃斯蒂斯的体系似乎对于个体变异和跨物种变异的许多问题都还没有接触到。把学习抽象为一成不变的过程，独立于适应环境中产生的物种典型、发展和生态等方面细致分化的变量之外，这的确是一个大胆的尝试。它的诺言像费希纳在心理物理学方面的最初想法那样古老，那样伟大，但并不是没有陷阱的。

数学模式可以在两个方面被认为是概括原则的延伸：(1)在完全不同的观测领域中寻求那种关于关系的同一的形式体系，和(2)使基本函数存在摆脱那些就观测者和概括者说的“具体性”或“依赖性”所具有的一切有害或干扰的特征。它们容许纯数学的高度复杂运算。它们还提供了一种可能性，即一种“综合系统论”(“general systems theory”)可以在不同的水平找出相同的基本模式要求，从细胞水平到社会学水平，或者，从表现在反射动作的“疲劳缓解”中的非常简单的个体机能到倾听音乐时的其乐陶陶，或者，甚至更广义地说，到阈限的提高或到由于连续刺激造成的更高的刺激栅。数学常常诱使那些能够聪明地运用它的人去做这样那样的尝试，概括就是其中的一种。

由此类推，可能有高度概括的心理学法则或行为法则，这些法则根据数学模式处理时，将直接回溯到显然可以应用于如中枢神经系统的作用等类似法则。很有可能，心身论甚至心身两相论，或心物同型形式论(isomorphic form theories)会真地由模式构造者中兴起的思维方式所推进。例证在拉谢夫斯基论述中枢神经系统的一般动力论中就有，他的动力论本质上就是一个超过克勒关于知觉和大脑皮质形式一致的同型论的概括。

这里我们遇到了一个工具或一个方法对于一种理论体系的扩展所起作用的另一个例证。高速电子计算机现在已经能够用来解决有关机体机能的无数复杂问题，这个事实表明有关心理生理学甚至身心关系根本哲学的数以百计的重要问题正在进入可能运用计算机运算的时代，正在进入数学的时代。已经在制定方案来解决纷乱的基础心理生理机能问题，这些问题仅仅在几年以前还隐藏在太多的“干扰”变量背后而不能观测出来。于是，用一架“一般速率的计算机”，就能迅速把心理现象或生理现象之间经常发生的函数关系弄明白，那是必然在一定条件下发生但以前一直没有清晰证明的，原因是实验研究和理论研究都不足以控制全部有关的 325
变数。因此，数学模式便随着这一潮流通过有害变量或干扰变量的排除逐渐达到运用仪器使现实简化而相应变动，而当新的心理生理学原理以崭新数理概念武装起来的时候，则又随着潮流而回返。模式是实验的侍女，而顷刻之间，实验又变成模式的侍女了。从物理学借来的对于思维方式的绝对忠诚在本书写作的时候继续在促进数学模式和实验方案的相互依赖。以后将会有某些讨论涉及各种针对这一联姻的抗议。不过，我们现在眼见婚礼在举行中；它受审判要有适宜的气氛，那将取决于联姻的后果。

斯金纳的操作性条件作用

斯金纳是高尔顿学派的后裔，他把心理学的创造性同发明家的天才结合起来，巧妙安排情境使新的原则能够从盘根错节的灌木丛中忽然以魅人的姿态脱颖而出。早年他看到有什么东西使动物和儿童孜孜不息时感到有一种乐趣，并使之同文学的志趣——到十八九岁时他在这方面勤奋不懈求取进展——相结合。这些兴趣的融汇表现在下述自传性的记载中："我订阅的名为'日晷'(The Dial)的文学杂志那时刊有罗素的文章，引导我去看1925年出版的罗素的著作《哲学》，在这本书里他以很大的篇幅讨论华生的《行为主义》……并且在纽约的一个书店里，在顾客之间流动阅览的范本中，我读到他的《关心婴儿和儿童的心理成长》一书。"(Skinner，1967，p.397)他对语言学和文学的兴趣一直保留着。他的《沃尔登 II》(1948)是一部描写以正确习惯为基础的乌托邦著作，它既符合科学的准确性又有文笔的优美。

但是他的主要爱好明显地倾向于对行为问题的实验和分析。在哈佛，后来在明尼苏达大学，他创制出一种行为体系，这成为他以后三十年著作的前提。一个主要的成就是以桑戴克式的学习论对巴甫洛夫式的学习论进行理论上的剖析。反应是发射出来的或引诱出来的；而在大多数场合，诱出的反应比之发射的反应在重要性上要逊色得多。

在这一行为体系中，我们所要寻求的并不是说明或甚至理解引起行为表现的有机体内部的原始生物性力量。不如说我们是在等待一个特定的和明确的行为发生，接着我们以某种仔细选定的
326 强化因素来加强这一行为。例如，我们构造一个箱笼("斯金纳箱")，其中只有一个横棒，动物能够把它压低，从一个小盒中释放出一小团食物；现在，我们要研究的不是一个条件刺激同一个无条件反应的联系，而是那些可以明确说明的定律——对种种强化因素都有效的定律，并研究发射行为的时间关系，使我们能够攻研学

习曲线、概括曲线和消退曲线的性质。由于环境的极其简单化使这一切可以最好地完成。大量的试验是通过鸽子的啄食反应完成的，这种反应能够精确地加以控制；鸽子迅速学会在一种刺激下啄食，或者在正确刺激下的啄食动作受到加强时学会分辨刺激而使一粒谷子被啄食的动作啄住。正是这个研究的简洁性和这样得到的原理的概括性引起了极高的赞誉。

这些普遍的原理中有两条在桑戴克关于学习的见解中已经隐含着而现在得到了清晰的说明，即："强化程序"原理和"造型"原理。业已发现，学习的速度、学习内容的推广于新的情境，以及获得反应的消退等等直接地而且可以预报地依赖于强化程序（例如，加强是在每一动作——如已被选定为所需反应的压低横棒或啄食等——之后，还是采取间隔加强，如在二或五次适宜发射的反应之后的加强而其余的反应则不受加强，还是采取不规则且"不能预报的"强化程序）。如果加强不是固定不变地联系于特定有报酬的动作，老鼠或鸽子常常会弄得在很长一段时间保持某种习惯不变。一个对于学习和消退过程的高级控制已经实现。桑戴克已经强调过并在驯兽者中广泛运用的"造型"原理说明，加强在所期望的动作发生以前不要撤销，而应在任何同所期望的反应有关或为其一部分的动作发生时都给予加强。用俗话说："假如你想训练一只海豹打棒球，只要他一打本垒就毫不犹豫地抛给他一小块鱼；每一次他冲向球棒或转动眼睛盯球时，都能得到一小块鱼。"型式塑造成功了。组成成分已被铸入或刻入所期望的或遥遥相望的目标反应之中。斯金纳的体系充满着这两项原理的灵活推广运用。

主要是根据这些理由，才在正常儿童以及身心失调、有缺陷等

组儿童中运用“操作性条件作用”程序(“Operant-conditioning” procedures)来促进学习过程。以强化程序来对付不适宜的习惯证明是相当简单的，其中，糖果、口香糖、香烟，或一句关怀的话(“社会性加强”)替代了通常采用的对待行为不端的儿童和青年的机械方式、说教、责骂和处罚等等。操作性条件作用计划已逐渐在
327 为有缺陷和身心失调的儿童和精神失常的成人所设立的机构中广泛运用。

但是，主要的关切不在于有疾患的儿童，而在于一般正常儿童和青年，他们的学习可以弄得更惬意得多，也更有效得多。可以设法作出安排，使儿童能够攻研他们感兴趣的课题，从中不是得到外部的满足就是得到由于力能胜任而产生的内在满足，并能由于进行到下一个任务而受到“鼓励”。他们能够在这种方式中接受不是机械化的而是个体化的或为个人“计划的”教育。早期由普雷西(1926)提供的“教学机具”的运用，在这里找到了一个共鸣的反应，因为斯金纳一直是富于想象力的教学机具发明人之一——主要不是作为一种节约劳动的发明，而是作为一种在适当时刻给予满足，即加强，以减少痛苦和阻碍，增加合口味且有效的工作。

假如问题停留在这一水平，斯金纳就会一般地被看成不仅是属于心理学的而且也是全人类的恩人之一。不幸的是，至少像从现在有利的地位所能看到的那样，问题一直溜回到那些古老的问题上去；究竟人实际上是不是一架机器？究竟奖惩法的运用在这一微妙形式中是否会比在古老的方式中更有效？是约翰·斯图亚特·米尔的父亲以一种严格而又系统的强化程序教育了米尔。前面已经提及，米尔最后产生的问题是：来自外部报酬的一时满足是

否能够代替对于行为主要动机的深邃贯注。对于斯金纳，没有什么必要提出这种深邃动机的问题；我们等待着反应——尽管它可能是不可理解的——然后给予强化。偶尔也会引起这样的问题：谁能决定给予何种报酬？这些问题保留着，因为没有人知道终极的人性是什么或者应该由谁来决定什么是人性的满足。甚至从纯科学的角度来看，问题也是悬而未决的：对于学习过程的聪明的技术处理怎么可能又为什么就应该代替对于它的理论理解呢？在斯金纳手里，行为工程学和实际知识的灌输具有压倒一切的合法地位。他的信从者们反对讲理论的狂热合唱又是另外一回事了；他们提出那么多的枝节问题，合唱充满着使人窒息的气氛①。

不过，许多评论家还是可以对斯金纳说几句赞同的话的。他关于“造型”的见解在计划和实现从一种不幸且屈辱的情境到一种幸运而满意的情境的转变中提供了极大的可能性。就是这位斯金 *479*
纳，不怕同头脑简单的人竞争，曾寻求这一极有见识的见解直到提 328
出一条途径以求得一种更安逸的行动方式。假如有同样的智慧来探讨如何实现值得争取的目标——一个值得沃尔登第二的美妙想象追求的目标，一个和人的内在需要（那是一切现有的学习论全都消失以后仍然会存留下来的）有关的目标——那就太好了。

美国心理学在两次世界大战期间动辄使用行为研究工具和行为主义方法来探讨有机体的一般原理。巴甫洛夫的见解有一点过分简单化，而华生在使经典条件作用成为心理学界的通俗手册方

---

① 斯金纳的引起广泛讨论的近作 *Beyond Freedom and Dignity*（New York：Knopf，1971）在本书这段文字写成以后出版，它仍然使我们对于这些问题迷惑莫解。

面并没有取得显著成效。但是，斯金纳是一个象征，非常普遍地受到尊重，并且许多人期望他能对人性做出更富有成果的研究，在这方面，巴甫洛夫也好，华生也好，都是办不到的。斯金纳的《有机体的行为》(*The Behavior of Organism*)1938 年的问世引起了极大的狂热；它很快就显然变成一切具有客观主义倾向，或更哲学一点说，一切具有行为主义倾向的人们的行动指南。拥有大量读者的心理学者到处摘引斯金纳，而随着像凯勒和舍恩菲尔德所著(1950)那样成功的教科书的出版，斯金纳体系不是很容易地预先占领阵地，就是作为一个被遵循的向导，只要教师个人觉得跟得上他。像华生曾经遭遇的情况一样，斯金纳不得不对特定的研究概念和方法负责，也不得不承担荣或辱，因为像人们看到的那样，他代表着"唯物主义"、"机械论"，或"精明而讲究实际的科学"，或随便你爱怎么称呼现代心理学的这一极，这一极的对立面则是人格主义者或人本主义者或广义直观论者，其代表人物是罗杰斯、奥尔波特或马斯洛等。

那么，在近二十五年的学习心理学中有些什么新东西呢？学习论同一切系统心理学的联结使许多有关假想构造物和中间变量的问题得到实验分析和阐明。但是，正如学派和体系的严格两极化都让位给一个成长中的折中主义和一个涉及共同问题时不断增强的专业化倾向一样，对于中间心理变量的系统的却是极化的关切也让位给学习中神经系统作用的新探讨和有关的新发现。同时，强化论的强大发展，特别是强化程序和造型技术的发展，虽然其雏形早就是驯兽者所熟悉的，却已经提升到一个体系地位的尊贵高度。在重要性上居于第二位的是对于学习过程的定量心理学参数的非常深奥的分析和实验工作，这些都表现在数学模式的世界中。也还有新的社会观（参看边码第 339、411 页），据此，可以认识到在文化方面和个人方面对于学习的深有准备状态或无准备状态在很大成分上要看早年生活中感性方面和感情方面的学习经验如何，这对于学习的人是否有能力使自己顺应一种学习情境很有关系。我们在下文论述发展和论述感觉机能和认识机能的各章中 329
还要再来讨论这些问题；而在论述比较心理学和生理心理学的一章里，我们将力求表明，神经系统机能如何会被认为同学习原理有关。

参考书目：

Bain, A.　*The Senses and the Intellect*. London: Parker, 1855.

Bryan, W. L., and Harter, N.　"Studies in the Physiology and Psychology of Telegraphic Language." *Psychological Review*, 4(1897), 27—53.

Bush, R. R.　"A Survey of Mathematical Learning Theory." In R. D. Luce, ed. *Developments in Mathematical Psychology*. Glencoe, Ill.: Free Press, 1960.

Estes, W. K.　"Toward a Statistical Theory of Learning." *Psychological Review*, 57(1950), 94—107.

Fisher, R. A.　*Design of Experiments*. Edinburgh: Oliver and Boyd, 1935.

Guthrie, E. R.　*The Psychology of Learning*. Rev. ed. New York: Harper & Row, 1952.

Hamilton, E., and Cairns, H., eds.　*The Collected Dialogues of Plato*. New York: Pantheon, 1961.

Hartley, D.　*Observations on Man, His Frame, His Duty and His Expectations*. London: Johnson, 1749.

Hilgard, E. R., and Bower, G. H.　*Theories of Learning*. 3rd ed. New York:

Appleton-Century-Crofts, 1966.

Hull, C. L. *Principles of Behavior*. New York: Appleton-Century-Crofts, 1943.

——. *Essentials of Behavior*. New Haven: Yale University Press, 1951.

——. *A Behavior System: An Introduction to Behavior Theory Concerning the Individual Organism*. New Haven: Yale University Press, 1952.

Keller, F. S., and Schoenfeld, W. N. *Principles of Psychology*. New York: Appleton-Century-Crofts, 1950.

Krechevsky, I. "'Hypotheses' in Rats." *Psychological Review*, 39 (1932), 516—532.

MacCorquodale, K., and Meehl, P. E. "On a Distinction Between Hypothetical Constructs and Intervening Variables." *Psychological Review*, 55 (1948), 95—107.

Mill, J. S. *Autobiography*. London: Longmans, 1873.

Miller, N. E., and Dollard, J. *Social Learning and Imitation*. New Haven: Yale University Press, 1941.

Mowrer, O. H. *Learning Theory and Behavior*. New York: Wiley, 1960.

——. *Learning Theory and the Symbolic Processes*. New York: Wiley, 1960a.

Pressey, S. L. "A Simple Apparatus Which Gives Tests and Scores—and Teaches." *School and Society*, 23 (1926), 373—376.

Rashevsky, N. *The Mathematical Biology of Social Behavior*. Chicago: University of Chicago Press, 1951.

Skinner, B. F. *The Behavior of Organisms*. New York: Appleton-Century-Crofts, 1938.

——. *Walden Two*. New York: Macmillan, 1948.

330 ——. *Science and Human Behavior*. New York: Macmillan, 1953.

——. "B. F. Skinner." In E. G. Boring and G. Lindzey, eds. *A History of Psychology in Autobiography*. Vol. 5. New York: Appleton-Century-Crofts, 1967.

Spence, K. W. "Continuous Versus Non-Continuous Interpretations of Discrimination Learning." *Psychological Review*, 47 (1940), 271—288.

——. *Behavior Theory and Conditioning*. New Haven: Yale University Press, 1956.

Thorndike, E. L. *The Elements of Psychology*. New York: Seiler, 1905.

——. *The Psychology of Learning*. (*Educational Psychology*, Vol. 2.) New York: Teachers College, Columbia University Press, 1913.

——. *The Fundamentals of Learning*. New York: Teachers College, Columbia University Press, 1932.

Thurstone, L. L. "The Learning Curve Equation." *Psychological Monographs*, 26(1919), 1—51.

Tolman, E. C. *Purposive Behavior in Animals and Men*. New York: Appleton-Century, 1932.

Voeks, V. W. "Formalization and Clarification of a Theory of Learning." *Journal of Psychology*, 30(1950), 341—362.

Waldeyer, H. W. von. "Ueber Einige Neurere Forschungen im Gebiete der Anatomie des Centralnervensystems." *Deutsche medizinische Wochenschrift*, 17 (1891), 1213—1218, 1244—1246, 1287—1289, 1331—1332, 1352—1356.

Watson, J. B. *Behaviorism*. New York: Norton, 1924.

——. *Psychological Care of Infant and Child*. New York: Norton, 1928.

331 第二十一章　感觉、知觉与认识机能

……感觉的确是意识和外部世界的直接联系；它是外部刺激力向意识事实的转化。

列宁

在深深印入我内心的景象中，没有什么能比未受人力毁坏的原始森林更雄伟壮丽的了。处在这些幽静的深处，没有人会不为所动，会不觉得在人的身上有比简单的躯体呼吸更多的什么东西。

达尔文

感觉心理学的概念和方法从亚里士多德以来就和我们在一起了。当感觉、知觉、判断和记忆受到早期希腊心理学特别是原子论者们大加强调的时候，是亚里士多德在感觉机能和运动机能之间做出明确区分，提出感觉器官的问题，说明感觉机能和知觉机能的不同，并进一步指出，为我们提供周围环境信息的感觉道被知觉和思维所超越。他描述了感觉器官以及这些器官在多种生命形式中的机能。他看到想象并从而也看到复制的思想同感觉印象残余的关系："想象是衰微的感觉"，他这样说。霍布士、洛克和哈特利，设想过意识内容的感觉基础。完全撇开人们能用感觉或感觉残余

(表象)**做**什么的问题,大多数心理学家都认为我们应该从感觉**开始**,基本上就像孔迪雅克所做的那样。

这样一种感觉心理学已由十九世纪从一种解剖学、生理学和心理学观点对感觉器官进行的研究所充实。第一个大型的心理学
期刊是《感官的心理学和生理学》(*Zeitschrift für Psychologie* 332
und Physiologie der Sinnesorgane)。对于感觉的研究是解剖学家、生理学家、胚胎学家、组织学家和动物学家的劳动;所有这些学者,不论他们是不是心理学家,都要从感觉引进的意识质这一最初的材料开始。他们都注意活体通过专门的感受细胞同环境的接触,这些细胞集结并安置在适当的形式中给有机体带来种种在适应性上有用的能力。这说明,进化论的影响已大大增强,它为感觉心理学的观点提供了背景并给予支持。

应该在这里重新强调的是,我们世纪另一门年轻的生物科学是生物化学,因为它是关于环境如何作用于感受细胞的化学研究,是关于由这种刺激引发的内导神经冲动的化学研究,它使刺激反应关系的更精密的定量研究成为可能。它使传递特殊经验质的特殊受体的研究成为可能。为“特殊能力”说(参看边码第 89 页)提供了新的背景。它使兴奋阈限的判定和刺激阈限的察觉成为可能。例如,就化学的意义说,我们已经学会把化学物质的集中同特殊刺激动因的探测联系起来,在同一分析中也适当注意到解剖学和生理学。

“感觉心理学”在十九世纪并没有被抛到后面;它继续为理解适应机能提供极其重要的知识。蝙蝠在黑屋子里的运动已归之于超音受体机能(ultrasonic receptor functions)的运用,而弗里施

(1954)关于蜜蜂传递信号系统的研究已经有可能证明对于来自这个物种其他个体的非常细微的刺激活动作出非常细微反应的进化作用。近来，研究的重点已经从“经验质”转移到感觉信号“提供的信息”上来。与不同物种感觉系统的相当简单的种系发生比较研究并驾齐驱的，是一系列越来越细致深邃的研究，已证明人的敏感性要比几十年前所能够想象的细致得多。随着有关非常微弱的视觉、听觉、触觉和其他外受刺激的反应的研究，关于人完全需要有相当复杂的连续传递信息系统这个问题已经有所意识了。人好像是沐浴在感觉刺激的海洋之中，缺少了它，人就不能有正常的作用。

感觉的剥夺与丰富

这个问题初次是由麦克吉耳大学的赫布(参看边码第 354 页)和一个小组指导下进行的研究(Bexton et al.,1954)——他们在
333 隔离的小屋子里研究人——大胆地提到科学界的面前的。受试者戴上护目镜不容许有任何视感觉；他们的耳朵和鼻孔被堵住；沉重的夹板和靴子使关节和脚难以活动；他们孤独地坐着。在几小时后，他们可能生出幻觉，他们可能开始有些神经质，或者可能变得恐惧起来。同感觉刺激相隔绝的经验证明可以是除安静以外的任何东西。他们的大多数甚至不愿再回到小屋子去。从这一研究开始，已经又进行了成打的感觉隔离研究——有时容许大量正常的活动(读书、思考等)；有时，包括极度的限制和隔离，禁闭在一个呼吸器中；有时，容许受试记录时间；有时根本不规定任何时间休止

点。这些实验的结果太复杂，这里不能概述。然而它们都趋于指出，一个人被孤立以后，甚至就孤立的意义来说，也不再是一个完全的人了。我们可以想一想水手们在南太平洋漂流好几周，无线电小组和雷达小组在北极，囚徒在孤独的监禁中，甚至像潜水艇和宇宙飞船中那一类相对的隔离情况。一切关于感觉隔离的研究已经开始弄清楚，我们多么深切地依赖于已知的甚或未知的刺激群，并且连同这一依赖，我们又如何宛若送出一些探询为了从身外世界得到信息的回复。

从这一点我们可以漫游到克列奇和他的合作者们(1966)关于感觉剥夺的研究和哈洛(1961)的感觉隔离和社会隔离的研究。我们可以开始设想进化系列促进一个非常丰富的受体机能系统的发展，它使连续和环境接触成为可能，并同时促进了远比能够在同一时刻予以应付和加工的更多的刺激出现。于是，出现了“过度负荷”或“突破刺激栅”的问题。似乎正常机能依赖于感觉成分的总和与平衡两方面，这些感觉成分在连续不断地敲打着许多感官的大门。

以同样的方法我们可以继续研究感觉的丰富及其对于发挥智力作用的极不寻常的影响。在克列奇实验(1966)中，(感觉的)剥夺引起大脑皮质密度缩小并降低了胆碱酯酶*活动作用，而一个特别丰富而又引人注意的环境则引起大脑皮质密度的加大和胆碱酯酶活动作用的增强。显然甚至有某种训练的迁移来迎接新的任

* 分解胆碱酯为胆碱和有机酸的一类酶的总称。其中乙酰胆碱酯酶在动物的神经组织中含量很丰富，同神经冲动正常传递密切相关。——译注

务：即，在对付新任务时的一种提高的“智力”。

这一类的知识，今天得自许多来源，容许相当准确的实验控制，至少可以同婴儿和学龄前儿童中的感觉剥夺和感觉丰富的研究进行有价值的比较。许多当代的研究指出，某种感觉-认知的冲击(sensory-cognitive pushing)至少能留下它的印记达几个月或几年之久，而在一个多少大些的观察舞台上也同样证明，感觉的丰
334 富能刺激感情、冲动等等机能以及知觉-认识的兴趣；它能提醒、唤起(或许是通过改变方向)对于珍奇事物的多样要求，并使之可以为有机体所利用。在这里，伯莱因(1954)的内容丰富的好奇心研究计划似乎同感觉丰富研究携起手来。于是问题产生了，是否我们在这里又有了另一个例证，说明感情和感觉原来并不是那么全然不同的。似乎有一种扰动和丰富通过一种刺激而实现，这一刺激贯穿感觉和感情要求的全区；它可以和**唤起**(arousal)(参看边码第 352 页)相比，只不过我们这里是在同长时效应(几天，几月或几年)打交道，而不是同短时效应打交道(几秒，几分)。

感觉线索与知觉

有关感觉和知觉关系的古老问题情况如何？完形论者几年来设法把许多传统保留的问题降到次要地位，似乎是要证明在一切知觉情境中都会出现的成员特性(参看边码第 259 页)，它要求我们放弃把纯感觉作为一个有用的概念。然而，没有多长时间，人们就开始坚持，这一类的分析或甚至原子化在科学上都是必需的，并且，当新的机械、电力和生物化学等刺激技术变为有效时，就有愈

益增多的努力试图在尽可能细致和纯粹的形式中认识感觉本身。并不放弃古代的观点认为知觉应依赖于感觉线索，现在着重点仍然主要是在于研究可利用的线索以及有机体运用这些线索做些什么。很清楚，它们不是在一种简单的累积方式中被利用的，而是根据一种组织结构的概念被利用的，像J.J.吉布森(1950)的研究中所说明的那样。E.J.吉布森和R.沃克在关于“视崖”(visual cliff)的研究中曾指出，婴儿在一个包含“深度”的视觉型式前会后退；他们不需要“学习”就能看出“第三度”。**线索的冲突**转过来又受到艾姆斯(1955)的利用，他进行了一系列证明，指出视觉前后关系(visual context)对于单眼感知和双眼感知的影响[①]。他制造了一些令人诧异的，甚至惊人的效果——如看到你的朋友们变成了巨人和矮子，以及扑克牌上的红点变成了黑点——这种惊异出于简单的和谐性和对于内在一致的需要。物体被弄得似乎近些或远些，大些或小些，办法是把它们放在一个畸形屋子里，例如墙或地板或天花板歪斜的屋子。在单眼视觉条件下，以及在受试认为这屋子是一空虚立方体的条件下，人的体形采取了同空间相称的比例。有感情的因素和长期适应的因素，像在“赫尼效应”
(Hönieffect)中表现的那样；新结婚的人起初据报告不怎么受一 335
般畸形的影响，而在一年的过程中就对其配偶“习惯”了。在某些条件下人们可能非常迅速地形成习惯。在这里，赫尔姆霍茨的旧材料又复活了，同来自完形派的知觉学习证明结合在一起。在这

① 艾姆斯或许曾受过完形心理学的影响，但受杜威的影响更甚，强调内部世界和外部世界的相互作用或“相互影响”。

里，我们还发现自己转向知觉场内的分化概念，像维尔纳(Werner and Wapner，1949)所发挥的那样，以及像维特金和他的合作者(1954)非常突出地发展为关于人的成长的一种完整的新概念那样。当待综合的部分更仔细地被观察而它们的综合道被认为同基本的神经机能有关系时，作为合成物的知觉便有了新的意义。

基尔帕特里克(1954)让他的受试用一只眼通过一个窥视孔观察一个似乎是立方体的小空屋子。他们接着在这个空屋子里拍一个皮球。然而，因为这屋子实际上是一个小的"畸形屋子"，球的弹跳很快使真相泄露出来，而不到一小时，这屋子就转变成一种新的知觉特性，就像它确实是的那样一个倒立的平顶锥形物。然后，这位已经懂得了这种幻觉反应性质的受试又被要求通过一个窥视孔去看另一个小屋，他这时就按照他已懂得的那种性质去感知这一视觉刺激；他看它像一个倒立的平顶锥形物，尽管它实际上是一个立方体。每一种知觉习惯都能形成和破坏。

大约在艾姆斯工作引起反应的同一时期，出现了柯勒(1951)在格拉茨工作的影响。施特拉顿(1891)早期曾以颠倒视野的镜片视物为题进行研究，柯勒从中受到启发，进一步运用种种新型透镜进行试验，经过一段顺应训练，尽管刺激场同行为需求的关系有很大改变，这些镜片仍然使对外界的正常感知成为可能。而且，在柯勒的实验中，受试为了适应新的光觉条件一连几个星期不摘下眼镜。蓝色透镜起初自然使外界变成蓝色，但很快就把正常颜色的外界带给了受试。几星期以后，当透镜去掉时，外界看起来成了黄色，即，就互补色的意义说是如此。一系列丰富的动态问题已经产生，这似乎强有力地支持这种见解，即甚至像颜色这种基本的感觉现实也应依据前后关系的概念(contextual terms)来观察——即使不是根据完形心理学的概念,也是根据同样复杂的概念。很明显,感觉和知觉的世界是一个整合而有潜在冲突的世界,一个结构世界和整合世界。

我们在这里又一次想到维尔纳的发展体系(1957),在这个体系中,组成部分在初级水平多少有些难以分辨地融合在一起,在较高水平则可能分化(witkin et al.,1954),而接着在高级水平又可 336
能整合起来或得到结构上的统一,同在最低级水平发展的那种散漫的统一非常不同。柯勒根据整合概念和线索冲突概念设想的问题几乎完全可以这样来设想,即这些问题似乎是运动干扰的现象;的确,在斯尼德和普龙柯的一项研究中(1952),也如在柯勒的研究中一样,这样的情况是清楚的,即在学习对逆转眼镜的顺应时,受试在行为水平上并同时在知觉水平上经历着感觉线索的冲突和整合过程。诸如此类的一些现象已经使许多心理学家得到一种看法,认为知觉体系是一种动作体系,它有它自身的中心和边缘问题、内部冲突问题、决断问题和整合问题。或许,甚至桑戴克、赫尔、斯金纳以及其他同时代的学习理论家所发展的全部动作学习定律也都有可能十分微妙而贴切地应用于知觉现象和感性学习现象。

一个强有力的武器是信息论,它连同它的“信号”和“音响”概念,对于以前曾一直提供信息的某一渠道中的机能丧失现象提供了说明。J.J.吉布森新近在一项著名的研究中对于感觉与知觉活动的关系的整个领域进行了审查,猛烈地抨击了那种认为感觉经验散片是经由感觉渠道馈入的传统见解。他提出了一项知觉演化观,强调感官的作用在于提供信息而不是提供感觉:《作为知觉体系的感官》(1966)一书强调指出需要从环境得到哪些信息以及感官如何传递这些信息。从这一观点看来,感觉材料散片的拼合似乎距离提供信息的机能作用的确还很远,而这种作用在进化序列中是感官必须完成的。

的确,这里不仅有作为科学发展正常部分的坚定的立场态度和理论辩护,以及限于实验者急迫业务需要的不完全资料,而且在这一切以外,实际上还有可靠程度不同的研究成果(它们既支持原子论观点又支持构造精致的完形论观点)以及在一个还没有为进行清晰的最后科学评价完全做好准备的领域里的许多中间而肤浅的观点。吉布森关于信息重要性——同感觉内容对比——的论点给人的印象极深,但柯勒的证明,即特定的质是由特定类型的刺激给予经验的(1951),也是如此。同样地,基尔帕特里克的证明也是清楚的,即知觉学习可能距离那一直是极其重要的信息负荷作用很远。当然,在普通生物学中,有成千关于机能的例子说明,这些机能大都有助于有效适应,但在不同条件下是非适应性的或反适应性的。知觉是代表一种复杂系列的机能的名称。其他这一类的
337 名称——思维、意志、感情、情绪,在心理的现实中也比比皆是。认为名称涉及的是心理上同质的过程这样的官能心理学现在仍然非常活跃,而虽然正在一点一点地在具体的研究领域中到处都受到排挤,但它在新名词被铸造出来同新的发现打交道时又悄悄地预先占领了阵地。总有一个部分的因素也总有一个全面整合的因素存在着,而写心理学史的人的任务则在于着重指出,一切显得明快有效的解决都反复呈现出一种未完成的特性。

知觉的先天论与经验论

在希腊人和印度人看来，知觉是一种天生的能力。它也许会导致对现实的误解；但对于一个太大太复杂而难以理解的世界来说，它仍然不失为窥探这个世界的一扇窗户。希腊罗马传统在很大程度上把正视世界的能力首先归之于知觉，然后归之于思维。没有什么"学会感知"的问题。知觉就其遗传特性来说被设想为几乎就像反射一样。柏拉图轻视知觉产生真理的性质，但亚里士多德在他关于正确（尽管偶尔机能失常）运用感官同外界进行接触的器官概念中恢复了这种性质。德谟克利特所做第一性和第二性质之间的区分被保存在不同的形式中直到凯普勒的时代。在洛克看来，印象以及序列联想依赖于个人过去的经验；在哈特利的著作中，经验的原理第一次受到重视，对于环境的有结构的知觉反应的领域被清晰地阐明。康德和赫巴特以及哈特利以后的英国学派则认为，对知觉可以直接进行经验研究；它不再是一种官能；它是一系列偶然事件，依赖于个人生活史的浮沉变幻。德国人和英国人在一个非常重要的方面有区别：康德、赫巴特和多数其他德国著作家仍然相信有一种天生的知觉能力，灵魂的一种基本能力，而那种原始的知觉官能已不再为英国人所需要。

当然，进化论改变了这一切，就像它改变了一切其他的事情一样。一种自然的知觉过程史开始根据中枢神经系统的渐次复杂化概念而形成。德国大学中组织学和胚胎学实验室内对个别细胞进行的大量研究活动被认为同基本感觉机能有关系；而由于有神经元理论和失语症研究，人们又根据复杂的神经生理学的模式来设想知觉。在动物身上进行的定位和摘除研究被联系于来自人脑损伤的临床研究成果。随着几十年对于脑机能的器官完整性的关注
338 到来的是回复到相对强调精确的定位。特别有说服力的是潘菲尔德(1952)的研究，证明直接的脑电刺激对于局部麻木患者能引起明确的记忆，不论是视觉的和听觉的，而对于同一部位的重复刺激至少在某些患者身上使同样的记忆得以恢复。

但是进化观点蕴涵着这样的看法，认为皮层组织像一切其他组织一样也间接反映着整个过去的生活史，包括属和种的生活史。人脑，像每一物种的脑一样，揭示出种系发生过程中所决定的已分化和整合的机能，因此，特定的知觉**方式**是人所特有的，而不是一般的知觉。它不单是某一物种与另一物种相比时感受性较精细的问题，因为这里似乎既存在着一般的知觉质又存在着特殊的在种系发生与个体发生过程中已分化的知觉反应形式。

那么，这就表明，在婴儿期就有那种为人所特有的尽管是始初的知觉方式。这些方式包括一种在注意方面的选择性，例如，注意有结构的而不注意没有结构的东西，并包括最初几个星期对于特定刺激如母亲的面孔和声音或自己身躯的结构等的知觉分辨力的迅速发展。皮亚杰(1961)在一个方面而布鲁纳及其同事(1966)在另一方面证明，外界的东西如何被吸收或被同化，而它又如何被修正，“使适合”新信息的注入。由于第二次世界大战以来极其活跃的研究，我们可以看到经验论到处都在发挥作用，取得了丰硕的成果。

不过，这时候我们也发现有许多实验表明，至少知觉的某些形

式不需要事先的训练。吉布森和沃克(1960)的视崖实验证明，深度是能够在包括人在内的广泛物种的无经验和未满月的幼子中引起恐惧并导致回避动作的刺激。里森等人的研究(1951)也是具有理论上的重要性的，他们把低于人类的灵长目动物隔离在完全没有光照的栖息处并观察到：最初几个月没有形成的联想后来也就不再能充分地形成。同样地，哈洛关于母性社会性剥夺的研究(1961)表明，早期感觉和情感经验对于灵长目动物有巨大的影响。尽管没有在实验上受到控制，我们仍必须注意有关人类幼婴在经济的或一般社会性的隔离处境中感觉和认识剥夺的流行看法所具有的重大影响(Spitz，1965)。还有少数几个报告谈到对先天盲童施行手术成功的案例，但这些手术直到少年期前才开始奏效，这表明，就连看起来最为简单的人类知觉反应也要靠冗长的经验过程才能铸成它们最终几乎类如反射的形式(Senden，1932)。但证据表明，至少有某些原始的知觉形式，类如深度、颜色、某些型式，甚至能引发特殊的代
表物种特性的反应的复杂刺激型式等等的知觉(参看边码第 361 339
页)，在感觉和神经系统的种系发生构造中是先天的，而物种在种系发生等级上的位置越低，这一类现象也越多发现。

知觉的内在动力学

迄今所讨论的一切系统，或同环境接触的模式，基本上都同知觉问题有关。但是我们现在必须考虑到这样的事实，即知觉成分和感情成分并不是很容易区分的。在现在这一时代，或者说约自 1900 年以来，一个悠久的永不衰落的问题愈益强烈地反复重申：

究竟在实际上有没有一种能够根据它自身的理由加以研究而和感情、感触、冲动或意愿无关的感觉或知觉或认识的生活。弗洛伊德如我们所见曾提出思维的原始过程与续发过程的问题。他提出，儿童在早期，视、听、记忆和思想是直接以他们的需要为依据的，而只有在得到更多的知识能对情境作出一种更广泛的估量的时候，才能逐渐学会延宕满足。布劳伊勒在现实思维和我向思维之间做出区分，或在直接由愿望引导的思维和在一种能使趋向某一目标的冲动得到满足的方式中进行观察和思考的思维这两者之间做出区分。过去有所谓需要观看时才观看——以及“没有人比不愿观看的人更盲目”——已成为关于“愿望思维”（wishful thinking）的尽人皆知的说法了。

虽然涉及思维过程或甚至记忆时，这一点通常是心理学家和普通人两者都承认的，但要使专业的心理学家相信，感官知觉领域自身也直接包含在这一受愿望或内驱力或就此而论受恐惧、憎恶或任何其他感情或冲动的动力所“濡染”的类型中，那就困难得多了。大量论述改变动机条件下的“阈下知觉”或潜知觉（Subception）的文献在这里同论述感情在控制或限制知觉可能性的大量实验文献交叠起来。两个例子可以用来说明要解决的问题是怎样的：(1)贝文和普里查德的工作（1963）指出，阈限以下的刺激能影响对音量的判断；以及(2)一系列自动运动效应研究（Farrow et al .,1965）指出一个静止不动的光被感知好像在移动，这样的光将“保持在”曾同电休克有联系的部位“以外”。在某一临床情境中被认为是理所当然的东西（例如，罗尔沙赫测验或主题统觉测验就是如此，其中，愿望和恐惧把它们的故事写入作出反应的受试的报告书中)在实验室中在更繁复得多的控制下被提供出来。现在似乎是进行概括的时候了。假如我们遵循霍赫贝格的安排(1956)把知觉-认识生活放在从外部给予的知觉现象到思考主体在概念上给予的反应的某一连续体上，心理学家就能转过来被安置在某一
态度连续体上，在这里，有些人就会强调"我向"因素在知觉中的作 340
用，而另一些人就会全然否认这样的因素在知觉中存在的可靠证据，尽管同时承认它们存在于一种高级认识生活领域中。

这个争论当然同传统生理学关于感情成分和感觉或认识成分的可区分性的争论有联系。它部分地说是一种中枢和自主神经系统相互关系中仍未解决的错综复杂现象的问题，部分地说也是一种以内省方法难以找出任何一致的特点能把某一感情成分从某一感觉成分区分开的问题。

人们常常说，感觉本身自来就是没有意义的，但知觉有意义。提出的理由是，感觉是嵌在其他感觉中的，由此而来的前后关系提供了意义(铁钦纳的前后关系论)。有时，意义被认为是随着行动而来的，而行动是随着刺激而来的："上"和"下"的意义是离开或向着地面的行动赋予的。意义的问题已证明是那样一些哲学问题之一，这些问题还没有很容易地在心理学实验室中找到一席之地。当博林说心理学家既不能信奉哲学又不能摆脱哲学这句话的时候，他所想的可以从上述情况得到说明。

不过，当我们力求比较感觉、知觉、感情和认识等问题时，有一个现代的说明还是有用的。这就是沙赫特和辛格尔的著作(1962)。问题是：什么东西真正造成不同感情状态之间的差别。围绕着詹姆斯-郎格理论展开的旷日持久的论战使我们至今还不

明了例如恐惧、愤怒和痛苦在不同内脏和本体感受的输入所引起的可区分意识状态中究竟有什么不同。沙赫特和辛格尔施行激素注射引起富有感情的意识状态。这些状态有时被称为愤怒，有时恐惧，有时惊奇，等等。然而，当实验气氛引导受试期待愤怒时，杂乱的内部音信就“意味着”愤怒，尽管同一个受实验控制的音信系统对于其他受试或甚至同一个受试在导向对恐惧或惊奇的期待的条件下意味着恐惧和惊奇。情境的意义从体内汲取出无定形的音信并可以说塑造它们使之传达中枢所“需要”接受或“预先倾向于”接受的任何东西。或许这是因为认识音信支配着内脏音信，至少在现在所运用的强度范围内是如此。或许，如在乌赫托姆斯基的优势论中指出的，某一反应系统中的一个成分能赋予那作为一个整体的体系以特性，能压制竞争的诸成分，或甚至能强制它们传递那优势或得胜成分正在传递的同一音信。

虽然现代动力精神病学得以起步主要是由于对知觉-认识生活中感情-冲动成分的强调，实验心理学却迟迟不能把握问题的焦
341 点。罗尔沙赫(1921)已经清晰地看出感情生活在印象构成中的作用，但直到巴特利特(1932)，知觉和记忆才根据这些概念受到系统审查。三十年代中期，H. A. 默里(1938)在哈佛心理诊所追随巴特利特，他和 R. N. 桑福德等人合作，系统地研究需要、压力和主题的作用，不仅涉及投射测验中所运用的画面知觉问题(主题统觉测验，参看边码第 435 页)，而且是在多种实验布置中进行的。这些研究在纽约大学实验室和以后在门宁格基金会由墨菲和他的合作者进行修改并加以扩充，而同时，由布鲁纳和波斯特曼(1949)在哈佛发起的一个“新观点”运动很快就成为好几十项研究的先驱，

这些研究涉及“价值”及有关概念在构成知觉和认识生活中的作用问题。在绝大部分这些例证中，显然有一种临床的思想倾向最后占据了舞台的中心位置，强调冲突而且特别是强调“不和谐”。然而，在这一切知觉研究中常常有一种感觉存在，认为把感情带到知觉和思维的有条理世界中来总有一点不合适。我们可以在谢里夫关于冲动的强调和默里关于需要的强调让位于费斯廷格关于“认识性不谐和”的强调（1957）这一事实之中清楚地看到这一论点；当知觉场和思维场存在不和谐时，毛病是出在认识一级——而不是像默里和谢里夫曾经设想的那样出在动机一级。一个主要的问题依然存在：什么时候线索冲突是由于它们提供了不和谐的信息，什么时候它们冲突是由于它们引起了对立的冲动？

假如存在着那样的方式使知觉能在其中变得更有秩序或更混淆不清，或者假如的确存在着不同的方式使知觉的作用能够在其中个性化，那么就出现了“知觉-认识方式”的问题——即同一知觉任务如何由不同受试完成的问题，这些受试实际上既在查看不同的事物，又甚至在没有幻觉的情况下以他们自己特有的方式在查看事物。这些问题正当布鲁纳和波斯特曼在发起“新观点”研究的同一期间也缠住了克莱因（1949）；就“新观点”看来，知觉是整个个性的一种扩张，包括内驱力和态度，不只是刺激表象。不久施莱辛格（1954）和加德纳·霍尔兹曼以及他们的合作者（1959）在门宁格基金会开始运用典型的实验方法，特别是马尔堡实验室方法（其着重点在于同知觉、记忆和思维的那些实验范围相应的个性），以调查研究知觉的个人风格和对幻觉反应的方式，指出，“平均化和尖锐化”，“不容忍模棱两可”，“场连接”（field articulation）——所有这些个人差异都正在用因素分析法加以测量并处理，以求得个人个性风格的大致一般属性。

风格问题大都证明是密切联系于或甚至直接依赖于注意的方
342 式的。这一点在加德纳和莫里亚蒂的著作中(1968)说得特别清楚，尤其在涉及皮亚杰的著作(1961)时是如此，譬如说，集中的过程(centration)同那种注意的方式就是分不开的，即一次又一次注意一个图形的某些部分并这样受到这些部分压倒优势的影响。

诸如此类的研究说明，仍然有感情成分能够被验明出来。它们可以按照传统的体系或任何一种现代体系加以分类；或者假如我们愿意，也可以在单一的愉快-不愉快的因次上安排感情，并像铁钦纳那样，把一切别的感情纳于感觉范畴之下。或许，在解剖结构上是否有独特的感情受体也不会形成什么真正的差别；现象学的或内省的问题依然存在。

这个问题正多多少少在发生变化，那是近年来所采取的研究方向所导致的，研究涉及的问题是中枢神经系统内种种类型的感情经验的“中枢”“定位”。随着十九世纪末对于感觉和运动中枢的大体定位的承认，一种益加改进的刺激作用(以带有裸露尖端的电极进行)已经有可能证明感觉中枢内的分区和再分区，以及在它们的附近还有一些中枢似乎在执行特定知觉和特定记忆的机能(参看 Neff and Diamond’s work on cats，1958)。于是，奥尔兹和米尔纳(1954)以基本上类似的想法进行研究，已发现有可能在被试动物身上刺激基部神经节中的部位，导致动物的动作就好像它是“极度愉快”的样子；供给它以它自己的控制系统时，这个动物便时时自己刺激自己。你可以，如果愿意的话，设想有一种“愉快中枢”。同样地，德加多(1969)发现有“不愉快”中枢，当这些中枢受到刺激时，便导致这种活动的突然中止而这个动物就再也不想接受这样的刺激了。得自人类受试的某些不完善但相当集中的证据(Heath，1964)说明，我们在这里是在同那些性质上与强度上都有差异的真实感情反应打交道。或许有多种不同的感情中枢，每一种都有它自己的性质，每一种都有它自己一定的布局并能够就物种或甚至就个体作出一致的图解。

反馈与知觉学习中的内部刺激

如果说，像所有这些现代研究所表明的那样，环境和有机体在一个知觉整体的发展中是始终纠结在一起的，这一点初看起来似乎是自明的；但这同那个经典概念认为知觉是施加于一个被动受体表面，是施加于一张白纸或**腊板**上的印记的看法是不同的。迄今提及的所有现代著作中都有过一些暗示，认为感知者是去对付情境的，他是有选择地或集中注意地在利用可以利用的线索——的确，他是为他自己在制作什么东西，姑且称之为行为的环境，或 343
一种生态学，或一种信息的来源，或一个可以生存于其中的世界。**感知者**和思考者的**主动性**的老问题，如我们在莱布尼兹那里见到的，在当今世纪的所有年代一直处在最前列的地位，特别是第二次世界大战以来更是如此。这是对赫尔姆霍茨“无意识推论”原理的一种充实和利用，因为有“反馈”从适应性动作达于脑过程，在脑过程中对环境的知觉在继续进行。我们看到我们反作用的后果，或者，我们有限度地看到我们自己的反作用自身，看到我们自己的手

或头对相对静止的背景所进行的动作。

行为概念作为一种连续不断的反馈环序列以及与此相应的数学处理在诺伯特·威纳的《控制论》(1948)中突然出现。人们开始理解到，不论什么时候我们的视或听或嗅或尝或触，都有许多动作要做。要用鼻子吸气，要翘起头来，有的地方绷紧肌肉，有的地方又要放松肌肉，要把眼睛放在一个较合适的位置，或运用眼睛的转动以求得较快或较完全的信息回报。

注意基本上是一种调动更多接触点的方式，或更连续不断地或更有效地调动接触点。我们开辟一条生活道路就像是送出雷达信号并接收新的音信回报。知觉学习，从这一观点来看，必须在很大程度上个体化；眼的动作和语言在这一由多种活动组成的全盘阵势中扮演着一个极其重要的角色。当然，甚至最简单的奖惩学习也蕴涵着反馈，而且，运动学习像在格斯里有关“运动产生的刺激”的说法中指出的，当然也已经把随意运动动作的横纹肌系置于一个突出的位置。

米勒(1969)和他的合作者已经证明(像大量苏联心理生理学研究在更早期曾经提示过的那样)，自动控制的器官和组织也有能力获得由学习而来的反应。有机体可以被认为是不断地从事于横纹肌的和非横纹肌的两种活动，这些活动带来关于正在进行的事态的进一步信息，包括有机体内部正在进行的事态。知觉学习过程一部分包含着学习察觉外界，同时还有一部分则包含着学习对内部进行的事态作出反应。既然自动控制的反应受到对“愉快中枢”的刺激作用而增强(Olds and Milner，1954)，有机体就必然有能力对它自己的活动作出反应。有机体不仅在登记着而且在整合着已登记下来的有关外界、有关自身以及有关两者关系的印象。这是一种复杂的事物，对此，旧理论无所准备。但从一种进化的观点来看，很明显，这些工作是必要的，进化过程所提供的这部复杂机器即将启用，而它的用法是可以学会的。

同样清楚的是，横纹肌和平滑肌的意志控制不需要技术上多大改变就能导致控制我们自己大脑活动的技巧的发展。我们仅仅 344
需要一个清晰而可靠的反馈信息来源就够了。卡米亚(1969)要求他的受试在脑电波图的甲种脑电波呈现时作出反应；发现他们能够这样做以后，他继续教他们——用一种由甲波带动的听觉符号——取得对甲波的意志控制。布朗(1970)为了同样的目的采用了视觉信号。我们可以用这种方式迅速获得对我们自己脑波的意志控制，至少是在甲区和乙区。就好像知觉学习世界正在引导我们进入一个内心的自我发现的世界，有点像瑜伽和禅宗佛教的内心自我发现；实际上，新近的研究(Green et al.,1970)说明，在这些东方体系中受到严格训练的人正在经历某种脑波变化，这些变化类似非常放松的西方观察者处于那种同东方的“坐禅”、“入静”(samādhi)* 和“悟道”(satori)** 有共同点的状态时所经历的变

---

* samādhi，梵文，意为入静。古印度佛教带有神秘主义成分的瑜伽(Yoga)派认为人可以通过八个修炼阶段“反椒还真”。前四个阶段为准备阶段，包括色戒、食戒、不犯戒律以及静坐调息(气功)等；五至七是逐渐使意识与外界隔绝并集中沉思的阶段；第八个阶段即“入静”阶段，即所谓 samādhi，这时，除对自身的意识外已忘却一切，达到完全解脱外界束缚的境界。——译注

** satori，日本佛教的术语，即“悟道”或“悟”。相当于中国禅宗的“顿悟”说，即竺道生于五世纪提出后禅宗惠能一派推行的主观唯心的修行方法。顿悟说反对传统的坐禅，主张悟道与念经无关。禅宗的这一派后来流传到日本，成为日本佛教的主要派别。——译注

化。知觉学习和一个内部世界的发现证明是密切相关的过程，而当前似乎正在打开一条新的门路把新的艰难的科学实验和那种来自较早时代的内省方法结合起来。

思维过程

我们已经提及，在心理学中有两大传统涉及思维过程。其一是涉及观念的链状安排，像德谟克利特、亚里士多德、霍布士和现代联想主义者所表明的那样。另一传统寻求联想过程的动力来源，已由赫巴特给以最有力地表述。近几十年，这两个传统已有些倾向于相互携手，尽管他们彼此的分别仍然可以看到。在通向现代思维理论的道路上，有几个里程碑可以在这里简略地提一笔。

詹姆斯关于“思想流”的观点(1892，chap. 2)成为思维过程的内容和主导力量的直接内省和反思研究的一种模式。他的着重点在于连续性——在于多样而复杂的往往是无意识的引导力量，使那些镶嵌于流动基质中的显然是意识的或“实质的”因素塑造成形。詹姆斯深受他的剑桥大学朋友 F. W. H. 迈尔斯的影响(1903)。迈尔斯曾提出一种关于“阈下”动力因素的内容充实且影响颇大的理论，认为这些因素包含在一切认识过程以及一切复杂的个性表现中；包含在一种创造性行为中，代表着一种在重大顿悟或启发的时刻发生的新思想的“阈下突起”(sublimihal uprush)。格特鲁德·施泰因是詹姆斯本世纪初在哈佛大学的一个学生，戏剧和小说的“思想流”学派很大程度上要归功于她，并间接归功于詹姆斯。

维茨堡学派和比奈在二十世纪初也在研究思维过程。1912年后完形学派出现的时候，韦特海默尔及其关于创造性思维（pro- 345
ductive thinking）的见解强调思维的重新组织或“重定中心”是一个完整的完形过程，容许有某些低水平的联想现象，但着重点在于未缺损的新的再构造过程（参看边码第260页）。同一时期，新的实验工作触及那些同记忆过程有关并同寻求共同因素有关的概念形成过程中的复杂现象。大量的新材料，由于足以从中作出明确的概括，已受到维果斯基（1962）[①]，受到布鲁纳和他的合作者（Bruner and Goodman，1947；Bruner et al.，1956）以及巴特利特（1958）的强调。

在所有这些研究中可以明显地看出，思维过程往往表现为令人扑朔迷离的复杂形式，不论是在实验室或在诊疗所进行的研究，不论是由个别思想家根据他的新近或遥远的记忆重新构成的。这一观点也已由现代的思维过程分析家表述出来，他们是谙于先进的计算机技术的。思维过程远比任何可以运用计算机运算的实验模式复杂得多；而我们有关思维过程的实验工作还不能使我们达到一定的高度，因此，哪怕是对于可利用的计算机程式也难以真正进行恰当的利用。

也许，由于同样的复杂性，职业性的心理学还忽略了创造性思维的问题，由于有这种思维，才有一切伟大的贡献，包括科学方面的贡献。创造性及其同思维关系的问题已向心理学提出挑战，如在吉尔福德论创造性的著作中（1964）以及在他对于“会聚的”和

① Vygotskii有时音译为Vygotsky，如见于这一1962年出版的著作中。

“歧异的”思维的区分中(1959)提出的挑战,但它尚未引起强烈的反应。对于创造性,已有零星的关注散见于不同的水平和不同的形式:当它出现在学龄儿童富于想象的作品中,当它闪现于艺术与科学的伟大开拓者脑海的时候。创造性往往是一个“重新安排”的过程,至于新的和旧的原材料,如音调和词等,如何,什么时候,为什么和由谁调配,以及在什么情况下,那独创的,那无法预言的,那在心理上崭新而在社会上重要的东西得以出现,这些方面都还有许多遗留的问题。许多人论述过个别具有创造性的个性的特征(Mac-Kinnon,1962)。许多人研究过个别创造性行为的特性(Barron,1969)。医学的思想,特别是心理分析学的思想也经常被动员起来探讨这个问题(Rapaport,1951),同时,完形学派的成员则力图证明知觉本身就是一种创造性行为(Arnheim,1954)。对于“已改变的意识状态”所进行的愈益细微的流行研究(Tart,

1969)可能对于理解那些“集中的”或“分心的”或“疯狂的”或全然
346 “开放的”等等状态提供新的启示,富于创造性的思想家正在这种种状态中搜寻一种具有崇高价值的事物或思想。

参考书目:

Ames,A.,Jr. *An Interpretive Manual for the Demonstrations in the Psychological Research Center, Princeton University: The Nature of Our Perceptions, Prehension, and Behavior*. Princeton: Princeton University Press,1955.

Arnheim,R. *Art and Visual Perception*. Berkeley: University of California Press,1954.

Attneave,F. "Perception and Related Areas." In S. Koch, ed. *Psychology*:

A Study of a Science. Vol. 4. New York: Mc-Graw-Hill, 1962.

Barron, F. *Creative Person and Creative Process*. New York: Holt, Rinehart and Winston, 1969.

Bartlett, F. C. *Remembering*. London: Cambridge University Press, 1932.

——. *Thinking: An Experimental and Social Study*. New York: Basic Books, 1958.

Berlyne, D. E. "A Theory of Human Curiosity." *British Journal of Psychology*, 45(1954), 180—191.

Bevan, W., Jr., and Pritchard, J. F. "The Effect of Subliminal Tones upon the Judgment of Loudness." *Journal of Experimental Psychology*, 66 (1963), 23—29.

Bexton, W. H., Heron, W., and Scott, T. H. "Effects of Decreased Variation in the Sensory Environment." *Canadian Journal of Psychology*, 8 (1954), 70—76.

Brown, B. B. "Recognition of Aspects of Consciousness Through Association with EEG Alpha Activity Represented by a Light Signal." *Psychophysiology*, 6(1970), 442—452.

Bruner, J. S., and Goodman, C. C. "Value and Need as Organizing Factors in Perception." *Journal of Abnormal and Social Psychology*, 42(1947), 33—44.

Bruner, J. S., Goodnow, J. J., and Austin, G. A. *A Study of Thinking*. New York: Wiley, 1956.

Bruner, J. S., Oliver, R. R., and Greenfield, P. M., *et al*. *Studies in Cognitive Growth*. New York: Wiley, 1966.

Bruner, J. S., and Postman, L. "Perception, Cognition, and Behavior." *Journal of Personality*, 18(1949), 15—31.

Delgado, J. M. R. *Physical Control of the Mind*. New York: Harper & Row, 1969.

Farrow, B. J., Santos, J. F., Haines, J. R., and Solley, C. M. "Influence of Repeated Experience on Latency and Extent of Autokinetic Movements."*Perception and Motor Skills*,20(1965),1113—1120.

Festinger,L. *A Theory of Cognitive Dissonance*. Palo Alto,Calif.:Stanford University Press,1957.

Frisch,K. von. *The Dancing Bees*. London:Methuen,1954.

Gardner,R. W.,Holzman,P. S.,Klein,G. S.,Linton,H. B.,and Spence,D. P. "Cognitive Control."In G. S. Klein,ed. *Psychological Issues*. New York:International Universities Press,1959.

Gardner,R. W.,and Moriarty,A. *Personality Development at Preadoles-*
347 *cence:Explorations of Structure Formation*. Seattle:University of Washington Press,1968.

Gibson,J.J. *The Perception of the Visual World*. Boston:Houghton Mifflin,1950.

——. *The Senses Considered as Perceptual Systems*. Boston:Houghton Mifflin,1966.

Gibson,E.J. and Walk,R.D. "The Visual Cliff."*Scientific American*,202(1960),64—73.

Green,E.E.,Green,A.M.,and Walters,E.D. "Voluntary Control of Internal States:Psychological and Physiological."*Journal of Transpersonal Psychology*,2(1970),1—26.

Guilford,J. P. "Three Faces of Intellect." *American Psychologist*, 14(1959),469—479.

——. "Some New Looks at the Nature of Creative Processes."In N. Frederiksen and H. Gulliksen, eds. *Contributions to Mathematical Psychology*. New York:Holt,Rinehart and Winston,1964.

Harlow,H.F. "The Development of Affectional Patterns in Infant Monkeys."In B. M. Foss,ed. *Determinants of Infant Behavior*. New York:Wiley,1961.

Harlow,H.F.,and Harlow,M.K. "The Effect of Rearing Conditions on Behavior."*Bulletin of the Menninger Clinic*,26(1962),213—224.

Heath,R.G. "Pleasure Response of Human Subjects to Direct Stimulation of the Brain: Physiologic and Psychodynamic Considerations." In R. G. Heath, ed. *The Role of Pleasure in Behavior*. New York: Harper & Row, 1964.

Hochberg, J. E. "Perception: Toward the Recovery of a Definition." *Psychological Review*, 63 (1956), 400—405.

James, W. *Textbook of Psychology: Briefer Course*. New York: Holt, 1892.

Kamiya, J. "Operant Control of the EEG Alpha Rhythm and Some of Its Reported Effects on Consciousness." In C. T. Tart, ed. *Altered States of Consciousness*. New York: Wiley, 1969.

Kilpatrick, F. P. "Two Processes in Perceptual Learning." *Journal of Experimental Psychology*, 47 (1954), 362—370.

Klein, G. S. "Adaptive Properties of Sensory Functioning." *Bulletin of the Menninger Clinic*, 13 (1949), 16—23.

Kohler, I. *Über Aufbau und Wandlungen der Wahrnebmungwelt*. Vienna: Rohrer, 1951.

Krech, D., Rosenzweig, M. R., and Bennett, E. L. "Environmental Impoverishment, Social Isolation and Changes in Brain Chemistry and Anatomy." *Physiology and Behavior*, 1 (1966), 99—109.

MacKinnon, D. W. "The Nature and Nurture of Creative Talent." *American Psychologist*, 17 (1962), 484—495.

Miller, N. "Learning of Visceral and Glandular Responses." *Science*, 163 (1969), 434—445.

Murray, H. A., *et al*. *Explorations in Personality*. Oxford: Oxford University Press, 1938.

Myers, F. W. H. *Human Personality and Its Survival of Bodily Death*. 2 vols. London: Longmans, Green, 1903.

Neff, W. D., and Diamond, I. T. "The Neural Basis of Auditory Discrimination." In H. F. Harlow and C. N. Woolsey, eds. *Biological and Biochemical Bases of Behavior*. Madison: University of Wisconsin Press, 1958.

348 Olds, J., and Milner, P. "Positive Reinforcement Produced by Electrical Stimulation of Septal Area and Other Regions of Rat Brain." *Journal of Comparative and Physiological Psychology*, 47(1954), 419.

Penfield, W. "Memory Mechanisms." *AMA Archives of Neurology and Psychiatry*, 67(1952), 178—198.

Piaget, J. *Les Méchanismes perceptifs*. Paris: Presses Universitaires de France, 1961. Translated by G. N. Seagrim. *The Mechanisms of Perception*. New York: Basic Books, 1969.

Rapaport, D. *Organization and Pathology of Thought*. New York: Columbia University Press, 1951.

Riesen, A. H., Chow, K.-L., Seemes, J., and Nissen, H. W. "Chimpanzee Vision After Four Conditions of Light Deprivation." *American Psychologist*, 6(1951), 282. (Abstract.)

Rorschach, H. [*Psychodiagnostics: A Diagnostic Test Based on Perception*.] Bern: Huber, 1921. Translated by P. Lemkau and B. Kronenberg. New York: Grune and Stratton, 1942.

Schachter, S., and Singer, J. E. "Cognitive, Social and Physiological Determinants of Emotional State." *Psychological Review*, 69 (1962), 379—399.

Schlesinger, H. J. "Cognitive Attitudes in Relation to Susceptibility to Interference." *Journal of Personality*, 22(1954), 354—374.

Senden, M. von. *Raum-und Gestaltauffassung bei Operierten Blindegeborenen vor und nach der Operation*. Leipzig: Barth, 1932.

Snyder, F. W., and Pronko, N. H. *Vision with Spatial Inversion*. Wichita, Kans.: University of Wichita Press, 1952.

Solley, C. M., and Murphy, G. *Development of the Perceptual World*. New York: Basic Books, 1960.

Spitz, R. A., in collaboration with Cobliner, W. G. *The First Year of Life*. New York: International Universities Press, 1965.

Stratton, G. M. "Vision Without Inversion of the Retinal Image." *Psycho-*

logical Review,4(1897),341—360.

Tart ,C. T. ,ed. *Altered States of Consciousness*. New York:Wiley,1969.

Vygotskii,L.S. *Thought and Language*. Translated by E. Haufman and G. Vakar,Cambridge,Mass. :M. I. T. Press,1962.

Werner,H. ,and Wapner,S. "Sensory-Tonic Field Theory of Perception." *Journal of Personality*,18(1949),88—107.

Wiener,N. *Cybernetics*. New York:Wiley,1948.

Witkin,H. A. , Lewis, H. , Hertzman, M. , Machover, K. , Meissner, P. B. , and Wapner,S. *Personality Through Perception*. New York:Harper, 1954.

349 # 第二十二章 比较心理学与生理心理学

> 这里在半毫米的长度内包含有动力心理学所有的主要问题。
>
> K.S.拉什利

具有生物学思想的心理学家们所理解并一致同意的两个重大有关方面是行为研究的演化过程含义和自然科学含义。物理学的发展以及特别是电子学的发展在本世纪初二三十年
512 迅速地引起心理学内两个新的倾向:(1)生命系统较少地按照解剖学而较多地按照精细的组织分析去认识,这种组织分析超出了古典的组织学并涉及分子生物学、电生理学与生物化学;(2)新技术的迅速发展使我们有可能对生理反应进行更精确的定位并在生理学的与生物化学的事件中进行直接的实验干预。自然,这两个倾向极大地影响到我们对有机体的哲学概念;似乎有一种对生命科学的崭新探讨和实验方法学正在迅速而激动人心地实施中。

实验的干预以前意味着发现自然以其自身特有的方式在做些什么;今天它意味着从有机体中引起那些从未被认为存在于该有机体内的反应,想要达到一种深刻的物理化学水平使生命过程的性质在这一水平上能更严密地被看到——正像新近的空间实验和隔绝感觉的实验那样，使人处于一种不可能出现的境况，除非是进入至今尚未探明的或刚刚创造出来的环境中。这就是以下道路的一部分，在这一道路中，在科学发展一定时期可以达到的技术，如此重大地改变了科学家的方法，使他终于看到他过去不会看到的东西，而造成的结果是迫使他最 350
基本的概念发生改变。

行为的生理学基础

十九世纪与二十世纪初期深入研究的结果是对行为的基本有机介质，即神经组织细胞成分内部与这些成分彼此之间神经冲动的电化学传播，有了日益增进的了解。人们开始知道，电冲动并非简单地从一个神经细胞跨入另一神经细胞，相反，一冲动到达一轴突的末梢就引起神经介质的释放，它又漫过突触间隙引起下一细胞内的新冲动。人们也已知道，神经组织内电冲动的传播，并不完全依赖于持续的外界刺激；脑内有清楚可察的**自发电活动型式**。在二十年代末年，伯杰（1929）发现有可能探测并放大人类大脑皮层不同部位的电位变化并以可见波的形式把它们记录下来。这些“脑电波”，尽管非常灵敏而复杂，仍然迅即引起系统的研究。脑电图的或 EEG 的反应能从头盖上并在某些特殊条件下能直接从大脑皮层本身测出。很快就知道了特殊的区域倾向于产生特种的波；例如，在处于松弛状态的被试的枕叶皮层，产生每秒 8 到 15 次的“α”波，而较快的波*，如“θ”波和“δ”波等，能在其他的区域测出。对于可使一可见EEG反应发生变化的每一心理反应来说，因而这永远是一个确定产生区域和波形速度与形式以及产生它们的内外刺激条件的问题。状态的许多变化，例如睡眠、昏沉、松弛、警惕和注意力集中等，均产生其特征性的图形。已有可能认为，特殊的心理状态可以在EEG水平上也在记录肌肉的肌电图反应水平上得到特征性的复杂表现。并开始有可能认为，意识是以一种清晰的、恒常的、有机的方式同皮层内电位变化的特殊时空型式相关联的，而EEG的个人差异则同个人思维、情感，或做决定等方式的特性相关联。

在外现的行为与脑内这些大体的电节律之间关系的研究只是长远探索脑内特殊冲动传导过程中的一步，虽然肯定是非常重要的一步。我们会想起弗里奇和希齐格远在1870年便由于直接应
351 用电流于脑而引起动作(参看边码第118页)。随着有一长系列的
研究，其中施瓦梅达姆[1]的“应激性”和伽伐尼的“动物电”优胜于“动物精神”的古老学说。不断改进的脑电刺激的技术，连同局部脑损伤的临床研究和实验研究以及记录脑内自发或诱发电位的一般技术的广泛应用，导致对脑内各种结构特性与机能特性详尽细微的解剖描述和生理描述，包括大脑皮层感觉机能、运动机能与联想机能的细微定位。

---

* 脑电中的θ波为每秒4—7次，δ波为每秒0.5—3次，均较α波慢，著者写成“较快”，可能由于疏忽之误。——译注

① 简·施瓦梅达姆(1637—1680)，荷兰自然主义者，就蛙的神经-肌肉制备进行实验，并收集到反对笛卡儿关于动物精神概念的第一个结论性实验证据。

最近几十年间改进电极的应用已有可能引起大脑皮层和皮层下部位极特殊区域和亚区的兴奋作用，诱发了种种机能作用，可以达到比一般认为可能达到的更精确得多的定位。甚至十九世纪中叶某些较轻率的和模糊的观念，即特殊的心理活动与个别神经细胞相联系，在较新的观点看来，已不那么轻率，不那么模糊了。例如，奖励与厌恶两系统新近具体定位于脑内细微确定的区域（Olds，1960），这对于借助于这些新见识和新工具的帮助进行古老欢乐主义原理实验的生物心理学家是一种鞭策，对于神经生理学家同样也是一种鞭策。

感官系统的研究详尽说明了机械的、神经化学的与电化学的机制是同外界刺激的一定的数、质变量所引起的感觉冲动分不开的。这些研究引起了视觉和听觉早期学说的重新定义。它们还引起了这些发现：甚至外界刺激的极细微变化，即相应于光能的一个量子或相应于分子最小可能的机械位移，在细微分化的感受器系统中都可引起感觉冲动；而这一感觉冲动又激活大脑皮层内同等分化的定位投射区。

我们已经获得许多关于反射弧复杂性的知识。在高等动物中，反射弧看来几乎不变地基于多维的联系以及兴奋抑制的复杂神经化学联系。感觉冲动能在感受野的任一点上被发动起来，但这些冲动并非基于对外界刺激的被动反应，因为，在所有感官系统中有来自脑的下行神经纤维，它们通过复杂的反馈冲动控制着感受器的活动。进一步说，有机体对环境变化的反应不仅通过神经兴奋与肌肉活动，而且也依靠高度特殊化化学物内分泌，即激素，它们对维持体内代谢平衡与神经生理的平衡是主要的。可以说，

神经的，激素的，和行为的调节过程有一种戏剧性的和谐，有机体
352 以它来维持其内外环境于惊人狭小的有效行使机能的“自动平衡”限度内（Cannon，1939）。

三十多年以前已经开始弄清楚（Duffy，1934），一切心理反应都能依据反应的强度——从极不活跃到极活跃——来分级。莫鲁齐和马古恩（1949）及其同事们能表明，脑干的“网状激活系统”直接关联到全部的激活模式。已经证明，这一普遍的觉醒系统对感受器机制及传至脑内冲动的皮层综合起控制的影响，并因而参与行为的与生理的体内平衡的一般过程。认为每一知觉、每一情绪、每一回忆或想象过程都在一活动连续统一体上有其地位，这种想法已成为可能了。所以，有了一种兴趣上的转移，从那些和执行这些动作相联系的局部变化转到给激活过程的性质下定义了。这使许多人把觉醒、机敏、注意、嗜眠和其他“心理状态”或“意识状态”看作在相当大的程度内由激活反应所决定。

分子生物学在分析可能影响行为的遗传物质方面已取得了很大成就，而在化学水平上对于确定脱氧核糖核酸（DNA）的确切结构——双螺旋线——曾经做过的一切，也已得到电子显微镜的证实。当这类研究涉及大脑皮层定位、蛋白质化学和学习过程等问题时，生理心理学就几乎变成一门新的科学。借助于改进的方法和新知识的不断积累，对心理现象较早的假设变量和假设结构现在能在神经生理学与生物化学的具体过程中予以检验。现在我们就要转入一个这种实验检验正十分盛行的领域。

学习的生理学理论

对学习问题，机体的和生理的想法要比纯心理的探讨早得多，但是，尽管神经生理学和神经解剖学有了巨大的进步，关于学习过程的主要问题——即，学习如何发生以及记忆储存在哪里——仍然和以前一样没有解决。每一新的发现带来新的希望，认为生理学的解决就要来临。但通常的结果是它只引进另一更复杂的问题。然而，正在展开的对于这些问题的正确答案的探索，有指望成为人了解自然和了解他自己的更激动人心的篇章之一。

对神经细胞和神经细胞间突触连结的认识迅速导致这样的理论，即根据神经冲动的传导作用，特别是根据在突触处作为学习的 353
一种结果而产生对神经冲动的助长和抑制作用而形成学习过程的概念。自从坦齐早期的理论(1893)以来，已涌现出了一连串持续不断的假说，它们都设法论述在两个或两个以上神经原间突触连结处由经验所引起的变化。许多人假定神经原的生长在突触处引起阻力变化，由此形成记忆的躯体基础。已有许多不同的概念形成，它们大都依据研究胚胎神经系统的生长所获得的知识，涉及的问题是这样的神经原的生长如何发生的问题。

卡珀斯(1917)论述神经原组织的胚胎生长的特殊性可以用电吸引力来解释。他的“神经生物向性”的假设声称神经原的活动产生电磁场，这又转而影响神经原生长的方向；在活动神经细胞群内电的负性吸引周围神经原的生长。卡珀斯把这些生长过程和生后的学习问题联系起来。他论述类似的电场力可产生于条件作用，并可以在学习时导致改变了的突触传导。然而，这一论述未为以后的实验研究所证明。

其他的人提出在神经组织的生长中受着杂乱机械力的引导沿着最小阻力的路径和点进行。还有其他一些人，拉蒙·依·卡哈尔(1911)是他们中最有影响的一个，他提出向化性过程(chemotropic processes)的说法，认为神经原环境中的化学物质对神经原的生长发挥定向力作用。这一理论不断受到注意(Sperry，1958)，因为有关于神经化学分泌过程的新证据。

科格希尔(1929)把有关神经组织生前发展的许多有效观察扩展应用于生后的行为并且说明，虽然神经组织的生长与发展在成熟时可以缓慢下来，但它并不停止并在有机体的整个生活中继续发展着。他相信，神经原的持续生长导致神经原间潜在的突触联系数量的增加，并因而在高等有机体中形成行为可塑性的基础。按照科格希尔的说法，经验与学习并不绝对地影响这些生长过程；确切地说它们是从无数可能的突触联系中创造机能的联系和系统。这一由经验造成的在机能上相联系的神经原网络的概念在以后关于学习的生理学理论中一直是个核心问题，这些理论一直在突触变化与单个神经细胞的整合作用中寻求学习过程的解释。

霍尔特(1931)进而发展了卡珀斯涉及学习问题的神经生物向性的看法。他提出，经验和神经系统生前发展有关就像它对生后
354 行为的发展与学习有影响一样。霍尔特提出突触阻力起初杂乱地变化着，而且起始的传导通路由偶然所决定；神经原的生长由卡珀斯所提出的与活动有关的生物向性过程所决定并在经验的定向影响下导致一种机能联系系统的有秩序的整合。这样霍尔特就引入

了杂乱性的观念以理解神经原的发展与学习。这一观念对于比较心理学中以后许多概念的形成发生了相当大的影响。

许多人在霍尔特的影响下认为行为的发展是“后成的过程”，认为除了对刺激原的几种基本新生儿反应倾向和几种在经验中作为种属特点的定向倾向外，行为发展中没有什么由遗传或本能所决定的东西。在流行的后成说中最著名的是施奈尔拉(1959)，他阐发了一个完全以新生儿起始的接近-退缩反应为根据的详尽的后成发展解释，这种反应他认为是仅仅受刺激强度水平控制的。

然而，关于神经原生长与突触连接处阻力的改变，许多理论和辩解都不能解决特殊神经原如何能被选择并整合成为机能系统的问题。它们也不能令人满意地处理这样的问题，即作为神经原中短暂传导活动的结果，在突触阻力中可发生持续多长时间的变化。赫布(1949)应用早期的回荡概念(Lorente de Nó，1938；Hilgard and Marquis，1940)，试图以其关于突触阻力变化产生于在机能上相联系的神经细胞延续回荡活动的看法来解决这些问题。他提出，一感觉细胞的刺激建立起大脑皮层联络区内的神经原回路，这终于导致冲动回归到起始的感觉区神经原上并在机能上相联系的神经原网络中形成冲动的延续回荡。他相信，那使第一个神经原发生活动的内外兴奋动因停止后，这些神经冲动的回荡仍然继续着。由于神经冲动反复通过这一机能联系回路，据说就会引起特殊的和逐渐的神经原生长并引起有关联的突触接合处阻力的持续变化，而这便构成学习的基础。由于持续的突触改变，形成的“细胞集汇”就这样保留下来。这一理论，像以前的其他理论一样，意味着学习的发生和记忆的储存是由于特定的机能上相联系的神经

原回路的建立。

埃克尔斯(1961)提出了类似的假设,涉及回荡兴奋的影响与突触阻力的改变。但是,如格罗斯曼(1967)指出的那样,埃克尔斯
355 关于神经化学的和神经冲动传播的大量知识没有得到同等精细的关于学习过程的心理学理解的充分配合。学习的研究现在似乎需要生物心理学、生物化学、电生理学,和生物电子学实践家的高水平合作。这些领域的每一领域内的知识都是如此复杂且如此浩瀚,实际上要在所有这些领域中都完全胜任几乎是不可能的。

许多附加的关于学习的生理学理论已提出来了,这些理论主要都是讨论神经冲动传播和突触阻力变化的问题。例如,科诺斯基(1950)遵循着巴甫洛夫生理心理学的一般假说,但同时又编入了关于脑内神经原要素生理学的新知识。潘菲尔德(1952)提出了记忆痕迹的颇为精确的定位,其根据是他的临床观察,即对脑的局部电刺激可以使已经长久遗忘的记忆又回到意识中来①。

所有这些理论均致力于进一步理解在突触和脑内其他定位区域所发生的解剖的和神经化学的改变。定位的概念或以神经冲动借以回荡的在机能上整合的细胞集群为依据,或以唯一作为学习和记忆储存的可以验证的皮层或皮层下区域为根据。然而,这些看法中还没有一个已得到可资利用的经验证据充分证实;虽然每一看法都有某种形式的合用资料为依据。

虽然电生理技术的充分应用已经显著地改变了学习的生理心

---

① 按照他的说法,脑内海马与杏仁核周围区域的神经生理活动与学习和记忆有关。

理学面貌，生物化学的作用至少也是同样地惹人注目。动作电流的化学，以及特别在神经冲动扩散过程中肾上腺素能的和胆碱能的物质的释放已逐渐迫使心理学家越来越根据基础化学的概念来考虑学习和情绪的问题。为了对所研究的组织进行更精确的观察，在染色剂、染料等方面也已有所改变。心理药物学的新领域已着手参与改变心境、觉醒水平以及“意识状态”的工作。甚至神经冲动的传递和突触阻力在学习中的核心作用，现在依据脑的结构特征与分子生物学的眼光看来，也正在开始受到非难。例如，加拉姆鲍斯于 1961 年提出，并非神经原连接处阻力的改变而是神经胶质组织特殊的生物化学改变可能是理解学习与记忆的关键。鉴于遗传信息编码的分子机制的当前证据，这种关于神经原与胶质组织间可能存在的神经化学的相互作用的说法以及分子神经化学系统彼此之间在突触本身以外区域的行为信息编码与储存中的独特相互作用的说法的确是非常引人注目的。 356

在药物与毒素的领域中，化学的意义对于心理学已迅速变得明显起来。心理药物学在 19 世纪的生理心理学中还只是一小章，而且，尽管有着鸦片和其他“引起幻觉的”药物的奇异后果，直到上世纪末克雷佩林以前对应用药物的心理学含义的系统研究还没有发展。随着本世纪五十年代新的对神经起显著作用的药物(Psychoactive drugs)(特别是松弛药与抗忧悒药)的发现掀起了巨大的兴奋波。艾伯特·霍夫曼于 1943 年发现他配制的麦角酸衍生物(LSD)合成物的特殊心理效应。他，以及服用此药的许多被试，报告一种类似精神病的症状。数年之内已弄清 LSD 与墨司卡灵和其他致幻剂，能产生多种多样的复杂心理状态。这些包括改变了的知觉、记忆、想象、自我觉知，以及许多以前认为主要属于特殊生理训练如用在瑜伽和禅宗佛教中所产生的作用。有关这类致幻药物的研究已写出了新的一章，它似乎在某种程度上对古老还原论的看法给予新的支持，这种看法认为生命与行为是生物化学的事。

行为的种系发生观：比较心理学与生态学

人们一旦采纳了演化论的观点就倾向于在各处看到同源和同功，并会询问一器官或机能以什么样的特殊发展过程而表现为某一特殊的形式。这些问题几乎在达尔文刚一提出他的演化论之后就在心理学中获得了重大的意义。从那时以来日益强调大量物种资料的收集，其假设为每一点知识对于跨物种(cross-species)行为理论的发展都是必需的和有关的。所以，在这个意义上说，十九世纪晚期与二十世纪早期的全部心理学都可以看作为比较心理学。甚至那些只对一个物种，不管是对白鼠或人的行为感兴趣的人们，也从其他物种的行为获得大量而丰富的类比。达尔文主义的适应概念使心理学获得新生并对人类心理研究中的实验步骤提供了最终的支持。

达尔文以后的心理学逐渐地开始认为它自己是一门生物科学。它开始从生命科学中而非从物理科学中找到模式，而达尔文以前主导着心理学概念形成过程的一直是物理科学。然而，这一过程还没有完成，因为天文学家、物理学家和化学家所发展的科学
357 模式仍然强有力地统治着年轻的“社会科学家”，甚至在前者越来

越多地从后者那里寻求灵感和适当的新模式的时候也是如此。现在我们要转到心理学中以演化论为唯一的和中心的范例的那些领域，转到比较心理学和生态学。这些领域的实践者遵循达尔文的看法，认为生命与行为的现象极为复杂，不可能用在无机界研究中形成的简单方法与工具完全探测清楚，不论在它们原来的活动范围中这些方法与工具曾获得多么大的成功。

在第九章中我们讨论了进化论对心理学的直接影响。罗马尼斯对动物行为拟人论的探讨迅速导致洛布（参看边码第137页）和许多其他人方向相反的和极端机械论的探讨。詹宁斯（1906）或许是从这些极端立场的综合中涌现的第一个现代比较心理学家。他从事许多种低等有机体的行为发展的研究，而且在反对罗马尼斯的探讨时，又坚持洛布简单化的向性不能说明行为的各种不同形式与复杂性，甚至连它们最低级的表现也不能说明。麦克杜格尔的策动论（1930）也代表对向性和巴甫洛夫条件反射等简单化探讨的反抗。麦克杜格尔强烈反对本世纪初所盛行的一切机械论的概念。

但巴甫洛夫的条件作用研究和华生的行为主义，自然也可以认为是比较心理学的组成部分。大量不同的物种与有机体受到他们所采取的程序的研究在苏联，以及在美国由于拉兹兰（1965，1971）（主要是响应苏联的研究材料）的努力，已根据巴甫洛夫的原理发展了一门新的“演化心理学”。这门心理学把每种学习过程和每种生长过程看作在特殊生态条件下适应需要的一种表现。按照这种种系发生的和生态学的方向设想时或当重点放在学习什么，为什么，在什么样的适应压力下，由什么样的有机体所学习时，学习心理学看来的确是很不相同的。这一思想途径尚未充分“渗入”美国实验心理学中；虽然这里也有例外（Bitterman，1965；Skinner，1966）和即将起变化的明确信号。实验心理学家如此过分地信赖白鼠——而且他们中极少有反对这一单一物种的研究及其依据的物理科学模式——以致似乎难于适当提出这样的问题，即在老鼠身上已研究这么彻底的基本学习现象是否也出现在一切啮齿类动物中，或一切哺乳动物中，或在一切动物中。比奇在一有广泛影响的致词中（“The Snark Was a Boojum”，1950）提醒他的同事们注意这一情况。心理学已这么艰苦地试图从特殊的东西达到一普遍的意义，以至于 Boojum 之类*已被忘掉了。

358 在由耶基斯（1916）和克勒（1917）所创始的一项描绘更复杂的机能的尝试中，某些比较心理学家转到原始的研究上。但问题仍要这样提出：罗猴像蛛猴吗？或在类人猿中，长臂猿和黑猩猩基本上类似吗？最后，人在这一切中占有什么地位？甚至许多物种，包括许多原始物种的研究，也已经不得不说明以下进化论问题：即这些物种是否确实生活在可资比较的栖息地，以及在其种系发展史中、生态学中、行为中和生理学中什么是它们特有的东西，什么是某些物种或所有这些物种共有的东西。许多原始物种在其自然野生居处的行为的详细描述研究（参看 De Vore，1965）将解决许多这类问题。现代比较心理学和生态学由于集中注意于这些问题并反对把行为实验局限于少数物种，局限于对这些物种来说并非自

---

* Boojum，一想象的生物，见于十九世纪英国数学家和作家刘易斯·卡罗尔（Lewis Carroll）所著 *The Hunting of the Snark* 一书中，其特点是具有奇怪的外貌。——译注

然的环境，确实已作出它们的主要贡献。

如我们所看到的那样，这些问题在美国实验心理学的发展中大都受到漠视。自然，也有例外。其中最有名的是拉什利(1938)，把他划归行为主义者，或是生理心理学家，或是比较心理学家都不恰当；因为他既专心研究行为和神经生理学的问题，也专心研究那些与物种演化适应相联系的在行为中与生理机制中作为物种典型特征的差异问题。在两次世界大战之间，许多美国比较心理学家在拉什利影响之外似乎专注于把行为发展的白板概念和达尔文的适应概念综合在一起。这一倾向的智慧大师是霍尔特(1931)，他声称神经系统生前的与生后的机能组织基于内在的杂乱生长过程与经验的有秩序的影响。这一看法受到郭〔任远〕关于生前行为发展的一系列论文(Kuo, Z. Y., 1932)的大力支持，它支持关于经验在生前行为发展中是决定因素的见解。然而，生前行为发展的较近研究(Gottlieb, 1968; Hamburger and Oppenheim, 1967; Kovach, 1970)表明郭的基本描述步骤的某些缺点并指出其环境论可能受到了过分夸张。

霍尔特和郭的经验概念和后成概念受到梅尔和施奈尔拉的有影响著作《动物心理学原理》(1935)中所采取的类似立场的进一步支持。紧随着这些努力，一组强有力的“后成论者”兴起了，他们的工作与兴趣集中于论证演化心理学必须基于行为发展的后成概念，他们把主要的重点放在环境与经验上(包括生前的环境与由自我刺激所产生的经验)，放在遗传的表现型的表现上。在形态遗传 359
型的表现型的表现中由新出现的对环境影响与发展影响的了解所加强，这一方向在神经生理的与行为发展的演化研究中发展成为

一个强大的力量。这一领域中的成就与当前事物状况在纪念 T. C.施奈尔拉的文集《行为的发展与演化》(Aronson et al.,1970)中有最好的说明。

同时,其他人遵循拉什利的道路,既不采取极端环境论者的观点,也不采取极端体质论者的观点。例如,尼森(1958)在演化比较心理学中为用于物种的行为比较而集中注意于基本的类型。比奇的主要兴趣在于性行为及其激素机制的比较分析(1964)。然而,不妨说,甚至在这些情况中经验论者与环境论者的探讨仍是主要的;与欧洲生态学家(一群博物学家与动物学家,其兴趣在于自然居处的机体行为)主要强调体质论的事实形成对照,行为发展的后成概念则继续主导着美国的比较心理学。所以,当欧洲生态学的与美国比较心理学的观念最终达到可能的综合时发生了迎面的碰撞,这并不奇怪。莱尔曼(1953)批评生态学,说它是注定论的(finalistic)看法;说它使用不能进行适当实验研究的目的论概念;以及其他等等。自然这一批评大都是正确的而且它所提出的问题已由生态学思想的逐渐修正所解决。但欧洲生态学对北美比较心理学和苏联的影响至少像美国比较的后成论的探讨对生态学的影响同样巨大和有力。它们的综合,如在马勒和汉密尔顿(1966)和更新近的在欣德(1970)著作表明的那样,趋向融合为单独一门研究动物与人类行为的比较演化学科。

生态学的早期开创者是惠特曼(1919)、海因罗特(1910)、克雷格(1918)和洛伦茨(1935)。这些人都是高度机敏和有能力的博物学家,他们都关心行为的典型物种分化细节。他们的早期解释有许多集中在“本能的行为”上:在那些高度复杂的适应行为型式上,那是动物不带有任何理性解释的痕迹而显示出来的，而且，在许多事例中，也无须以前繁复的训练（例如一海狸筑一个坝，或一鸟从地球的一定地点飞越图籍上无法查明的几千哩的距离迁移到另一一定地点）。

洛伦茨，现代生态学公认的首脑，提出了一个可变能量水平-动作特殊能量（action-specific energies）的理论方案，据说与本能 360
行为动作有关并为明确限定的外界刺激（释放体）所释放。他声称行为动作以及对于释放它的刺激的认识是内在的，它不需要以前的经验形成，并声称动作特殊能量持续产生并储存于中枢神经系统中。据说释放体消除特殊的内在抑制因素并因此释放能量与动作。洛伦茨声称，在没有这种刺激时，能量便不断积累，而且作为过剩的结果，本能动作甚至在没有适当外部刺激时就可能出现。这一想法得到对于所谓真空活动的观察的支持，在这种活动中，可辨认出的本能动作出现于隔绝刺激的条件下并且没有任何有用的机能联系。

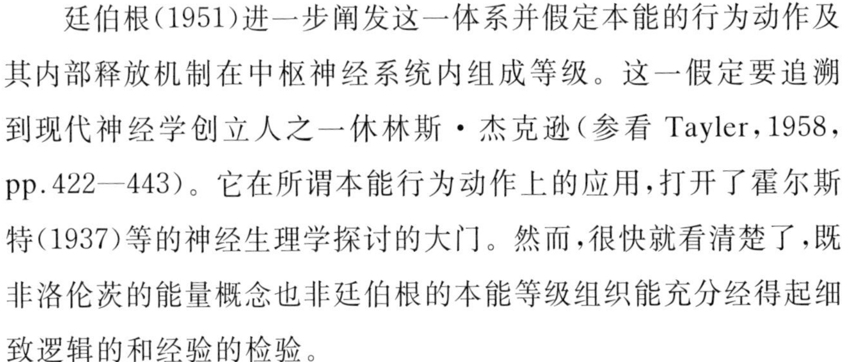

廷伯根（1951）进一步阐发这一体系并假定本能的行为动作及其内部释放机制在中枢神经系统内组成等级。这一假定要追溯到现代神经学创立人之一休林斯·杰克逊（参看 Tayler，1958，pp.422—443）。它在所谓本能行为动作上的应用，打开了霍尔斯特（1937）等的神经生理学探讨的大门。然而，很快就看清楚了，既非洛伦茨的能量概念也非廷伯根的本能等级组织能充分经得起细致逻辑的和经验的检验。

在生态学领域中和在行为的研究中关于能量的适当的概念地位有着大量的争论（Kennedy，1954）。这里的争论在许多方面类似于在弗洛伊德体系中能的概念应用的困难以及在巴甫洛夫心理学中因果解释与机能解释混淆的困难，后者我们将在下一章论述苏联心理学时讨论。逐渐明确的是，来自行为动作的经验与反馈在物种典型的“本能”行为型式的发展中和它们在行为的任何其他东西的发展中可能是同样重要的。

虽然确曾发现有极精细分化的物种典型能力显然已在高度特殊的生态条件内发展起来，在早期生态学思想中被认为由遗传所固定并不受学习所影响的行为型式却并未得到证明不受一切经验的影响。常被人们引为内在知觉图式与内在释放机制一例的那一廷伯根实验的历史清楚地表明了早期生态学思想的力量和弱点。廷伯根(1948)发现一人工的鹰——鹅模型——只依一种方向(在这样的方向才像鹰的飞行)在家禽头上飞过时可引起家禽受惊与
361 回避反应。当把方向掉换过来使模型相似于鹅的飞行时(沿着较长突出部分的方向运动，这一部分在鹰飞行型式中是**尾巴**而现在变成鹅的**脖子**)，就一点也没有反应。鹰型被说成是组成本能回避反应的适当“释放体”。许多研究者试图重复这一实验而没有发现类似于廷伯根的结果；或者对模式没有反应或者反应不是按照鹰与鹅的模型特点而分化。起初引起了“物种特殊性”的讨论，但随后更仔细收集的资料表明在头上任何飞行的东西都可能对某些种属飞禽没有经验的雏鸟引起回避与恐惧反应，而不论飞行模型的形式如何。

这一争论这时似乎由施莱特(1961)的如下结论而得到解决，即对廷伯根所发现的鹰鹅模式反应中的差异并非由内在知觉中的高度特殊分化所引起，而更有可能是由早先的习惯与学习所引起，

而在廷伯根的研究中对于这一点未加适当的控制。在廷伯根的自然环境中鹅在头上的通常飞行可能已产生对头上飞行物体自然恐惧反应的局部的习惯化和对特殊刺激的习惯化;对鹅的反应消失了,而对鹰的反应保留下来。看来似乎有一般的和特殊的物种典型的知觉形式,它们导致独特的反应倾向:任一在头上飞的物体在某些没有经验的雏鸟中可引起回避而某些形象上的特点甚至可比其他的更为有效(Hess,1962)。然而,这些看来不像早期生态学思想中所假定的那样细微地特殊化或不受经验的影响。生态学由于唤起人们注意到行为中巨大物种典型变异以及有必要在自然环境中检验物种的行为而作出其贡献。实验心理学与比较心理学则由于指出经验在行为发展中的一切水平上都是重要的这一事实而作出其贡献。

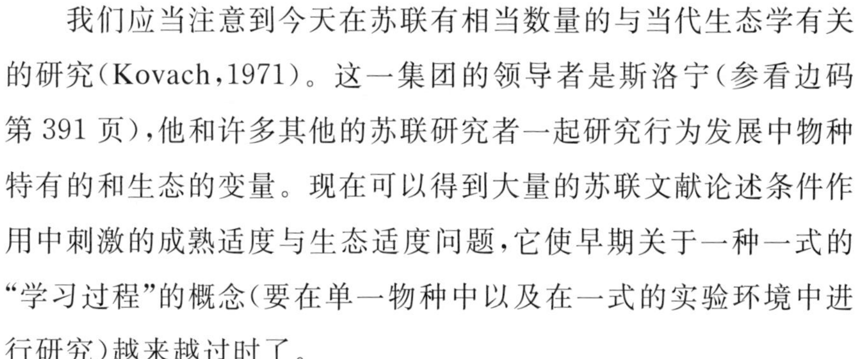

我们应当注意到今天在苏联有相当数量的与当代生态学有关的研究(Kovach,1971)。这一集团的领导者是斯洛宁(参看边码第 391 页),他和许多其他的苏联研究者一起研究行为发展中物种特有的和生态的变量。现在可以得到大量的苏联文献论述条件作用中刺激的成熟适度与生态适度问题,它使早期关于一种一式的“学习过程”的概念(要在单一物种中以及在一式的实验环境中进行研究)越来越过时了。

行为的发展:本能、动机与印记 362

生态学思想的充分影响反映在心理学的整个领域中,主要通过印记的概念与研究。印记是一种快速的早期学习过程,其中持久的社会维系与偏爱变成牢固确定的东西。

"联想主义"传统的力量在这一新的研究路线出现以前极为强大，以至很长时期所有的兴趣与偏爱，根深蒂固的爱与憎，人们赖以生存的准绳、价值和理想被认为完全由观念的联想所塑造。当埃德蒙·伯克写他的经典论文《论崇高与美》时，在他面前有哈特利的联想说。当詹姆士·米尔以趣味与信念的正确教养他的幼子时，他这样做是遵循着甚至比联想心理学更为古老的传统。"获得兴味"的概念，甚至在《圣经》箴言之前，或普鲁塔克的《传记集》，或西塞罗的《论老年》之前，就是教育学的一个隐含的部分。巴甫洛夫条件作用的公式对同一问题提供新的途径；而偏爱、兴味与价值的获得很快就被包纳于条件作用的方案中。值得注意的是多么众多的尝试已经做出和就要进行以订正对早期行为发展问题的"联想主义的"和"巴甫洛夫学说的"公式。但印记的概念已占据了新鲜的实验思想。它立即引起实验心理学家和临床心理学家的重视，因为它肯定地关联着一个古老的问题——即经验，特别是早期经验如何能永久地改变不仅是一个特殊的 S—R 联系，而且也改变在环境与社会的相互作用中许多在动机上和认知上相关联的过程。现在我们简单地评述有关这一问题的某些早期尝试并审查在印记概念形成并有适当文字记载以前所进行的某些工作。

在《社会心理学导言》一书中，麦克杜格尔(1908)注意到内驱力在为一特定适当的刺激所引起以前和以后，并不是同样地起作用。内驱力为刺激所诱发，而后可以看到巩固的习惯由发展而来。以后人们就偏爱那特定的刺激或经受这一诱发与联系过程的特定活动。按照麦克杜格尔的说法，通常几种本能如爱、羡慕、恐惧和服从，在某种程度上是成组地被诱发。“情操”一词因而被应用于以这种方式投入一特定物体的“本能能量”丛。自然，弗洛伊德已发展了本能能量投入的理论及其在正常性格的相对稳定性中的重要性。对麦克杜格尔说来，社会生活的主要推动者是情操而非原始的本能。

数年后，伍德沃斯(1918)作了一组讲演来分析麦克杜格尔的 363
概念。他得出结论说，本能实际上并不支承或构成连续习惯活动的一种核心；毋宁说，作为达到某一目的的居间途径的习惯可能由于自身的力量成为内在的动机。一种多少相似的学说，以奥尔波特关于人格统一体的精致概念为背景，在“机能自主性”的名目下提出。对奥尔波特(1937)说来，人类价值系统或成见，不管它们的起源如何，均可获得机能的自主性并在指导有关的有意义的行为中成为核心的东西。如果人们仅只想研究其目前出现的实际动力的话，就无需考虑这些价值的起源。在二十世纪早期有几种其他的学说发展起来，它们破除纯联想主义的模式和巴甫洛夫条件作用公式，不再以这些作为根深蒂固的、强烈驱动的动作型式的解释。这里也应当提提霍尔特(1931)和墨菲(1947)关于疏通作用的假说。按照这些假说，起初的偏爱与学习经验相结合的影响对行为的选择性有指导的作用，对以后的经验有促进发展的作用，它们就这样导致行为发展渠道的渐次形成。

同时，迄今所忽略的大量研究材料，开始为人们所忆起；而且出现了新的概念。惠特曼(1919)曾表明用手抚养大的鹁鸽和鸽子的性行为可由实验者的手所引起，而且的确这一行为可以变成一种习惯，足以干扰鸽的正常的社会的性行为。这之后跟着有洛伦茨(1935)的观察,它强调一特定适宜刺激与一特殊内在反应的早期联合。例如,格雷莱小鹅(Graylag gosling)通常跟在母鹅的后面,被发现在一特别早期的感受性阶段会跟随在它的视野内任一活动物体之后;结果,在达到性成熟时,它表现出对于早期刺激的偏爱作为其社会的性爱相互作用的集中物。当小鹅长到适当时期时,如果实验者轻捷地向前走动就可以成为这一早期的社会相互作用的适宜刺激并一直“刻印”在小鹅以后的生活中。这一简单观察引起了关于印记的极大兴趣和兴奋,至今尚未衰退。种系发生所决定的素质和简短的早期经验可能产生的造型影响引起了许多关于行为与内驱力型式的形成以及持久社会联系的形成等问题——这些问题,不论是古老的联想论模式或获得的自主性内驱力的较新概念都未能作出适宜的回答。

洛伦茨早期关于印记的许多资料是由博物学的观察所收集的。他主要依靠一种本能的概念,这已不再为现代大多数生态学
364 家和心理学家所接受(Lehrman,1970)。然而,印记问题迅即引入实验室内。法布里修斯(1951)在瑞典设计了第一个印记仪,以人工的无生命的模式引起早熟幼鸟的追求行为。以后,主要由于赫斯(Hess,1959)的努力,印记对全部心理学的重要性开始为人们所了解并得到广泛的承认。赫斯和人数仍在日益增长的研究者们一起致力于印记现象的细致研究。在这些研究中证明了早期追随行为与社会依恋的特殊刺激选择与严格限制的感受期。然而,从这些研究中对于印记过程是否可以归结为一种普遍的联想主义模式(Moltz,1960)或者是一种真正独立的现象,则还没有取得普遍一致的意见。

印记研究的新近历史再一次表明在说明一种现象中和在检验其范例意义中标准化步骤的重要性。在比较心理学中特殊步骤的重要性首先由巴甫诺夫的条件作用技术所指出，以后由耶基斯盲路(alley)、拉什利跳台(jumping stand)、斯金纳箱，及其他等等所指出。法布里修斯(1951)的印记技术，后来的拉姆齐和赫斯(1954)，以及后来还有柯瓦奇等(1969)的技术，导致印记研究的繁荣和更精确地说明印记是怎么一回事。这又引起了由应用印记步骤的更为广泛的新生婴儿行为发展的研究。洛伦茨关于印记的早期理论公式(1935)今天受到严重的非难(Schneirla，1967)，但印记在这里仍保留作为研究早期行为发展的一种主要的实验技术——特别用于研究“遗传的”选择和反应倾向与成熟过程和早期生活的经验如何相互作用，以及它们对行为的发展如何造成持久的影响。

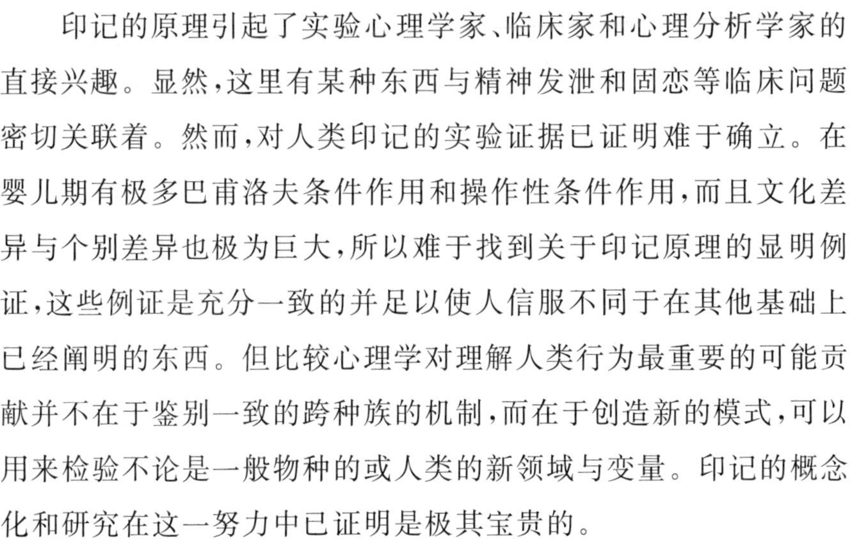

印记的原理引起了实验心理学家、临床家和心理分析学家的直接兴趣。显然，这里有某种东西与精神发泄和固恋等临床问题密切关联着。然而，对人类印记的实验证据已证明难于确立。在婴儿期有极多巴甫洛夫条件作用和操作性条件作用，而且文化差异与个别差异也极为巨大，所以难于找到关于印记原理的显明例证，这些例证是充分一致的并足以使人信服不同于在其他基础上已经阐明的东西。但比较心理学对理解人类行为最重要的可能贡献并不在于鉴别一致的跨种族的机制，而在于创造新的模式，可以用来检验不论是一般物种的或人类的新领域与变量。印记的概念化和研究在这一努力中已证明是极其宝贵的。

也正是按照启发式的模式，对于人类行为的某些流行的生态

365 学探讨才应该受到评价。这些探讨的极端形式通过洛伦茨(On Aggression,1966)、阿德里(The Territorial Imperative,1966)和莫里斯(The Naked Ape,1967;The Human Zoo,1969)等的流行著作而在一般读者中广泛传播。在这些著述中,普遍的命题是人不能摆脱种系发生的遗产,这是其原始的祖先所遗留给他的;而且社会本能的因素,地方性,攻击性,等等(它们在动物中能够看到并检验出来),也是重要的在种族发生上所赋予的人类行为的决定因素。自然,不能否认,人不能摆脱高度特殊化的种系发生史,但这些解释的细节及其从低等动物的行为到人类行为的过于泛化可能并不恰当。大众化的读物——及其必然会对无数同等重要变量的一个或另一个加以偏袒强调——也不能代表正当的论坛来确定生态学与比较心理学如何能对了解人类行为有所贡献。生态学贡献的意义并不在于这种大众化,而在于一些肯定的研究,表明几乎在一切物种的行为发展中的确都有关键性的时期;表明物种典型的生态状况和有关的体质上赋予的神经与躯体机能的种系发生衍生物的确重大地影响行为的发展;并表明在行为发展中种系发生的与个体发生的因素都要经受适当的概念化、描述和实验的研究。这些是生态学已贡献于并继续贡献于心理学的真正有意义的和重要的东西。

在观察从人到动物或从动物到人的许多过分夸张的概括见解时,我们一再地碰到人脑——从地质学的角度看——在短暂的时刻发生巨大改变的奇异问题,这时人经过类人的水平并变成了人。在地质时间的背景上仅只两百万年就使人脑的体积扩大了三倍,改变了人体的姿势,以良好的手目协调发展了合用的手,改变了人与具有创造力和攻击力的工具的关系，并一下子把人抬高到符号和概念的世界中。我们在这里似乎踌躇于两个同样无用的概念之间：(1)人的学习能力或他的思维能力对于他的基本的混杂天性没有造成什么区别；他和以前一样的原始而低劣，但在实现其混杂的内驱力时更聪明些；和(2)他将迅即脱离其动物的遗传性并生活在一充满其自身想象的可能性的象征世界里。真理，或者更恰当地说，经验的现实处于这两个极端公式之间的某个地方。生态学与比较心理学的最终贡献在于解开这一中间地带的无数因素之结。

遗传学与行为 366

自然，我们刚才讨论过的问题与演化论思想的另一影响广泛的产物——行为遗传学领域不可分离地交织在一起。高尔顿(1899)已看到这一问题的主要轮廓并且既强调物种的遗传性又强调个体的遗传性。皮尔逊(1904)发展了一种亲子关系和其他亲属关系的生物统计的和统计的研究。而桑戴克(1905)，经常出现在需要解决定量问题的地方，也已作了双生相似的研究。简单的门德尔关系被远远扩展了，而且低能和其他的病理甚至被认为是简单的门德尔学说的特点。基因的发现，及其在像果蝇这样简单的物种中进行的准确的生物与生化背景的审查，导致一方面对基因活动性质的越来越深入的生化分析，以及另一方面导致复杂种系发生的确定的问题和“外显率”的程度问题，即，一遗传效应在可观察的表型水平上表现其自身可以达到的程度。心理学的学者们，在摩尔根(1911)现代遗传学骨架的迅速而确切的充实前感到敬畏，附和着流行的思维方式。凡行为问题迫使他们面对“行为遗传学”的挑战问题时，心理学家们就放弃寻求简单的门德尔学说的因素并变为热衷于复杂的多基因效应。古典的遗传与环境问题的逐渐消逝，及其为有机体与环境间相互依赖性的各种问题所替代，需要更为精细的运用行为分析，包括摩尔根遗传学的复杂数学模式和统计学。

可以提出有关这一现代研究的两个范例：一个表明简单的门德尔思想的结果，另一个表明复杂的东西。在用苯酮尿（尿中的苯丙酮酸）对许多人进行谱系研究的基础上，一种简单的门德尔隐性被证明了。在某些家谱系列中，丙酮尿伴随以心理的和行为的缺陷。细致的生化研究表明可以用一系列步骤使基因的原始作用产生一种损伤中枢神经系统的条件。在进一步生化分析的基础上，发现在非常早期的生活中，适当的饮食可以防止或减轻精神缺陷的严重性。所以，简单的门德尔遗传后果无论如何能从环境的角度加以探讨，只要化学问题能得到正确理解并在发展的适当的早期阶段得到药物处理就行。

在霍尔（1947）的发现中也有某种类似的思想，即老鼠对巨响的“音源性发作”（死亡总是随之并发）可以给予一种遗传的分析。
367 金斯伯格（1963）进一步设计一个生化方案以缓冲所涉及的基因的效应使这些基因能产生不抽搐的老鼠和抽搐而不致死亡的老鼠，一切都像简单的基因说所预测的那样。

这些问题的复杂性为特赖恩（1942）的大量实验突出地表现了出来。他用老鼠进行遗传研究以“聪明”配“聪明”、“愚蠢”配“愚蠢”繁殖了好多代，直到他几乎产生了在迷津学习问题上的“智力”

上几乎无交搭的世系。看来“智力”好像是一种能由遗传选择所提炼出来的一种多基因能力。然而，进一步的工作（Searle，1949）表明，在迷津中的“聪明”老鼠在学习作业的其他型式中并不特别聪明，而且值得怀疑的是，这里涉及的是否真的是一般的智力。事实上，似乎内驱力、或动机、或兴趣、或某种其他的情感变量开始被认为可能与大多数的效应有关。变得显而易见的是，集中于总体的行为能力（如特赖恩选择实验的学习能力）必须被分析为较小的中介单元以便进行有意义的遗传的或行为的分析。所谓“特赖恩效应”（精选血统混合杂交所产生的杂种 F_1 与 F_2 的学习品质变异之间没有重大差别，其含义是，所选择的品质是高度多基因性的）与精细的结构遗传分析是相抵触的。从行为方面说，在鉴别受遗传选择所影响的原始变异（或诸变异）上遇到的困难阻碍了对所研究的“学习能力”的彻底了解。但是，仅只认识到遗传因素在行为的发展中是重要的以及这些因素能够用实验加以研究，便提供了一门新领域（行为遗传学领域）诞生的推动力。近四十年来真正大量的研究成果是配得上这一新学科把最新生物学观点引进心理学时所显示的重要意义的。

像在其他迅速发展的科学学科中所发生的情况一样，对于一个中心问题（遗传因素在行为中的作用）的承认迅即引起方法学的和观念的次级专门化过程来解决它。行为遗传学的分部可在以下相互联系题目下进行归类：(1)行为的结构遗传学，这一领域强调与行为有关联的特殊遗传因子的识别；(2)行为的结构生理遗传学，这一领域集中研究介于已验明的遗传因子与外现行为之间的生化机制与神经机制；(3)心理遗传学，此领域强调对某些主要行

为机制（如学习、活动、情绪、内驱力等）的遗传控制；和（4）**行为发展遗传学**，此领域强调在行为发展过程中从属于种系和遗传型的
368 差异。从这些次级领域所做出的大量研究成果看来，认为遗传因子涉及行为这样一个问题已变为一个出发点，而其本身并非一中心点。

在结构行为遗传研究中所使用的四个主要步骤是：（1）特殊行为品质的人工选择；（2）为特殊行为品质所选择的种系杂交与 F_1 及 F_2 混合变异及其对亲本种系的逆代杂交的分析；（3）特殊行为品质的科内与科际相关的分析；及（4）相对清楚的遗传型行为品质关系已确立的情境中进行多重异种交配和相对等位基因杂交。大多数结构遗传的研究强调表型行为关系并集中在大体上接近于行为发展全貌的行为现象，如音源性发作感受性（Hall，1947；Ginsburg，1963），酒癖（McClearn and Rogers，1959；Fuller，1964），运动能力（Thompson，1953；McClearn，1959），储藏行为（Stamm，1954），等等。在这些研究中对于结构遗传的特别强调也可以从物种的使用上明显地看出来，这些物种非常适合于遗传的分析，特别是**果蝇**。在这一领域中特别重要的是赫施（Hirsch and Boudreau，1958；Hirsch and Tryon，1956），他研究果蝇的趋光反应和趋地反应，并发展了大量选择的步骤能有效而迅速在大数量中验证行为的品质。这些行为分析对于行为品质有效的遗传选择和被选择品质有效的结构遗传分析（对遗传性的估计，可能的孟德尔机制，后稳定效应，染色体联系等）都是必需的。

关于行为结构生理遗传学和心理遗传学的方向，已形成两个主要的论点。金斯伯格（1958）宣称遗传产生的酶变异应被用来作

为结构遗传学与行为之间的自然桥梁。富勒和汤普森(1960)在另一方面宣称(没有否定遗传的心理化学的价值)“行为的自然单元必须在行为水平上加以确定,而不用遗传学、化学或神经病学的概念”。然而,考虑到某些更新近的研究构架,答案似乎在于行为的自然单元、它们在生理与形态水平上的中介机制和在遗传型与环境交互作用过程中决定它们的因素之间三者的关系。因此问题似乎不是分开为不同水平的探讨问题,而是它们的整合问题。它是一个验证行为单元的问题,这些单元受到清楚的遗传控制,是找出形态中介中的有关变量,并使它们同这个连续统一体的两端,即遗传型和行为的表型发生联系的问题。这一研究方法现在正在几个实验室里贯彻执行。这些研究中最有价值的或许是克列奇、罗森茨威格,和贝内特(参见 Rosenzweig,1969),他们研究脑内胆碱酯 369
酶活动与特赖恩的迷津-聪明与迷津-痴呆世系视觉学习的关系并发现有一种阳性关系。

但是,提到行为的理论和把基本的生物学观点引进心理学,或许行为遗传学最重要的领域是注重行为发展的研究。在这一领域中上节所讨论的一枚钱币的两个方面同时出现。某些研究集中到边缘的行为现象但提供了完全的遗传发展的分析,而在其他的研究中表明遗传影响的差异出现于中心的行为发展过程中,其复杂性不容许作精细的结构遗传的分析。表明前者特点的是早期发展阶段听觉起动对音源性发作表型表现的影响的研究(Henry and Bowman,1970)以及遗传发展在脑内胆碱酯酶活动及有关学习等方面的影响。后一探讨出现在早期社会化过程中种系差异的研究中(像那些由斯科特和富勒所作的研究,1965)。这些表明在早期的社会化和有关的关键发展阶段中分明存在遗传的影响(种系与繁殖的差异)并且表明没有单一的检查年龄适于充分了解环境输入与遗传决定因素在行为发展中的联合效应。所有这些研究都表明遗传与环境间发展的相互作用的复杂性。许多这类研究的训练已使心理学家们知道要获得关于遗传的鲜明而清晰的思想有巨大困难。

在精神分裂病人与其他精神病组中进行的大量的双生子研究也逐渐前进并得到证据表明,精神分裂症病人的血统亲属比杂乱控制者更易患精神分裂症,甚至在达到精细排除环境影响的地步也同样如此。新近的研究(Kety,1970),特别是斯堪的纳维亚国家中的研究,已表明甚至后代在婴儿期即从其精神分裂症父母身边迁走时,变成精神分裂症病人的几率仍然很大。不过,关于"精神分裂症遗传性"的几乎没完没了的重复讨论尚未得到充分的鉴定。

华生和克里克(1953)在基本遗传学中所作的享有诺贝尔声名的卓越研究已使遗传学(广义地使用这一术语)成为一门精确的科学。从分子生物学中的胜利到精神分裂症的遗传,或到白鼠中同窝的相似性,或到日本鹌鹑中印记偏向性的遗传倾向,这些步子的序列是长期而复杂的过程。但遗传学与行为遗传学除了它们在解决手头的直接经验问题方面所取得的成就以外,对心理学的整个领域也作出了重要贡献。它们已率先表明类型学的思想(Mayr,1965)对生命科学和心理学不是正当的途径;表明按照抽象的部属
370 和类别思考问题,认为一个体的事件只有作为一类别或部属的代表才具有意义,从而导致对更重要得多的经验个体性与遗传个体

性问题的忽视。行为遗传学中的新近著作，如富勒和汤普森(1960)的，赫施(1969)的，和马诺塞维茨、林赛和蒂森(1969)的著作，在把这一领域建立为一门成熟学科和在指出心理学中流行的类型学思想模式的某些主要错误上曾起过重要作用。在这一方面赫希的领导(1969)具有特别的重要性。他要求心理学完全重新定向，回到它在生命科学中所占有的合法的根基地位，回到认识遗传的与经验的个体性在一切机体和行为事项中的巨大作用。自然，这并不意味着回到四五十年前本能论偏见的时代。现代的证据(Denenberg，1967)表明甚至像在老鼠那样低等的有机体中在父母一代中早期经验的细微影响也可能通过社会交往和学习的未知渠道保持到下代。这类证据在新的生物心理学观点中的重要性，就像种系发生的衍生物和遗传成分的论证在一切物种与有机体中的重要性一样。深入地探讨在种系发生的与个体发生的适应之间以及在隐藏的遗传潜能与个体经验之间的复杂而精细的相互作用，是心理学中这一新出现的生物学观点的中心。

关于紧张的研究

过去几十年中大量的研究被组织起来探讨"紧张"的概念。对于这一心理生理学的问题可以进行临床的分析和实验的分析。在其最简单的形式中，紧张可以被认为是一种对有机体的高度刺激"超载"，它可以打破有机体的保护屏障。人们可用活动的高水平考虑紧张，并注意到超过那种促进活动的临界点，刺激过度可以成为破坏性的和瓦解的。这种紧张可能产生永久的机体损伤。紧张损伤关系在身心医学中已成为突出的问题。慢性的和严重的紧张常常不为病人所了解，而且也不了解激化的过程和引起混乱的内在持续紧张型式的内部信号障碍。这些问题在心理分析中已变成非常重要的了。

自然，在一般紧张水平及其特殊症候表现间必须作出区分(Alexander，1950)。后者可概念化为在一定器官或身体部位上的精神发泄，从而引起对指向这一器官或部位的威胁的有效反应。
371 这类紧张可由实验引起并由实验掌握，像格林克和施皮格尔(1945)及其多学科研究组所做过的那样。他们查看了实验诱发紧张的生化的、生理的、心理分析的、跨文化的等等方面。有时考察整个的生活史，像宾格及其同事们(1945)所做的那样，以便了解在特殊的时间与地点紧张的发作及其身心的表现。沃尔夫(1953)对一食道遭受损伤的病人用临床法与实验法相结合的方法进行研究。这一被试必须通过胃瘘给食并因而可以在医院环境的全部时间内受到观察。这一病人的情绪紧张可以直接从提高的血流量和盐酸流量，以及亢进的运动性中看出来。在西利(1950)那里，着重强调的是一种“普遍的适应综合征”。他不仅注意短时反应而且也探讨在紧张不断增强的条件下的长时间的反应过程——即探讨从适应的开始阶段到正常机能破坏期间紧张反应的发展。

所有这些研究，即从神经冲动传播的神经化学机制的细微检验到像西利的“适应综合征”或有关行为在其整个生态环境中的生态学研究等类概念，留给我们某些尚未解决的以及或许不能解决的问题，即关于机体机能与行为的分析还原论概念和整体论概念的对立。

我们在这里已描述过的调查研究和概念形成会使人感到是零碎的和不相联属的工作。这是在概念水平和方法水平上逐渐特殊化的一种作用过程，其中受控制的技术进步起主导作用。从这一观点看来，不必惊奇的是一整系列现代心理生理学知识的获得是使用仅仅在数年前或数月前所发现或完善的工具。事实上，人们在抱怨杂志上刊载的许多东西都已过时，许多东西已为尚未发表的论文所取代。为了弥补这一零碎情况，就有一种日渐成长的力求综合的中间学科：例如，当文化人类学家记录血压和生化因素时就是如此，这些因素在那些竞争成就的内驱力水平有差别的亚文化群之间是不同的。概念引起新技术的应用，而新技术又改变着概念流。

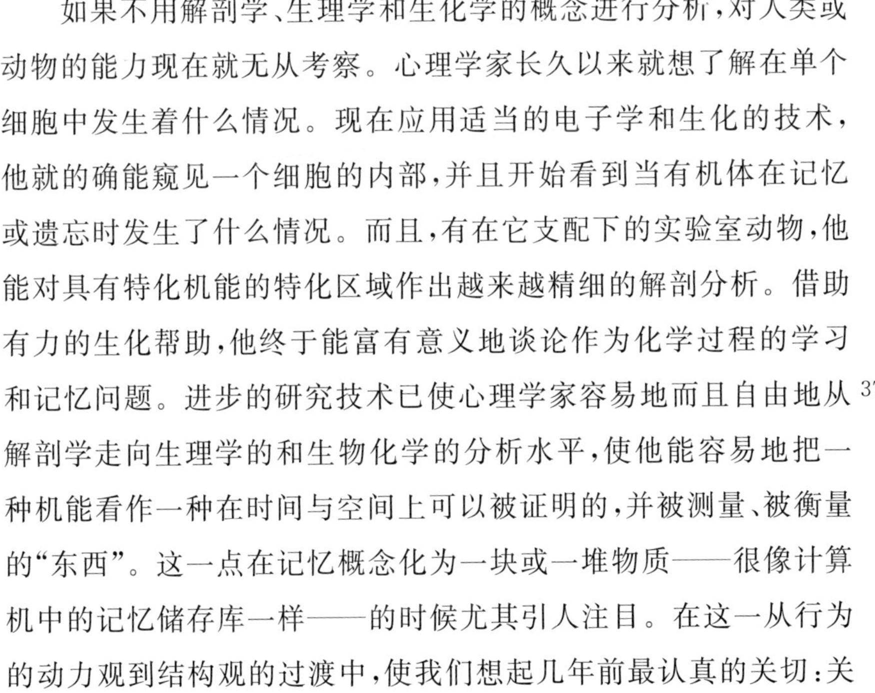

如果不用解剖学、生理学和生化学的概念进行分析，对人类或动物的能力现在就无从考察。心理学家长久以来就想了解在单个细胞中发生着什么情况。现在应用适当的电子学和生化的技术，他就的确能窥见一个细胞的内部，并且开始看到当有机体在记忆或遗忘时发生了什么情况。而且，有在它支配下的实验室动物，他能对具有特化机能的特化区域作出越来越精细的解剖分析。借助有力的生化帮助，他终于能富有意义地谈论作为化学过程的学习
和记忆问题。进步的研究技术已使心理学家容易地而且自由地从 372
解剖学走向生理学的和生物化学的分析水平，使他能容易地把一种机能看作一种在时间与空间上可以被证明的，并被测量、被衡量的“东西”。这一点在记忆概念化为一块或一堆物质——很像计算机中的记忆储存库一样——的时候尤其引人注目。在这一从行为的动力观到结构观的过渡中，使我们想起几年前最认真的关切：关

切的不是使抽象概念“具体化”，就是说，从一个过程得出一物或一实体。达到“抽象概念具体化”的基本法则今天开始较少依赖于先验的逻辑而更多依赖于工具的可能性。

参考书目：

Alexander, F. *Psychosomatic Medicine*. New York: Norton, 1950.

Allport, G. W. *Personality: A Psychological Interpretation*. New York: Holt, 1937.

Ardrey, R. *The Territorial Imperative*. New York: Atheneum, 1966.

Aronson, L. P., Tobach, E., Lehrman, D. S., and Rosenblatt, J. S., eds. *Development and Evolution of Behavior*. San Francisco: Freeman, 1970.

Beach, F. A. "The Snark Was a Boojum." *American Psychologist*, 5 (1950), 115—124.

——. "Biological Bases for Reproductive Behavior." In W. Etkin, ed. *Evolution of Social Behavior*. Chicago: University of Chicago Press, 1964.

Berger, J. "Über das Elektrenkephalogramm des Menschen." I, *Archiv für Psychiatrie und Nervenkrankheiten*, 87(1929), 527—571.

Binger, C. A., Ackerman, N. W., Cohn, A. E., Schroeder, H. A., and Steele, J. M. "Personality in Arterial Hypertension." *Psychosomatic Medicine Monograph*, 8(1945).

Bitterman, M. E. "The Evolution of Intelligence." *Scientific American*, 212(1965), 92—100.

Cannon, W. B. *The Wisdom of the Boay*. Rev. ed. New York: Norton, 1939.

Coghill, G. E. *Anatomy and the Problem of Behavior*. New York: Macmillan, 1929.

Craig, W. "Appetites and Aversions as Constituents of Instincts." *Biological Bulletin*, 34(1918), 91—107.

Denenberg, V. H., and Rosenberg, K. M. "Nongenetic Transmission of Information." *Nature*, 216(1967), 549—550.

De Vore, I., ed. *Primate Behavior*. New York: Holt, Rinehart and Winston, 1965.

Duffy, E. "Emotion: An Example of the Need for Reorientation in Psychology." *Psychological Review*, 41(1934), 184—198.

Eccles, J. C. "The Effects of Use and Disuse on Synaptic Function." In J. F. Delafresnaye *et al.*, eds. *Brain Mechanisms and Learning*. Oxford: Blackwell Scientific, 1961.

Fabricius, E. "Zur Ethologie junger Anatiden." *Acta Zoologica Fennica*, 68 (1951), 1—175.

Fritsch, G. T., and Hitzig, E. "Über die Elektrische Erregbarkeit des Grosshirns." *Archiv für Anatomie und Physiologie* (1870), 300—332.

Fuller, J. L. "Measurement of Alcohol Preference in Genetic Experiments." *Journal of Comparative Physiology and Psychology*, 57(1964), 85—88.

Fuller, J. L., and Thompson, W. R. *Behavior Genetics*. New York: Wiley, 373
1960.

Galambos, R. "A Glia-Neural Theory of Brain Function." *Proceedings of the National Academy of Science*, 57(1961), 129—136.

Galton, F. *Natural Inheritance*. London: Macmillan, 1899.

Ginsburg, B. E. "Genetics as a Tool in the Study of Behavior." *Perspectives in Biology and Medicine*, 1(1958), 397—424.

——. "Causal Mechanisms in Audiogenic Seizures." *Colloques Internationaux du Centre National de la Recherche Scientifique*, No. 112 (1963), 217—225.

Gottlieb. G. "Prenatal Behavior of Birds." *Quarterly Review of Biology*, 43 (1968), 148—174.

Grinker, R. R., and Spiegel, J. P. *Men Under Stress*. Philadelphia: Blakiston, 1945.

Grossman, S. P. *A Textbook of Physiological Psychology*. New York: Wiley, 1967.

Hall, C. S. "Genetic Differences in Fatal Audiogenic Seizures Between Two Inbred Strains of House Mice." *Journal of Heredity*, 38(1947), 2—6.

Hamburger, V., and Oppenheim, R. "Prehatching Motility and Hatching Behavior in the Chick." *Journal of Experimental Zoology*, 166(1967), 171—204.

Hebb, D. O. *The Organization of Behavior*. New York: Wiley, 1949.

Heinroth, O. "Beitrage zur Biologie, Nahmentlich Ethologie und Physiologie der Anatiden." 5 *International Ornithologisches Kongress* (1910), 589—702.

Helson, H. "Adaptation Level Theory." In S. Koch, ed. *Psychology: A Study of a Science*. Vol. 1. New York: McGraw-Hill, 1959.

Henry, K. R., and Bowman, R. E. "Behavior-Genetic Analysis of the Ontogeny of Acoustically Primed Audiogenic Seizures in Mice." *Journal of Comparative Physiology and Psychology*, 70(1970), 235—241.

Hess, E. H. "Imprinting." *Science*, 130(1959), 133—141.

——. "Ethology: An Approach Toward the Complete Analysis of Behavior." In R. Brown *et al.*, eds. *New Directions in Psychology*. New York: Holt, Rinehart and Winston, 1962.

Hilgard, E. R., and Marquis, D. G. *Conditioning and Learning*. New York: Appleton-Century, 1940.

Hinde, R. A. *Animal Behavior: A Synthesis of Ethology and Comparative Psychology*, 2d ed. New York: McGraw-Hill, 1970.

Hirsch, J. "Behavior-Genetic, or 'Experimental', Analysis: The Challenge of Science Versus the Lure of Technology." In M. Manosevitz *et al.*, eds. *Behavioral Genetics: Method and Research*. New York: Appleton-Century-Crofts, 1969.

Hirsch, J., and Boudreau, J. C. "Studies in Experimental Behavior Genetics:The Heritability of Phototaxis in a Population of *Drosophilamelanogaster*."*Journal of Comparative Physiology and Psychology*,51(1958),647—651.

Hirsch,J.,and Tryon,R. "Mass Screening and Reliable Individual Measurement in the Experimental Behavior Genetics of Lower Organisms." *Psychological Bulletin*,53(1956),402—410.

Hofman,A. ["Psychotomimetic Drugs."] *Acta Physiologica et Pharmacologica Neerlandica*,8(1959),240—258.

Holst,E. Von. "Vom Wesen der Ordnung im Zentralnervensystem." *Naturwissenschrift*,25(1937),625—631,641—647.

Holt ,E.B. *Animal Drive and Learning Process:An Essay Toward Radical Empiricism*.New York:Holt,1931.

Jennings,H.S. *The Behavior of the Lower Organisms*.New York:Columbi- 374
a University Press,1906.

Kappers,C.U.A. "Further Contributions on Neurobiotaxis. IX. An Attempt to Compare the Phenomena of Neurobiotaxis with Other Phenomena of Taxis and Tropism. The Dynamic Polarization of the Neurone."*Journal of Comparative Neurology*,27(1917),261—298.

Kennedy,J.S. "Is Modern Ethology Objective?"*British Journal of Animal Behavior*,2(1954),12—19.

Kety ,S. S. "Genetic-Environmental Interactions in the Schizophrenic Syndrome."In R.Cancro,ed. *The Schizophrenic Reactions*.New York:Brunner/Mazel,1970.

Köhler, W. *Intellegenzprüfungen an Menschenaffen*. Berlin: Springer, 1917.

Konorski,J. "Mechanisms of Learning."In *Physiological Mechanisms in Animal Behavior*. Society for Experimental Biology,Symposium No.4. New York:Academic Press,1950.

Kovach,J.K. "Development and Mechanisms of Behavior in the Chick Embryo During the Last Five Days of Incubation."*Journal of Compara-*

tive Physiology and Psychology*,73(1970),392—406.

——. "Ethology in the Soviet Union." *Behaviour*, 39(1971), 237—265.

Kovach,J.K.,Callies,D.,and Hartzell,R. "An Automated Procedure for the Study of Perceptual Imprinting." *Perceptual and Motor Skills*,29(1969),123—128.

Kuo ,Z.Y. "Ontogeny of Embryonic Behavior in Aves. I:The Chronology and General Nature of the Behavior of the Chick Embryo. II:The Mechanical Factors in Various Stages Leading to Hatching." *Journal of Experimental Zoology*, 61(1932), 395—430, 453—489. "III:The Structure and Environmental Factors in Embryonic Behavior. IV:The Influence of Embryonic Movements upon the Behavior After Hatching." *Journal of Comparative Psychology*, 13(1932), 245—272; 14(1932), 109—122.

Lashley,K.S. "Experimental Analysis of Instinctive Behavior." *Psychological Review*,45(1938),445—471.

Lehrman,D.S. "A Critique of Konrad Lorenz's Theory of Instinctive Behavior." *Quarterly Review of Biology*,28(1953),337—363.

——. "Semantic and Conceptual Issues in the Nature-Nurture Problem." In L.P.Aronson *et al*.,eds. *Development and Evolution of Behavior*. San Francisco:Freeman,1970.

Lorente de Nó,R. "Analysis of the Activity of the Chains of Internuncial Neurons." *Journal of Neurophysiology*,1(1938),207—244.

Lorenz,K.Z. "Der Kumpan in der Umwelt des Vogels;die Antgenosse als Auslosends Moment Sozialer Verhaltungsweisen." *Journal of Ornithology*,83(1935),137—213,289—413.

——. "Companionship in Bird Life;Fellow Members of the Species as Releasers of Social Behavior." In C. H. Schiller,ed. *Instinctive Behavior*. New York:International Universities Press,1957.

——. *On Aggression*. New York:Harcourt Brace Jovanovich,1966.

Maier,N.R.F.,and Schneirla,T.C. *Principles of Animal Psychology*. New

York: McGraw-Hill, 1935.

Marler, P., and Hamilton, W. J. *Mechanisms of Animal Behavior*. New York: Wiley, 1966.

Mayr, E. *Animal Species and Evolution*. Cambridge, Mass.: Harvard Uni- 375
versity Press, 1965.

McClearn, G. E. "The Genetics of Mouse Behavior in Novel Situations." *Journal of Comparative Physiology and Psychology*, 52(1959), 62—67.

McClearn, G. E., and Rodgers, D. A. "Differences in Alcohol Preference Among Inbred Strains of Mice." *Quarterly Journal of Studies of Alcohol*, 20(1959), 691—695.

McDougall, W. *An Introduction to Social Psychology*. London: Methuen, 1908.

——. "The Hormic Psychology." In C. Murchison, ed. *Psychologies of* 1930. Worcester, Mass.: Clark University Press, 1930.

Moltz, H. "Imprinting: Empirical Basis and Theoretical Significance." *Psychological Bulletin*, 57(1960), 291—314.

Morgan, T. H. "The Origin of Five Mutations in Eye Color in *Drosophila* and Their Modes of Inheritance." *Science*, 33(1911), 534—537.

Morris, D. *The Naked Ape*. London: Cape, 1967.

——. *The Human Zoo*. New York: McGraw-Hill, 1969.

Moruzzi, G., and Magoun, H. W. "Brainstem Reticular Formation and Activation of the EEG." *EEG Clinical Neurophysiology*, 1(1949), 455.

Murphy, G. *Personality*. New York: Harper, 1947. Also New York: Basic Books, 1966.

Nissen, H. W. "Axes of Behavioral Comparison." In A. Roe and G. C. Simpson, eds. *Behavior and Evolution*. New Haven: Yale University Press, 1958.

Olds, J. "Approach-Avoidance Dissociation in Rat Brain." *American Journal of Physiology*, 199(1960), 965.

Pearson, K. "On the Laws of Inheritance in Man: II. On the In heritance of

the Mental and Moral Characters in Man, and Its Comparison with the Inheritance of Physical Characters." *Biometricka*, 3(1904), 131—190.

Penfield, W. "Memory Mechanisms." *Archives of Neurology and Psychiatry*, 67(1952), 178—198.

Ramón y Cajal, S. *Histologie du système nerveux de l' homme et des vertébrés*. Vol. 2. Paris: Maloine, 1911.

Ramsay, A. O., and Hess, E. H. "A Laboratory Approach to the Study of Imprinting." *Wilson Bulletin*, 66(1954), 196—206.

Razran, G. "Russian Physiologists' Psychology and American Experimental Psychology: A Historical and a Systematic Collation and a Look into the Future." *Psychological Bulletin*, 62(1965), 42—64.

——. *Mind in Evolution: An East-West Synthesis of Learned Behavior and Cognition*. Boston: Houghton Mifflin, 1971.

Romanes, G. J. *Mental Evolution in Animals*. London: Kegan, Paul, Trench, 1884.

Rosenzweig, M. R. "Effects of Heredity and Environment on Brain Chemistry, Brain Anatomy, and Learning Ability in the Rat." In M. Manosevitz *et al*., eds. *Behavioral Genetics: Method and Research*. New York: Appleton-Century-Crofts, 1969.

Schleidt, W. M. "Reaktionen von Truthuhnern auf fliegende Raubvogel und Versuche zur Analyse ihrer AAM's." *Zeitschrift für Tierpsychologie*, 18(1961), 534—560.

Schneirla, T. C. "An Evolutionary and Developmental Theory of Biphasic Processes Underlying Approach and Withdrawal." In M.R. Jones, ed. *Nebraska Symposium on Motivation*, 1959. Lincoln: University of Nebraska Press, 1959.

376 Scott, J. P., and Fuller, J. L. *Genetics and Social Behavior of the Dog*. Chicago: University of Chicago Press, 1965.

Searle, L. V. "The Organization of Hereditary Maze-Brightness and Maze-Dullness." *Genetic Psychology Monograph*, 39(1949), 279—325.

Selye, H. *The Physiology and Pathology of Exposure to Stress*. Montreal: ACTA, 1950.

Skinner, B. F. "The Phylogeny and Ontogeny of Behavior." *Science*, 153 (1966), 1205—1213.

Sperry, R. W. "Physiological Plasticity and Brain Circuit Theory." In H. F. Harlow and C. N. Woolsey, eds. *Biological and Biochemical Bases of Behavior*. Madison: University of Wisconsin Press, 1958.

Stamm, J. S. "Genetics of Hoarding. I. Hoarding Differences Between Homozygous Strains of Rats." *Journal of Comparative Physiology and Psychology*, 47(1954), 157—161.

Tanzi, E. "I fattie le induzione nell'odierna istologia del sistema nervoso." *Rivista Sperimentale di Freniatria*, 19(1893), 419—472.

Taylor, J., ed. *Selected Writings of John Hughlings Jackson*. New York: Basic Books, 1958.

Thompson, W. R. "The Inheritance of Behavior: Behavioral Differences in Fifteen Mouse Strains." *Canadian Journal of Psychology*, 7(1953), 145—155.

Thorndike, E. L. *The Measurement of Twins*. New York: Science Press, 1905.

Tinbergen, N. "Social Releasers and the Experimental Method Required for Their Study." *Wilson Bulletin*, 60(1948), 6—52.

——. *The Study of Instinct*. Oxford: Oxford University Press, 1951.

Tryon, R. C. "Individual Differences." In F. A. Moss, ed. *Comparative Psychology*. Englewood Cliffs, N.J.: Prentice-Hall, 1942.

Watson, J. D., and Crick, F. H. C. "A Structure for Desoxyribose Nucleic Acid." *Nature*, 171(1953), 737—738.

Whitman, C. O. "The Behavior of Pigeons." *Carnegie Institute of Washington Publication*, 257(1919), 1—161.

Wolff, H. G. *Stress and Disease*. Springfield, Ill.: Thomas, 1953.

Woodworth, R. S. *Dynamic Psychology*. New York: Columbia University

Press,1918.

Yerkes,R.M.　"The Mental Life of Monkeys and Apes:A Study of Ideational Behavior."*Behavior Monograph*,No.12(1916).

第二十三章　苏联心理学 377

大脑两半球正常工作的核心生理现象就是我们所定名的条件反射。

巴甫洛夫

苏联心理学为历史的环视提供了特殊的问题。其对现代心理学的现存与潜在影响之规模使得有关几个主要人物及观点的惯常议论显得特别肤浅。我们也不能恰当地根据一个“学派”或“体系”的有限格局来安放苏联的全部心理学工作。关于苏联心理学的这些使人误解的概念产生于科学的忠仆——教科书的作者——不得不作出的包罗一切的简述与范畴概括中。它们由于横亘在西方与苏联心理学之间的语言上和意识形态上的障碍而持续长存。

苏联心理学与现代心理学整体以多种方式连结在一起。那么,为什么要单独写一章来论述苏联心理学呢？为什么不在有关的国际背景中提供苏联心理学家们的贡献呢？这是因为如果不首先突出其生长的主要转折点,如果不讨论那些培养某些成分的健康发展并窒息其他成分的重要社会历史条件和意识形态条件,我们就不能适当评价苏联的研究。因此,本章目的**既非**提供苏联心理学思想的完善总结,也非传播这样的印象，即苏联心理学是一个独立的学派或体系，而宁可说在于为苏联某些主要的心理学思想发展提供必要的历史背景，并表明在一门现代科学与一种现代思想体系之间的某些争论点。

我们深感幸运的是有那些有才能的人们，特别是格雷戈里·拉兹兰和约瑟夫·布罗泽克已花了相当多的时间与精力为西方读者阐释苏联心理学的发展。我们也庆幸有了新近的《苏联心理学手册》(Cole and Maltzman，1969)的英文本。这
378 一著述不仅包括几乎所有苏联心理学当代领导者的论文，而且也提供了形成苏联心理学发展的主要事件的优秀历史概括。它比它所依据的原始俄文手册(《苏联心理科学》，1959—1960)更为新近并在许多方面提供了更多的资料。虽然如此，甚至就是这本英文手册也可能使初学者在试图了解苏联作者认为理所当然的主要理论的、哲学的和意识形态的探讨时茫然不知所措。例如，在俄文手册中由列宁奖金获得者列昂捷夫(1959，vol.2)这位似乎是当时苏联心理学主要思想体系的指导人所撰写的开卷论文，就是致力于研究获得“社会主义经验”的问题，自然，这是马克思主义思想体系的核心问题，列昂捷夫的同一课题重现在英文的手册中，但只列入相对缺乏政治色彩的一章中，使原来确定无疑的观念形态要义在有关人的听觉能力训练的实证研究中显得模糊不清了。读者并未警觉到他可能正在阅读苏联心理学当代主要的思想家，虽然列昂捷夫一直是在手册中唯一最常被引用的作者。这是否意味着苏联在意识形态上对心理学的控制有一种当代的变化或放松呢？或者是编者们忽略了在苏联心理学的生长中意识形态的规定与科学目

标之间相互作用的某些重要方面呢？这些困难的问题我们在这里本来无须多所注意，但由于苏联心理学之所以有其独特之处只因有独特观念形态的需要强加于一切职业心理学者，我们就不能不加注意了。因此，了解苏联心理学发展的第一步，就是要审查社会历史的背景以及这些意识形态需要的性质，并要看一看苏联心理学家们如何对付它们。

影响苏联心理学发展的社会政治事件

如我们在以前诸章里所指出的，俄罗斯心理学三个著名的先辈人物是谢切诺夫、巴甫洛夫和别赫捷列夫(参看边码第 240 页)。他们的工作和十九世纪末与二十世纪初心理学与生理学的一般发展是很协调的；它们对西方心理学的影响像对革命前俄罗斯心理学发展的影响同样巨大。1917 年十月革命在俄国产生了一种新气候，它尽管有随后发生的内战时期的巨大困难，但在开始阶段是适合于各门科学，包括心理学的发展的。巴甫洛夫继续实践他的推论的方法和生理学的还原论。然而，他的影响在当时无论如何 379
不是主导的。有那些追随完形论方向的人们，还有那些赞助在二十世纪世界各地获得势头的一般行为主义见地的人们。别赫捷列夫的反射学在后者中具有特殊的影响。然而，迅即变得明显的是：有关认识论的马克思主义主要命题和各种关于人与现实接触的流行心理学假说二者紧密而辩证地相互关联着。新的需要出现了：根据基本的列宁主义-马克思主义的原理首先促进两者的综合而后迅即改造心理学的观念。

考尔尼洛夫(参见 Razran,1958)是这些综合者的领导者。革命前他在切尔潘诺夫的实验室工作,而切尔潘诺夫是俄罗斯革命前居领导地位的冯特派心理学家。考尔尼洛夫于革命后迅即显赫起来并于 1924 年左右成为苏联主导的心理学实验室的指导者和他定名为“反应学”这一半独立学派的领导者。他的通俗的《辩证唯物主义心理学教科书》,第一次出版于 1926 年,是一种根据他对两者的理解协调行为主义与马克思主义哲学教义的尝试。然而,如果去掉大量社会经济的与阶级的证据,考尔尼洛夫的反应学除了当时流行的行为研究的机械论观点并反对把意识当作心理学的一种适当主题以外没有提供什么新的东西。

二十世纪二十年代标志着马克思主义哲学苏维埃化的开始和在那个年轻国家中主要意识形态对一切理智活动控制的加强。这些发展并非以逻辑上严密与一致的主张为特征;而是强制与集中的努力以提供某种概念的机能系统用于所宣布的社会改造事业。在整个苏维埃时代,社会的改造和新“苏维埃人”的创造一直是主要的目标和意识形态的指令。

在应用于落后的多民族帝国工业化的紧迫事业时,马克思主义哲学立即成为统一的和绝对的政治控制工具。因此,不必惊奇,考尔尼洛夫真诚但早熟地综合马克思主义与流行心理学的努力被认为是需要的。反应学的让位像它兴起时那样迅速而彻底。它于 1930 年跟二十年代繁荣一时的几乎所有各种倾向与学科一起在舞台上消逝。在重新兴起的以辩证唯物主义的术语解释心理学的活动中,考尔尼洛夫到他 1957 年逝世为止一直是个领导人物。

在心理学发展中的第一次激烈变化一般认为是列宁《哲学笔

记》的出现，一本死后出版的有关各种哲学论文（主要是黑格尔的）的边注和评注的集子，这一笔记可能并不打算出版（参见《全集》，1933—1947）。但是看到在新经济政策（NEP）[①]相 380
对稳定期以后所开始再次发生的巨大社会激变和失调，列宁的笔记似乎是个工具而不是原因。从这时以后，指挥苏维埃心理学升降的是马克思主义的斯大林解释。例如，1936年共产党中央委员会关于“儿童学偏向”的命令[②]，以法律形式宣布心理测验以及几乎一切其他心理学活动不存在——然而，这是在下述事实之后发生的：例如，于二十年代问世的一切心理学杂志，在发布这一命令之前很久约在1932到1934年之间就已经停止出版。少数的心理学研究只有在教育杂志中仍能找到出版的出路。显然，从“儿童学偏向”的措辞看来，甚至教育的领域也不是心理学家安全的避难所。有趣的是，巴甫洛夫的生理心理学当时未被触动。巴甫洛夫的体系可能并不完全与辩证唯物主义一致，但在二者之间也没有公开的冲突。

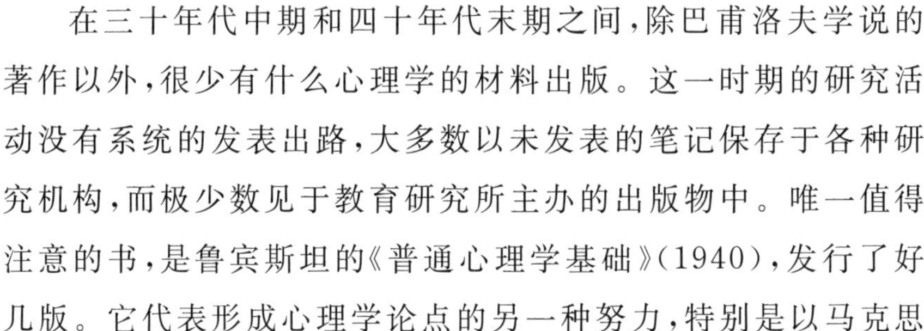

在三十年代中期和四十年代末期之间，除巴甫洛夫学说的著作以外，很少有什么心理学的材料出版。这一时期的研究活动没有系统的发表出路，大多数以未发表的笔记保存于各种研究机构，而极少数见于教育研究所主办的出版物中。唯一值得注意的书，是鲁宾斯坦的《普通心理学基础》（1940），发行了好几版。它代表形成心理学论点的另一种努力，特别是以马克思

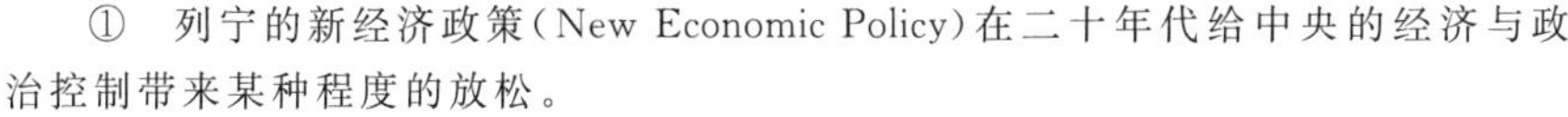

① 列宁的新经济政策（New Economic Policy）在二十年代给中央的经济与政治控制带来某种程度的放松。

② 参看科尔和马尔茨曼《手册》（1969）中的编者前言。

主义的思想体系来阐述意识问题。我们在下一节论辩证唯物主义与行为科学中将转到意识问题。这里我们只应注意鲁宾斯坦把意识看作物质运动的最高形式，它是人类高级神经活动的一种属性，并且是其社会关系、语言和劳动的历史产物。到1947年，鲁宾斯坦协调马克思主义与心理学的尝试也失宠了并受到严厉的批判。他被谴责为不适当地理解形成“苏维埃新人”的新的劳动条件和社会现实并过分信赖西方心理学。

下一个重要的转折事件，发生于1949年，庆祝巴甫洛夫诞生一百周年的时候。这标志着把巴甫洛夫提高到苏联经典作家神圣地位的开始。翌年科学院和医学科学院举行联席会议讨论巴甫洛夫教导并提出一项新方案使行为科学与生理科学完全巴甫洛夫学说化。这次会议的官方组织者是贝可夫和伊万诺夫-斯摩棱斯基；

381 后者由于其对巴甫洛夫理论体系的解释而获得斯大林奖金(Ivanov-Smolenskii，1954)。

拉兹兰(1958a)辩称在巴甫洛夫体系中并没有什么东西能独特地适合辩证唯物主义。他认为把巴甫洛夫学说的地位提高到教义的地位只有用斯大林使一切苏维埃科学俄罗斯化的目的才能解释；巴甫洛夫适合于这一议案，因为他既是俄罗斯的又是国际上的名人。然而，这一辩解需加以限制。在辩证唯物主义与巴甫洛夫体系之间没有什么内在矛盾的东西；事实上在二者之间有相当相似之处。辩证唯物主义的体系和巴甫洛夫的体系两者在事实的和推论的概念之间都没有清楚的分化，而且二者的特点都表现在特殊的适应机能和先行的因果联系这两种解释之间的混淆不清和任意变换。

1950 年的联席会议及其某些结果在许多方面类似于早两年所发生的事情，那是在声名狼藉的李森科[①]领导下在苏联清除了除（米丘林变种的）拉马克主义以外的一切遗传学，包括确实清除了那些站在孟德尔主义遗传学立场的人。人们可以辩称拉马克的遗传继承观点（它是四十年代苏联官方的教义并作为正规的课程包括在苏联共产党迟至 1961 年有关生物科学发展的计划中）[②]比孟德尔的遗传学更符合辩证唯物主义的基本教义。然而，这对于我们当前的讨论几乎是无关的，因为在苏联，马克思主义的意识形态与科学被迫的结合比之意识形态与科学的人为从属于一种集中而绝对的政治权力则似乎总是相形见绌的。例如，毋庸置疑，在苏联经济中的主要问题，农业的歉收，如果像西方那样应用了孟德尔遗传学的发现就会减轻。同样清楚的是，**单是**观念形态的考虑并不能压制那些支持孟德尔与摩尔根对遗传解释的丰富资料及其改进农业生产的诺言。人们对这些事情所能作出的唯一解释是，一个人，斯大林，对整个社会冷酷的控制，他使用了少数几个像李森科和伊万诺夫-斯摩棱斯基这类假科学家的腐败奴役。没有一个历史学家能以任何其他方式解释它们；没有一个当代的苏联科学家会需要他以任何其他方式来作解释。

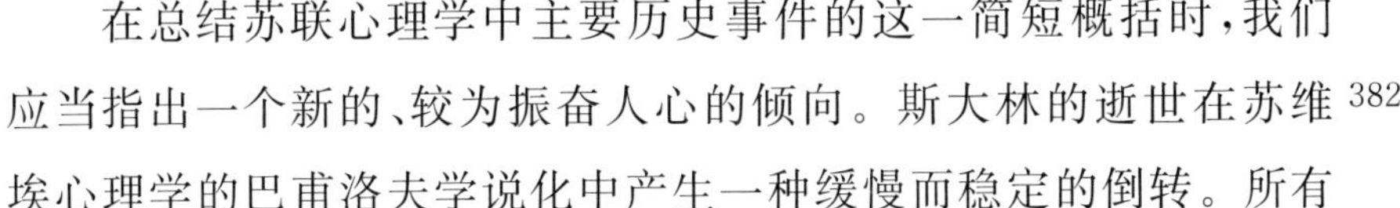

在总结苏联心理学中主要历史事件的这一简短概括时，我们应当指出一个新的、较为振奋人心的倾向。斯大林的逝世在苏维 382
埃心理学的巴甫洛夫学说化中产生一种缓慢而稳定的倒转。所有

① 详细的说明见 Medvedev，1969。

② 有关的话是："重要的是更广泛而深刻地发展生物学中的米丘林路线，它依据的命题是：生活条件在有机界的发展中起主要作用。"（Dmytryshyn，1965，p. 518）

那些被迫作过自我批评并承认背离当时正确的马克思主义路线的人们(安诺兴、奥尔别利、别利塔什维利、库拉洛夫)重新获得了他们的领导地位。

新的杂志《心理学问题》于1955年问世，第一本《苏联心理学手册》出版于1959和1960年。这些标志着苏联心理学的风华岁月。近来，1968年，部长会议的一道命令第一次官方地承认心理学为一门独立的科学学科，并批准在这一领域中赋予高级学位(Brozek，1970)。目前在苏联心理学中有重大创造性骚动，预示着一个光明的有希望的未来。

辩证唯物论与行为科学

别留考夫(1963)在一篇关于研究高级神经活动的哲学问题的论文中说："苏联的研究者们具有巴甫洛夫创立的实验客观方法，马克思主义哲学的应用，以及演化论等优点。"他一口气提及这三种因素绝非偶然，因为它们不可分割地并完全地交织在行为科学的官方苏联哲学中。下述四种命题构成了后者基本的马克思主义基础[①]：(1)运动是一切物质存在的形式；(2)物质的运动提供理解无机物、有机物，及人类社会物质之间历史连续的钥匙；(3)处于运动中的事物的交互影响必然包含矛盾，矛盾在历史发展过程中形成辩证的正—反—合范例的基础；(4)正—反—合范例既有说明作

① 这些命题的最佳陈述见于恩格斯的《路德维希·费尔巴哈和德国古典哲学的终结》与《反杜林论》。

用又有预示作用，因为它导致单一历史连续统一体中可以辨认的和在性质上不同的步骤与阶段。这些命题，加上强调社会变革的实现与“巩固建立的历史定律”相符而不是根据这些“定律”的一种演化理解和继续复杂化等概念作出说明，形成了已强加于苏联心理学的唯一意识形态控制的基础。

马克思主义使发生于无机物质、生物物质和社会物质行为中的历史阶段概念化的核心教义是“反映”的概念①，反映也是辩证唯物主义认识论的核心问题。例如，别留考夫论述高级神经活动 383
演化生理学基本哲学问题的文章就是致力于这一问题的。别留考夫首先引用列宁如下的话：“说一切物质具有一种事实上与感觉有关的性质是合乎逻辑的；这就是反映的性质。”他总结说，列宁的这一说法不仅照顾到物质的行为表现的各种形式的关系，而且也意味着在“反映能力”中的相续发展步骤。然后他继续指出这一能力虽然与无机界反映现象有联系，但在生命系统中却完全不同，其显著特点为神经系统的出现。兰达吉娜-科特斯(1956)在应用这一认识论与辩证法的混合物时更进了一步。她说：“生物与无生物比较起来具有特殊的反映形式，即兴奋性，在演化过程中在兴奋性的基础上逐渐出现高级的反映形式，如感觉、知觉、想象和思维。”

这种对辩证——历史过程的坚持，对这一过程中有性质上不同的步骤与阶段的坚持，直接导致对实验资料的解释，其中关于适应机能和先行原因在解释上有细微的混淆。正是在这一点

① 反映概念对于学者了解苏联心理学和官方认可的认识论具有特殊的重要性。它并不把反映看作“思考的反映”，而看作“镜子的反映”。在列宁主义-马克思主义的辩证唯物论中，关于这一概念的应用的最好的说明，见于列宁的陈述(1927)。

上，——即对于需要机能解释（为什么，为了什么，它所达到的目的是什么？）和需要因果解释（如何，从哪里来，它由于什么因果联系而发生？）这两类问题之间的基本差异缺乏鉴别——巴甫洛夫的体系期待着辩证唯物论的拥抱。

这一问题也处于苏联科学的哲学认识论的核心位置，正如下面常被引用的列宁的话所表明的："时间和空间的感觉使人们能够以生物地确定目标的方式确定方向。仅仅由于他的感觉反映客观外界现实这一事实这才是可能的，因为，如果人的感官不能赋予他以关于环境的客观正确图像，他就不能适应其环境。"自然，这里问题像哲学本身一样古老：什么组成现实？什么是人和它的接触？列宁的常识议论提出一种因果联系（感觉反映客观现实）和一个机能证明（感觉反映客观现实因为这导致成功的适应）。

这一议论具有两个基本的困难：(1)它使因果的解释和机能的解释之间永远发生混淆，(2)它忽略了在科学上最重要的操作定义和统计定义以及被观察的"客观外部现实"的语言交往。尽管这些困难并不否定列宁在其论证中所维护的唯物主义看法，但缺乏对这些困难的考虑和无批判地接受列宁的立场可能在苏联心理学中产生持续的问题。

384 自然，辩证地强调有机体与环境的交互反映也可解释甚至在斯大林死后苏联生物学和社会科学中对拉马克主义显著的容忍。在个体发生与演化发展中对环境的反映和综合，毕竟是拉马克和马克思的核心命题。然而，后者的工作和影响进一步复杂化了苏联科学对行为的探讨，因为苏联生物学家和心理学家有一种不加约束的热情，把注意的焦点放在社会方面，并把关于社会变化的概念用于生物学的领域。另一段别留考夫的引文（1963，p.359）说明了这一点：

> 几乎没有任何人反对个人内部可变性（着重点系作者所加）的重要性，它具有最广泛的关联。这一可变性为遗传传递方式所固定，它对作为一整体的社会发生最深刻的影响。毕竟，从人类最适当尺度的观点，即从社会的观点探讨人类，我们发生兴趣的不是人类作为一个物种的前景，而是他的社会的前景。

类似的看法表现在列昂捷夫对人类社会历史经验获得性问题的讨论中（1959）。这一议论的拉马克气味普遍地淡薄了，而对于那种可导致创造“苏维埃人”“新意识”的社会经济条件和社会因素的主要强调仍然保留。

二十年代晚期反对考尔尼洛夫反应学以来在苏联心理学中一直保持着“意识”的主动性原理。意识被定义为人所特有的现实反映的最高状态。据说它产生于人的社会劳动、社会交往和语言所固有的辩证过程。然而，除了那些隐含于首先需要意识主动原理的语言与社会交往的机能分析法以外，或除了那些隐含于巴甫洛夫生理还原主义方法以外，并未提供什么研究“意识”的方法学工具。

如果我们接受这样的立论，即既非哲学的理论也非科学的理论导致关于客观现实的一贯正确的知识，或导致理解现实的绝对程序，那么在经验资料、科学理论与哲学之间的关系就变成一种复杂的交互影响的问题了。在经验现象领域中的理论检验必然不可分割地联系于理论修改和理论嬗替，它反过来必然反映在一种更精确的哲学知识公式中。进而言之，可以辩称：一已知概念系统（哲学的、意识形态的、理论的或例证的）最重要机能之一就是为科学活动提供一种完全限定的历史框架（Kuhn，1962）。马克思主义的概念系统的确提供了一种对收集科学资料具有相当价值的有效
385 框架，但它是一种限制的框架。当在其范围内已收集具有高级质量与价值的资料时，它在科学活动中严格限制了注意焦点的数目，严格限制了在可接受的领域内活动的型式与格局，并严格限制了为合用理论的修改嬗替所敞开的道路。

盛行的哲学的与意识形态风气的束缚影响也反映在苏联心理学下述特点上：(1)在机能解释与因果解释之间的混淆；(2)对意识的主动性原理的保持而不提供其科学分析的方法学程序；(3)在那些为西方概念所适用的领域如内驱力和动机领域几乎没有什么直接的研究和兴趣，对策动的特别是弗洛伊德的解释系统的强烈仇视；及(4)对于心理现象与生理现象历史过程和组成内的各个阶段和步骤的集中贯注，其研究起初先已沿着巴甫洛夫所制定的唯一路线进行过。

然而，在新的心理学思想中有一高潮。尽管巴甫洛夫的工作仍然被认为是苏联心理学发展的中心，在当时的主要人物中（Asratyan，1969，是唯一显著的例外）难得有什么人会完全遵循伊万诺夫-斯摩棱斯基于四十年代晚期所勾画的正统巴甫洛夫体系。

辩证唯物主义框架中的巴甫洛夫体系

如我们在第十六章内所看到的那样，条件反射在巴甫洛夫体系中既是经验的工具又是理论的基础。它为高级神经活动和脑的神经生理机制的推理分析和理论解释提供了核心的实验方法。

巴甫洛夫在其研究条件作用的早期，区分了生理学的实验和心理学的实验。“生理学的实验”包括呈现一个刺激，如食物或酸置于狗的舌上，它导致一反射反应的直接非条件的发出，如唾液。在“心理的实验”中，一个中性刺激，如铃声，与一非条件刺激（酸或食物置于舌上）一起呈现。通过这种联合的呈现，原来的中性刺激被证明有能力引起对它自身的反应。这类反应的引起据说是以先前两个刺激铃声与酸的联合为“条件的”。一个不幸的偶然误译是巴甫洛夫的“非条件的”(unconditional)与“条件的”(conditional)术语在英语中变为众所周知的“被制约的”(conditioned)与“未被制约的”(unconditioned)了。后者带有完全完成的含义，而巴甫洛夫涉及的仅仅是区分其生理实验与心理实验的环境。 386

巴甫洛夫在认识到“心理的”这一术语可能具有的主观含义时，迅即放弃了它的应用。1911 年他订立一条规则，在他实验室的工作人员中，谁要是误用了这一名称，就要课以罚金。然而，此一概念与词，在苏维埃化的巴甫洛夫体系中又一次地复活了。读者会想起，被定义为物质运动最高水平，被定义为人主动参与现实反映的意识，在辩证唯物论中是一基本的假定。考尔尼洛夫的反应学坚持“庸俗唯物论”而被废除，的确他的体系把有机体看作被动的反应者而不是在外界现实的行为反映中的主动参与者。与此相对照，鲁宾斯坦对意识的处理以其不能充分规定作为新的苏维埃现实的反映者的“苏维埃人”的新意识而受到摈弃。

由行为主义者和考尔尼洛夫对意识研究所提出的方法学问题，无论如何，不能用这种把意识当作科学上有效的概念完全加以接受而得到解决。生理学的推论和还原论不能解决这些问题，因为它们摆脱作为科学分析课题的意识（巴甫洛夫在本世纪初已认识到这一点），正如行为主义者的心理学推论和还原论所做的一样。区分现实反映不同水平的概念，把意识置于顶端，提供了一个有用的类比但也同样不解决问题。如西方心理学经验所告诉我们的那样，关于意识问题简直没有两种途径：蛋糕或被吃掉，或作为蛋糕保留着；并且，就此而论，作为蛋糕保存着，它充其量只有“被吃”的作用，而绝不能给予味，色，或重量，或热量内容，或任一其他内容的解释。

再回到巴甫洛夫的体系，我们看到在理解高级神经活动时作为基本理论工具的是 CS（条件刺激）与 UCS（非条件刺激）联合中的空间关系与时间关系和 CR（条件反射）的建立。皮层兴奋与抑制的扩散从这些变量中推导出来。如果要获得适当的 CS 格式，则 CS 的呈现总领先于 UCS 或两者同时，这一时间关系导致“信号机能”的概念化。CS 被说成是以信号作用反映一即将到来的 UCS 这一客观现实。CS 的生物学意义是其信号化的机能。当它不以有规律的时间秩序跟随以 UCS 的呈现时，它就变成一个“假信号”并在最终导致先前已建立的 CR 的主动抑制。在这一解释中，CS 的失败是一种机能的失败，而这一“假信号”对主动抑制的皮层扩散的假设关系是因果关系。辩证唯物主义的反映论处于中间并掩盖反馈机制的问题，这一控制对所提出的目的论的刺激信号化机能作出纯因果分析是需要的。387

巴甫洛夫的体系为许多人所批评，理由是其兴奋抑制的皮层扩散的推论把神经组织看作一种同类能量传递者而忽略个体神经细胞已知的相互分离和多元联系。我们应当想到巴甫洛夫从被观察的外现反应型式到大脑皮层生理活动的推论属于麦科克代尔和密耳的假定结构范畴(参看边码第 319 页)。它为行为现象的广泛领域提供一种有用的描述并为那些可以由直接的生理学探讨阐释的生理的和神经的可能模式提供线索。

尽管介入的心理学变量如西方内驱力和动机概念所涉及的变量完全为巴甫洛夫的追随者所摈弃，甚至这些变量也还是从生理学的后门又重新进入这个体系。乌赫托姆斯基的生理学的优势论是个很好的例证(1923)。它述说大脑兴奋占优势的神经中枢获得控制的和独断的机能；这一神经中枢把发生于其他中枢的兴奋引入它自身，从而增强了优势神经中枢的兴奋并降低从属中枢的兴奋。当我们考虑到这样一种优势中枢可能处于许多内部刺激的控制之下时(它在苏联受到主要来自贝可夫及其同事的高度重视)，我们能清楚地看到乌赫托姆斯基的“优势”说与西方关于内驱力和动机的概念和食欲行为的习性学概念有很多共同点。除乌赫托姆斯基理论中的潜在激素原理以外，定向反射与第二信号系统也作为生理过程而概念化，它在此体系内提供普遍的和基本的给予能量的环路。

定向反射与第二信号系统

很明显，任何种类条件反应的获得和消退都是发生于一种持续的不停息的探究活动之流中。有机体经常显示出“定向反射”——如巴甫洛夫所说，“探究反应”（“the what-is-it reaction”）。竖耳、转头或在人类中的蹙眉，或改变身体各部分的血液供应，这些都表现出完全不同于条件反射的一种反应系统。这类定向反应在动物实际上获得适应性定向时就终止了。这以后，条件作用的反应便能建立起来。这种“定向反射”在巴甫洛夫条件作用的范例中作为基本的发动者；关于定向反应的系统心理生理学定律已为巴甫洛夫体系的所有随从者所强调（参看 Sokolov，1959）。

就人类说来，这一给予能量的机能，据说为语言所补充。语言
388 又据说是以巴甫洛夫关于**第二信号系统**的概念为根据的——其中，词通过与第一级信号，条件刺激的联合而获得第二级信号机能。语言要素被概念化为替代第一级条件刺激复合物的第二级信号，并因而仅只作为间接与 UCS 有关的条件刺激。据论证，通过这些机制，人类语言就能做到比动物更为充分地反映现实。又据称，人类语言在心理发展中起主导作用，其中社会的合作与劳动是最重要的因果因素。通过语言对现实的反映被看作是一种集体的和历史的事业，它与有关的马克思主义假说完全一致。然而，这一解释再次从因果的方面滑入机能的方面。据说，人类的交互作用需要一高度协调的信号机能，它不是仅由第一信号系统及其主要

发动者定向反射所能应付得了的。

第二信号系统的概念在分析人与客观外部世界的接触中的确可认为是有益的。但甚至除了关于其机能定义的缺点以外，这一概念还展现为尚待探索的理解“现实曲解”与“窜改现实”的途径。语言据说并非基于那些受诱发的UCS的客观现实，而仅基于代替那些UCS的可变的第一级信号复合物的联想联系。对于这一问题的潜在可能答案似乎在于有关特殊神经机能与当前出现的神经反馈概念的详尽阐述中。

神经机能与反馈机制概念

三十年代与四十年代的社会政治条件导致心理学活动主要部分的消除但并没有使其余的活动确立为官方所认可的明确路线。对考尔尼洛夫和鲁宾斯坦的努力成果的抵制说明他们犯了错误并背离了“正确”路线但并未指出正确路线本身的特点，而只是概括地泛泛而谈。心理学在许多方面处于当时许多重要事件的边缘。出于迫切的实用主义考虑，首先是集体化，然后是准备和赢得战争并从战争的废墟中重建社会，汲取了所有思想家和心理学家的能量。只有在战后，意识形态的解释和目的才能发展到一定高度，才能开列出“应兴”和“应革”的详细指令。其结果为1949和1950两年的心理学的巴甫洛夫学说化。同时，有许多关于神经机能的独到贡献出现了——大多数是在巴甫洛夫学说的框架以内，有几个则处于种种西方影响之下。这些形成了斯大林死后苏联心理学洋洋大观的复兴的基础。

389 乌赫托姆斯基的“优势”理论(参看边码第387页)在早期的原始贡献中或许是最为重要的。它在巴甫洛夫体系内引入一种关于动机与内驱力问题的概念框架。但关于核心的巴甫洛夫体系的所有苏联系统阐述中最具有革命性的是伯恩施坦,别利塔什维利和安诺兴提出的。

伯恩施坦(1969)在苏联研究者中首先认识到需要那种由托尔曼引入西方心理学的客观目的论研究,并指出反馈机制在理解行为中的重要性。他直接研究行为的目的与后果问题,并建议把这些问题和马克思主义的科学的哲学作某种综合。

别利塔什维利(1969)是最早不同意巴甫洛夫体系的主要人物。他的方法与实验也与托尔曼的认知-学习技术和解释极其相似。然而,他越过托尔曼一步的是为认知图景提供一种生理学的理论。从最早时起,他研究动物可以在其中自由活动的学习情境;在这方面他的工作与美国的行为主义者有密切关系。他严格区分了遗传的“本能的”行为型式和学得的行为,很像某些西方性格学家,特别是洛伦茨(1965)所做的那样。他相信先天的行为型式完全由中枢神经系统在体质上所禀赋的结构所决定,而获得的行为则由中枢神经系统与外部世界多次发生感性经验而引起的那种机能整顿所决定。在获得的行为中,他强调外界客体表象的发展并述说一个在生物学上有重要意义的客体的表象的出现将引起指向目的的行为,因为此表象所引起的行为和对客体本身的知觉所引起的行为一样。进而言之,在他的概念系统中他也应用一基本的欢乐主义原理。他辩称每一行为活动都与情绪兴奋有关,此一兴奋又反映一种机体需要的满足或产生。他为探索这些情绪兴奋以及在皮层中构成机制的需要的表象提出特殊的神经生理模式。

安诺兴(1969)指出,一反射动作不能被认为是一与下述成分分割的可辨别的单元:(1)向中输入;(2)其中枢综合;(3)离中输出;(4)离中输出所导致的结果;而特别重要的是,(5)这些结果的再向中反馈。除了与当代的控制论领域中西方的与苏联的发展相协调——并且对上面我们已经讨论过的因果-机能两难提供一种解决办法——以外,安诺兴的概念系统还把有机体的特殊需要的引起和动机状态的问题放在比他以前乌赫托姆斯基的“优势”说所做的更为坚固的基地上。安诺兴坚持向中的选择与刺激的综合为神经系统的特殊状态所决定,这些状态由激素的、循环的、情景的和环境的变量所引起;一行为活动的反馈会限制随后的向中综合
并限制随后反应的引起。进而言之,正是安诺兴首先提出非条件 390
反应与条件反应在行为个体发生中总要整合起来并产生彼此交互控制与变化的影响。这一假设在生态生理学领域内,即在苏联动物行为演化研究领域内,变成一核心的理论命题(Kovach,1971)。近来在安诺兴的实验室里所进行的研究应用了精致的生理与生化技术以研究向中综合在神经机能活动与行为中向中信号的作用。

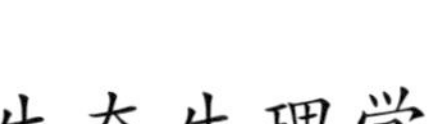

生态生理学

苏联动物行为演化心理学通常被称为“生态生理学”。它可粗略分为以下两个相互联系的方面:(1)巴甫洛夫关于行为的生态生理学,它保留一种基本上未改变的巴甫洛夫关于行为的概念但强调内部与外部的生态学变量;(2)为当前出现的对行为的广泛的自

然主义——生物学探讨，与西方比较心理学和习性学在概念与兴趣上最为接近。

基本上属于巴甫洛夫生态生理学的主要代表人物是贝考夫(1942)、别留考夫(1963)和卡拉布克霍夫(1963)。他们在无数实验中指出，在一已知有机体正常的内部与外部生态范围内，一刺激的自然性和机能关联同它在引起非条件反射反应和建立暂时刺激-反应联系中的有效性是正相关关系。例如，贝考夫的大部分工作是在他所称之为“皮层-内脏生理学”的领域内。他研究影响条件作用的内外环境特殊因素和体内平衡变量。他应用内感受条件作用的程序，已成功地在体内各部位事件间建立获得的联系系统。

大量的实验技巧以外科方式用于联接和分隔各内脏区域。例如，他证明，胃中的温水可能变成身体另一通常与胃无联系部分的另一植物性反应的“条件刺激”。外感受器的刺激如光、声和触也与这些内部感受器反应交叉联系。按同一方式，横纹肌系统也证明是与内部感受系统与外感受系统有联系的，而本体感受条件作
391 用在后来反馈的研究中变得非常重要。事实上，我们在贝可夫那里看到遍及全身各部分的系统连锁，在某种意义上非常类似于华生的行为流范例。

对动物行为较广泛的自然主义-生物学探讨在苏联心理学中是有希望的新发展领域之一。其主要的当代代表人物是斯洛宁(1967,1969)。他遵循由安诺兴(1949)、普洛姆普托夫(1956)和克鲁森斯基(1962)所创始的路线，这一路线基于以下的基本命题：(1)非条件反射是生而具有的；(2)非条件反射是永久的而条件反射是暂时的；及(3)物种典型行为动作的复杂链几乎总是以可变比

例(相应于可变的环境需要)体现非条件反射与条件反射,并与有机体内部与外部的物种典型生态一致。

有关许多物种进食行为发展所进行的实验型式一例可阐明这一领域的研究方法与证据。这些研究表明在行为发展中有显著的物种典型的变异。在某些物种中,如克利莫瓦(1958)所研究的兔,成年个体进食型的发展依赖于对自然食物的非条件反射反应,它们一直保留在这些动物全部生命过程中。用人工食物喂养直到成年的兔子,对其自然食物,对草,仍然立即在第一次给予的机会就进行反应。在其他的有机体中,如乌兹达维尼关于小狗对肉的非条件反射反应的研究所表明(1958),这些生而具有的反应仅出现于发展的转变期并在以后当不用于自然饲养的正常背景时就消逝了。乌兹达维尼的小狗在第一次看到肉时表现确定的对这一食物的趋近和唾液反应,但仅以牛奶饲养到九个月以后,则对肉开始出现的非条件反应就变得不稳定,并有几次完全消逝。又在其他的物种中(Rakhimov,1958,所研究的羊),自然饲养的发展似乎一点也不依赖于对自然食物先天的非条件反射反应,而毋宁说依赖于模仿的行为和学习的行为。羊羔在第一次碰到正常吃草条件下对草并不反应,但要模仿周围羊的吃草并逐渐学会吃草。

所有这些研究都强调在不同物种行为发展中的巨大差异。这一切都集中了心理学家们在发展关于行为的普遍跨物种的理论时必然面临的困难。这些研究所指出的问题和那些我们在上一章论述习性学与比较心理学的一节里所讨论过的问题是一样的:它们指出需要考虑不同有机体在躯体的、神经的和行为的机能活动的生态变量和种系发生派生物等方面所显示的巨大差异。

人类发展的概念

392 苏联心理学从一开初就强调人类发展在本质上的社会性并以意识(社会意识)仅为人类行为所有而与动物行为的发展相区分。例如,维果斯基(1934,1956)辩称,动物中新行为型式复合的形成总基于个体经验之上,而人的心理发展则需要通过语言的获得和间接过程对广泛的人类经验进行一种社会性掌握。

维果斯基所特别关心的是概念形成的过程。他为这一研究发展了一种实验程序,呈现给被试一套东西:不同体积、形状、容积、高度和颜色的木块。要被试根据某些可以归纳的属性把这些东西分成不同的类别。被试不知道每一木块底部都印以人为的词(无意义音节)作为识别标记,它们在分类时不为被试所察见。这些词每一个都代表一种可能的分类属性。每当被试作出一错误的分类时,就给他看被分错的木块的无意义音节。然后让他继续进行分类的程序。在这一方式中,在对适当类别进行抽象概括并据以对木块进行分类的过程中,让被试发现并学会能据以将木块分成范畴的人为语言相关对象(无意义音节);此一实验研究概念形成过程。

维果斯基研究了一定个体在一定时间内概念形成的发展系列。他也用这一程序研究了不同年龄的被试并且对儿童概念形成的发展得到一些很有趣的结论。在儿童发展的最早阶段,词并不起重要作用;它们完全从属于对环境的直接注意和感官印象。很年幼的儿童不能按照明显的范畴进行分类;甚而,他把落入他眼底的一切木块收拢在一起，而无明显的选择性。在发展的较高级语言阶段，儿童就比较有了选择性，但他倾向于使用一族概念，其中他把不同的属性结合在一起并分成多元相关物的族类。因此，例如一个大的红立方块，可与所有红的东西，所有立方块，所有大的东西放在一类。根据维果斯基的研究，下一阶段由系统训练所形成；在实验中每一物体的选择迅即变成依赖于起辨别作用的人为词和物体的抽象属性之间虽然细微但却分明的关系。这时抽象 393
意义变为完成分类的指导原则和标准。

同语言发展有重要牵连的另一领域是词义条件作用。这里研究了一开始附着于一词的条件反应的泛化间的关系。在一泛化测验中所呈现的词或者具有关联的意义但不同的发音特点，或者具有非常相似的发音特点但有不同的意义（如在俄文中 doktor 和 vrach 之间的关系，在日常语言的应用中，二者均意味着医生，而在 doktor 和 diktor 之间，前者意味着“医生”，而后者意味着“讲解员”）。研究发现在正常条件下条件反应泛化到意义的相似性而不是发音的相似性。然而，在某些药物的影响下，情况会反转过来。

这类研究指出有复杂的关系出现于每一词中，而且，如拉兹兰所辩称的（1952），巴甫洛夫第二信号系统，在涉及语言时，不应当看作对等于第二级条件作用的径直一对一的关系。不如说它应看作对等于单一语言信号与一种相互关联的反应联系复合之间的关系。

维果斯基（1956）与艾克霍宁（1958，1959）的研究也集中在语言的发展和书写语言与口语之间的关系等方面。特殊的训练与教养的想法似乎特别与书写语言有关，书写语使那种从活语言整体中辨别和分离单个词的过程成为必需，它也要求对单词和语句的语音特性进行概念上的研究。

在这里俄文 vospitanie（教养）一概念具有特别的重要性，它比英文词典上相应的译文“education”（教育）或“upbringing”（抚养）二者的任一译法所包含的意思更要广泛。在“教养”概念之内，重点放在专科学校教育和人格发展两项特殊事业的合作和共同努力上。“教养”被认为是人格发展的决定性变数（作为那种在惯用的“本性”与“环境”心理变量之间进行调节的社会条件作用的最重要因素）。

有必要对儿童条件作用进行深入细致而有系统研究的基本理由之一在于那些同语言的获得与运用有关的定律。如我们以上所看到的，语言对早期的巴甫洛夫学说是极重要的并随着巴甫洛夫体系的苏维埃化而变得越来越加重要。列宁的马克思主义和苏联教育系统的马克思主义都非常强调语言，把它看作一种能把行为型式由成人传递至儿童的文化工具；的确，在马克思主义的教育学中所极其强调的价值与态度被理所当然地认为主要是通过语言系统而得以传递与调整的。巴甫洛夫关于第二信号系统的概念弄清
394 楚了：人类思维与交往的定律在许多方面本质上不同于动物交往的定律，或甚至也不同于动物与幼儿一切前语言阶段的定律。

作为态度与价值的巩固者的语言的社会文化方面为维果斯基（1956）和以后为鲁利亚（1961）所研究。鲁利亚也研究许多关于人的高级神经活动生理学的问题。他的主要假定是，皮层作为社会经验的结果而组成整合的机能系统，它们并不必然等同于可以清楚定位的皮层活动。因此，特殊皮层区域的损伤或破坏，按照他的

说法，可能干扰现存的机能系统。但通过适当训练，新的等同的或类似的机能系统能够发展起来，它可再度成功地调节受到影响的心理活动。

除了这类神经生理学的研究和理论外，在应用条件作用程序于人类教育和人类行为发展上也有广泛的意义。几乎从条件作用研究室中的研究一开始，在儿童条件作用研究方面就有过很大的意义。条件作用被视为给予儿童以新的反应储备的途径；如果对抑制的概念适当加以运用，可使儿童避免不良倾向。这类研究从本世纪初一直在继续进行并不断复杂化，由于简单回避反应的研究发展到交互条件作用型式的复杂研究，它对理解人的高级神经活动很有启发(Krasnogorskii，1954)。

查保洛赛茨(1969)，维果斯基的学生，是苏联儿童心理学的当代领导者之一。他的感官训练程序目的在于发展一些方法，使儿童能够感觉、知觉和形成几何观念。这些研究均基于维果斯基、列昂捷夫和鲁宾斯坦的概念，其中感官训练被看作可引起一种过程与能力的新发展，这是儿童诞生时并不具备但可由精心培训形成的。

类　型　学

一些西方观察者曾认为，巴甫洛夫体系以至一切苏联心理学都屈从于严酷的环境而否认遗传的个别性。然而，事实远非如此。的确，与一贯的马克思主义相一致，比之西方心理学的某些角落，环境受到更大的重视，但体质能力的研究，在苏联心理学中往往作为一个主要课题出现。类型学(Teplov,1964)在这方面具有很大重要性。

巴甫洛夫从其研究的最早日子起就对不同个体条件作用作业
395 的巨大个别差异发生兴趣。他提出,这是由于在神经系统中某些基本体质禀赋的差异造成的。他在谈到他视为皮质抑制与兴奋过程的相对平衡中的那些个体差异时按照希波克拉底的分类(易怒的、忧悒的、多血的和黏液质的)进行改编。"兴奋"被定义为对一阳性条件作用信号的相应反应力量,而对一阴性信号的反应的抑制则表示"皮层抑制"。这两种定义已因条件作用作业的测定而成立,特别在区别阳性和阴性刺激以及有关刺激的泛化中是如此。"强度"一词指神经系统抵抗过度兴奋的能力。"平衡"一词指一定个体中兴奋或抑制过程的相对优势。个体是根据强度的测定来分类的,测定是按照个体面对不断加强和复杂化的干扰刺激时维持正常条件作用作业的能力做出的。"灵活性"指对适当刺激迅速进行反应的神经能力,特别是指对条件刺激在信号意义方面的变化进行反应的能力,如在刺激-分辨情境中,这时阴性和阳性信号是颠倒的。依据这些测定可能有几乎无限庞杂的组合,但苏联研究人员总的说来集中注意于仅仅四类,大致相当于巴甫洛夫所改编的分类。于是,一种活泼(多血)型在强度、平衡和灵活性方面会有高分数;冲动(易怒)型在强度方面会有高分数,但有倾向于兴奋的不平衡;安静(黏液质)型在强度和平衡方面会有高分数但在灵活性方面较低;而最后,惰性(忧悒)型在强度和灵活性方面会有低分数,而有倾向于抑制的不平衡。

参照人类个性的类型,又增添了一种分类。这是根据第二信

号系统的相对平衡来分类的。于是，“思考型”的特点被认为高度依附于第二信号系统（更倾向于抽象思维），而“艺术型”①的特点被认为在于主要依附于第一信号系统（更直接接触环境）。普通人可能具有代表两种极端相结合的任何分数；大多数当然处于某种中间地位。

除对于人与人体质禀赋类型不同的这种兴趣以外，还有对于人类行为发展关键阶段的相当普遍的兴趣，这些发展阶段据称依赖于成熟和经验两方面。例如，盖尔佩林（1969）已经草拟了一系
列个体发生的变异那是由于正常认识机能的发展必然会发生的。396
近年来，盖尔佩林的理论已经应用于贯彻程序教学技术，力求在个人发展中最有效地利用环境因素。

环境论当然常常是表示在实践中利用环境来培养领导能力，正如苏维埃教育制度总的说一直在寻求早期评定才能的方法，以便为国家利益选拔出值得培养的人才。我们在这里看到有非常强大的民族主义的因素在起作用：以谢切诺夫的巨大成就和巴甫洛夫显赫的国际作用而自豪；以实验室制度和教育制度的力量和灵活性而自豪，这些制度处处都赋予巴甫洛夫方法以极高科学威望并同时赋予它以明显的实际应用价值。这样的民族主义，加上我们前已论及的那些意识形态控制问题，使巴甫洛夫体系和西方类似的条件反射体系及心理学探讨有很大不同。但苏联心理学还不是一个封闭的体系；它和西方心理学之间也不存在不能解决的不和。

① 应注意这一艺术型概念紧紧遵循着社会主义现实主义的指令。

参考书目：

Akademiia Pedagogicheskikh Nauk RSFSR, Institut Psikhologii. *Psikhologicheskaia Nauka v SSSR*. 2 vols. Moscow: APN-RSFSR, 1959—1960.

Anokhin, P. K. [*Problems of Higher Nervous Activity*.] Moscow: AMN-SSSR, 1949.

——. "Cybernetics and the Integrative Activity of the Brain." In M. Cole and I. Maltzman, eds. *A Handbook of Contemporary Soviet Psychology*. New York: Basic Books, 1969.

Asratyan, E. A., *et al*. "Classical Conditioning Research and Theories." In M. Cole and I. Maltzman, eds. *A Handbook of Contemporary Soviet Psychology*. New York: Basic Books, 1969.

Beritashvili, I. S. "Concerning Psychoneural Activity of Animals." In M. Cole and I. Maltzman, eds. *A Handbook of Contemporary Psychology*. New York: Basic Books, 1969.

Bernshtein, N. A. "Methods for Developing Physiology As Related to the Problems of Cybernetics." In M. Cole and I. Maltzman, eds. *A Handbook of Contemporary Soviet Psychology*. New York: Basic Books, 1969.

Biriukov, D. A. ["Fundamental Philosophical Problems of Evolutionary Physiology of Higher Nervous Activity."] In AN-SSSR, Institut Physiologii, ed. [*Philosophical Problems of the Physiology of Higher Nervous Activity and Psychology*]. Moscow: AN-SSSR, 1963.

Brozek, J. "Soviet Psychology's Coming of Age." *American Psychologist*, 25(1970), 1057—1058.

397 Bykov, K. M. [*Cerebral Cortex and Internal Organs*.] Kirov; AN-USFSR, 1942.

Craig, W. "Appetites and Aversions as Constituents of "Instincts" *Biological Bulletin*, 34(1918), 91—107.

Dmytryshyn, B. *U.S.S.R.: A Concise History*. New York: Scribner, 1965.

El'khonin, D. B. [*Development of Speech at the Preschool Age*.] Moscow:

APN-RSFSR, 1958.

——. [*Features of the Intersection of the First and Second Signal Systems in Children of Preschool Age.*] Moscow: APN-RSFSR, 1959.

Gal'perin, P. Y. "Stages in the Development of Mental Acts." In M. Cole and I. Maltzman, eds. *A Handbook of Contemporary Soviet Psychology.* New York: Basic Books, 1969.

Ivanov-Smolenskii, A. G. *Essays in the Patho-physiology of the Higher Nervous Activity.* Moscow: Foreign Language Publishing House, 1954.

Kalabukhov, N. I. ["The Significance of Certain Factors in the Behavior of Rodents for the Maintenance of Energy Balance in Their Organism."] In [*Physiological Bases of Complex Behavior*]. Moscow and Leningrad: AN-SSSR, 1963.

Khrushinskii, L. V. *Animal Behavior: Its Normal and Abnormal Development.* New York: Consultant Bureau, 1962.

Klimova, V. I. ["Ontogeny of Reflex Responses to Natural Food Stimuli in Dogs and Rabbits."] In [*Problems of Comparative Physiology*]. Leningrad: AN-SSSR, 1958.

Kornilov, K. N. "Psychology in the Light of Dialectical Materialism." In C. Murchison, ed. *Psychologies of* 1930. Worcester, Mass.: Clark University Press, 1930.

Kovach, J. K. "Ethology in the Soviet Union." *Behaviour*, 41(1971), 237—265.

Krasnogorskii, N. I. *Studies of Higher Nervous Activity in Man and Animals*, Vol. 1. Moscow: Gosizdat, 1954.

Kuhn, T. S. *The Structure of Scientific Revolutions.* Chicago: University of Chicago Press, 1962.

Landygina-Kots, N. N. ["The Development of the Forms of Reflection in the Process of Organic Evolution."] *Voprosi Filosofii*, 4(1956), 94.

Lenin, V. I. *Materialism and Empiriocriticism: Critical Notes Concerning a Reactionary Philosophy.* Moscow: Lenin Institute, 1927.

——. *Collected Works*. Moscow: Lenin Institute, 1933—1947.

Leont'ev, A. N. ["On the Historic Course in the Study of Human Psyche."] In Akademiia Pedagogicheskikh Nauk. *Psikhologicheskaia Nauka v SSSR*. Vol. 1. Moscow: APN-RSFSR, 1959.

Lorenz, K. Z. *Evolution and Modification of Behavior*. Chicago: University of Chicago Press, 1965.

Luria, A. R. *The Role of Speech in the Regulation of Normal and Abnormal Behavior*. London: Pergamon Press, 1961.

Medvedev, Z. A. *The Rise and Fall of T.D. Lysenko*. New York and London: Columbia University Press, 1969.

Promptov, A. N. [*Essays on the Biological Adaptation of the Behavior in Passarine Birds*.] Moscow and Leningrad: AN-SSSR, 1956.

Rakhimov, K. R. ["Materials on the Study of the Formation of Natural Feeding Reflexes During Ontogeny in Ruminants."] In [*Questions of Physiology and Pathology of the Nervous System*]. Moscow and Leningrad: AN-SSSR, 1958.

398 Razran, G. "Experimental Semantics." *Transactions of the New York Academy of Sciences*, 14(1952), 171—177.

——. "K. N. Kornilov, Theoretical and Experimental Psychologist." *Science*, 128(1958), 74—75.

Razran, G. "Russian Physiologists' Psychology and American Experimental Psychology: A Historical and a Systematic Collation and a Look into the Future." *Psychological Bulletin*, 62(1965), 42—64.

——. "Soviet Psychology and Psychophysiology." *Science*, 1958a, 128, 1187—1194

Rubinshtein, S. L. *Foundations of General Psychology*. 1940. *Fundamentals of General Psychology*. Moscow: AN-SSSR, 1946.

Slonim, A. D. [*Instinct: Puzzles of Inherited Behavior*.] Leningrad: Nauka, 1967.

——. "The Ecological Physiological Approach to Problems of Animal Behavior."In M. Cole and I. Maltzman, eds. *A Handbook of Contemporary Soviet Psychology*. New York: Basic Books, 1969.

Sokolov, E. N., ed. [*The Orienting Reflex and Problems of Higher Nervous Activity*.] Moscow: APN-RSFSR, 1959.

Teplov, B. M. "Problems in the Study of General Types of Higher Nervous Activity in Man and Animals." In J. A. Gray, ed. *Pavlov's Typology*. New York: Pergamon Press, 1964.

Ukhtomskii, A. A. ["Instinct and Dominants."] In *Collected Works*. Vol. 1. Moscow: Nauka, 1923, 1950.

Uzhdavini, E. R. ["On the Formation of Natural Reflex Responses to Food During Early Ontogeny in Dogs."] In [*Experimental Investigations of the Regulation of Physiological Functions*]. Vol. 4. Moscow and Leningrad: AN-SSSR, 1958.

Vygotskii, L.S. *Thought and Speech*. Moscow: Sotsekgiz, 1934.

——. [*Collected Psychological Investigations*.] Moscow: APN-RSFSR, 1956.

Zaporozhets, A. V. "Some of the Psychological Problems of Sensory Training in Early Childhood and the Preschool Period." In M. Cole and I. Maltzman, eds. *A Handbook of Contemporary Soviet Psychology*. New York: Basic Books, 1969.

399

第二十四章　发展心理学：童年期、青年期和生命全程

有什么，能有什么比人更巍峨的殿堂？
在人这个创造物面前，
一切都黯然失色。

乔治·赫伯特

有些人如此对你说，但他们对于朱弗*的计划并不比你知道的更多。

约那坦·斯威夫特

584

区别“空间艺术”和“时间艺术”是容易的，前者是世界的一瞥在图画、雕塑或建筑中铸成的恒久的形式，而后者则是把握一切时间上有序的经验的流动特征所做的辞藻、音调或身躯动作的安排。同样地，我们也可以依据类似的方式在两类科学之间作出区分，一类把握并描绘事物和事件世界的有结构分段安排，另一类则专注于时间引起的变化。生命科学一直在迅速地从结构-分段式探讨向时间-演化式探讨演变。我们今天通常是像莱温所做(1935)的那样，在短时变化和长时变化之间作出区分。但甚至在这里有些

---

* 朱弗(Jove)即朱庇特(Jupiter)，罗马神话中的主神。——译注

物理学家和天文学家还要提醒我们，那些涉及相对短暂周期的物理定律可能自身又在经历长期的变迁。或许，一切现实都是一种变化，就像赫拉克利特所说的那样，而全部科学都不过是想窥探这 400
种变化的一个尝试。

这样的问题是值得想一想的，因为我们的题目是从人性现状的研究到人性变化的研究的过渡——即发展对于人类的重要意义，包括这样的事实：作为一个物种，人类已生存了大约一百万年，并且人类的演化已在其个体发展中留下了明显的痕迹。今天我们比之达尔文已能更深刻地认识哺乳动物生活的地质背景和古生物背景的意义。年复一年，比较生理学和比较心理学以及还有今天的行为遗传学都指出，运动的点或点的系列随着时间的前进而不断形成新的种系。当人们研究啮齿动物、猴子和人类的认识生活或感情生活时，人们开始提出有关认识和感情作为基本机体存在的那种不断改变的特性的多方面问题。人们开始看出，符号生活以及作为一个整体的文化生活的可能性怎样以及在什么地方经过不知多么长久的时期才由有机体进化的一部分——组织（tissue）——变化而形成。

因此，例如，“皮质定位”的经典问题现在也有分化发展趋势，取决于物种中和人种中的发展结果。甚至如拉什利（1929）那么精深的一位脑研究者竟也多年专注于“大脑机能等功”（equipotentiality）问题，而起初只表现出对于种系发展问题的错综复杂现象相当有限的关心。今天不只是有越来越多的比较研究，而且有关于物种之间渐次发生差异的比较研究。定位的特性可能主要是站在种系发展阶梯哪一级看问题的问题。

种系发生问题不断在个体发生问题中重复出现。长时距使短时距相形见绌。的确，很可怀疑的是我们现在是否已有可能看到长时距的全部力量。一方面由弗洛伊德(1920)，另一方面由洛伦茨(1966)进行的关于“人性进攻面”的二十世纪研究只能表明，我们仍然没有足够的证据能够决定究竟(1)进攻性——或任何促成行动的原动力——起始于生物化学水平，甚至先于神经系统的萌芽，因而是一切生命基本组成的一部分呢，还是(2)时时有真正新的动力在进化序列中出现。假如前一种观点是正确的，那么，进攻性可以说就是一种使组织在其中受到濡染的染色。假如是后者，我们就必须进行实验，找出进攻性的每一新发展品系的起点。

再说，如果我们允许自己有足够的时间跨度，我们就有可能发现许多新的可以在个体生活中查明的生物学原理，那对于物种是具有深远的含义的。种群遗传学家告诉我们，当数字达到一定的临界值时，个体的突变动力便可能具有一种在较小种群中不可能
401 具有的意义。在瓦丁顿(1957)那里，我们看到，物种的许多个体中发展的习惯范型可能为那种来自新突变的富有意义的后果设置施展身手的舞台，但是这些新的突变或许并不一定引起这样富有意义的后果，假如具有先定倾向的习惯体系不是这样发展起来的话。由此可见，新的习惯的出现使个体的特征和选择过程在一种遗传水平上生效，如果不可能由其他途径得到这样的效果。从以上两种情况，我们得到看来像是拉马克式的后果(参看边码第128—129页)，而尽管不是真正拉马克式的，它们也仍然影响着演化的进程。沙皮罗(1939)等人在物理人类学领域内告诉我们，新的机能范型，尽管还在形成之中，也能使手和脑中的突变——使新的文

明改革能够随之到来的突变——有可能出现。这个问题的确非常复杂。它可以说是在时间单位中的一束时间单位。

我们根据时间流概念对于存在重新作出定义，这还是一件非常近期的事。像几世纪以前的画家往往以矮小成人的身材比例表现儿童一样，历史学者所谈论的心理学直到最近也一直是这样一种心理学，它忽略对童年期的观察，并武断地以为我们在童年期迅速通过一系列阶段以便能够变为成人。生命的重要部分曾经被认为是成人部分；重要的机能是成熟的机能；真正的或完全的男人或女人是已成人的男人或女人。直到十八世纪，人们几乎从未发现过有什么童年期心理学。十八世纪开始把儿童放在画面上；二十世纪则已经把儿童推向画面的中心。

就某种程度而论，教会我们利用时间这一维的是达尔文主义。但是根据发展的概念进行思考则是我们全部生活方式的特征。“人”这个词不再简单地指今天可以在地球表面上看到的人类。今天，在我们的报纸上和电视屏幕上，我们看到人及其驯养动物的颅骨、陶瓷碎片和花粉的发掘，作为人类在某一遥远时期的生活方式的证明。我们依照人们培养儿童的方法，对当代不同的有文字以前的社会进行比较研究，并寻求个人差异的证据以判断这些差异在质上或量上同我们在我们自己的儿童中所发现的那些差异究竟有无不同。心理分析学也许是“儿童是成人之父”这一见解的最丰富最系统化的源泉。着重发展或“纵向”顺序的整个现代方针的确定已开始被许多人视为研究成人个性最健全的方法。在古生物学之上，于是添加了史前学；在史前学之上，添加了有关成人个人传记画面的概念。而加在它们之上的还有种种涉及短时跨度的生物

402 学。这些短时影响将不得不同长而又长的时间跨度的影响进行比较，直到最后莱温式的短、长时间跨度的区分不得不省略。我们正在走向一种关于心理存在的深邃发展观。

自从伊壁鸠鲁以来，尤其是自从卢克莱修——他在成长的类型，其宏观与微观结构，其相加、混合、合成与暴露形式等方面做出区分——以来，发展的观点变得日益复杂且深奥难解了。我们上文所说的关于发展法和关于横截面研究法的交替，这一切一当你开始问及可以被观察到的发展的类型时就都可以被认为是陈词滥调。

例如，让我们首先看一看连续与非连续发展的区别吧。在一切现代科学中都有一个突出的地位给予量子和“梯级作用”(Step function)[*]，那看不见的新单位的显现。的确，可以这样说，在观察水平——在这一水平有梯级作用，或可见而又可测的跃迁[**]——以下，确实有一个连续性的海洋。观察和测量的实际工作必须以不连续物的可观察性为基础；但是我们无论如何还是要在概念上设想有一种超越被观察物的连续性。生物学中的突变与作用单位 h[***](普朗克量子原理)同一年被发现，已经使生物学不

* 梯级亦名能级。微观粒子系统在束缚态中只能处于一系列不连续的、分立的稳定状态，这些状态分别具有一定能量，它们的数值各不相等。为形象化起见，人们往往按某一比例以一定高度的水平线代表一定的能量，并把这些状态的能量按大小排列，犹如梯级，故名。——译注

** 跃迁专指微观粒子系统从某一状态(初态)到另一状态(末态)的过渡。例如一个处于能量较高的激发态的原子，因发射一个光子而过渡到能量较低的激发态或基态，即称为原子从高能级到低能级的跃迁。——译注

*** 物理学中适用的常数之一，以符号 h 表示。1900 年普朗克在研究黑体辐射时首次引进。它是微观现象量子特性的表征。又称普朗克常数。——译注

得不提出这样的问题：究竟进化最终是一种平稳发展的运动，还是一系列梯级作用，其可能的发生的确可以验明在于某一地区或某一时期，但要做出确切的判断则并不是我们所能为力的。突变论在进化论中已经成为基本的理论。就非常短时的动向看，诸如在某些进化史料记载上的几万年，突变可以不受重视，因为它们往往是致死的；而即使是非致死的，它们也只能引起微小的——实际上常常是隐蔽而未知的——基因变化*。尽管如此，当时间是长期而非短期时，在物种的形成和创始中就有一个主要的地位必须划归突变。华生和克里克及其信从者关于核苷酸在一种双螺旋形式中的排列——躯体（的化学变化）由此而受到酶作用的引导——的研究引进一项有关构造和机能发展的精彩分析。不过，对于生物学家以及心理学家问题依然存在：在进化过程中，那些在结构上逐渐或突然的重新调整为什么和怎样在形态的和行为的机能中引起质的差异及其在一定时间和地点的一切附带发展后果？

这些梯级作用，当然，是遗传物质本身的特性。生命可以用火花的闪烁而不是用如牛顿所说的平稳流动的光线来代表。人们实际上是在同最后的光单位或光子打交道，并且，如黑希特著作（1934）中所说，人们在一种全或无的基础上研究受体细胞的感受
性，其中棒体和锥体感受性的平稳曲线被认为是个别受体细胞中 403

---

* 据美国实验胚胎学家、遗传学家摩尔根的基因学说，在个体发育中，一定的基因在一定的条件下控制着一定的代谢过程，从而体现在一定的遗传特性和特征上。基因可以通过突变而改变。所谓致死基因即造成细胞或个体死亡的突变基因。但在一定条件下带有致死基因的个体也可以正常生活。例如人的半乳糖血症由一个致死基因所造成，患有这种症状的婴儿，喂以不含乳糖的乳品时能正常生长；若喂以普通乳汁时则导致死亡。——译注

全或无跃迁式机能的表现。

这一原理对于胚胎期和出生后的成长过程具有直接的重要性，雪莉在一次系统的对照研究中曾指出这一点（1931，1938），她在连续的与不连续的生长之间、在新的行为的流出和“跃”出之间进行了比较。成熟顺序可能出现在梯级之中仅仅是因为平稳的连续性排列是模糊不清的；眼睛从流动且连续的质中辨认出梯级。或者，画面可能弄颠倒了，而除非你运用特殊技术你就看不到跳跃成分正在进入平稳的外貌。这种情况可以同音乐中音高的量子性质的证明（Stevens，1941）相比。虽然物理的音高是连续的，但心理的机能仍然按照梯级概念或量子概念向前运动；一个徐缓的降调听起来可能像是在降落。正如汤普逊（D'Arcy Thompson，1942）指出的，生命弥漫着量子原理。就这样，我们可能具有我们的不连续性而同时又觉察不到，除非运用特殊的原理使不连续性显现出来。

发展的方式从这样的角度看是多么不同啊！我们面临的是某一体系的分散时空点，由于未知的潜在因素，这一体系正在向另一体系运动过渡，这些因素为我们带来突然的调整。全部生活史变得更像断奏型而不像滑音型；更像一种不能说明的崭新创造性模式，而越来越不像有一个无限的主因缓慢而稳定展开的型式，对于这个主因，其余的一切都必须回应。

这也就是那同一的哲学发展观，即对数学在科学事业中担负使命的新概括引导我们达到的。虽然讨论主要是涉及我们称之为空间艺术中的有结构趋向，L. 怀特（1951）却是以这样一种方式观察一般的模式，从而使这些模式同天文学、地质学、生物科学、社会科学以及艺术的时空秩序发生接合关系。一种通达这一切领域的心理学一定会比它今天更加成为一种时间艺术。这是因为它会看出种种种系发生和个体发生的时间表之间的关系,它们的接合提供了我们认为是进化的那个运动着的体系。但是,作为一种时间科学,心理学则从一种量子原理开始。

心理学能够建立起一种普遍的发展图式吗?就像一个世纪以前斯宾塞(参看边码第 143 页)描述为“第一原理”中所提供的那种发展图式?他认为,进化就最广义的天文学、生物学和社会科学概念说,是由那种从“不确定的不一致的同质性到确定的一致的异质性”的进步构成的。任何不一致的东西都经历着分化为各个部分的过程,这些部分以其渐次分明的边界线展现出渐次分明的质把
已经出现的新领域区分开。就这样,经过一个分化过程,确定的东 404
西来自不确定的东西。有时分化随着相互冲撞的气体中温度或动量的变化而来;有时它是互相作用的液体酸-碱性质中的一种差异;有时,一般是在生命中,它是位于一条自然边界线两边的各区之间的一种渐次鲜明的对照。分化继续前进到一点,这时截然分开的成分开始彼此相互作用而产生一个构造物,一个高级单位。这个运动是“辩证的”是就这样的意义说的,即一个分化的阶段,除非作为一种强制的需要,除非是在异质的存在开始相互作用而把分化过程强加于涌现中的实质或组织的时候,就绝不会出现:**只有确已存在准备整合的各部分时,整合过程才会发生**。

这一综合发展图式,斯宾塞曾成功地应用于他所理解的那些科学,现已成为维尔纳著作中的一个在心理学水平上特别有效运用的原理(Werner,1926)。他第一次把它应用于幼儿的知觉、概

念和感情生活。维尔纳进一步证明儿童意识中的发展序列同那些出现于心理病理学、识字前思维以及倒退的或不完全的成人机能作用中的发展序列是相关联的。在维尔纳那里,发展不仅表示成长,而且表示一种经历三个阶段的有秩序的进步:未分化的、分化的、整合的。他的概念极大成分可以用实验证明并导致在汉堡心理学研究所和汉堡的公园、街道和船坞进行的日常儿童知觉和思维的研究。

在未分化的一极,维尔纳原理被认为同作为整体看的儿童发展有关,特别是同他的中枢神经系统以及同表现其发展的心理机能有关。不过,也有许多行为发展现象,其中,成人也同儿童一样,在遇到新的情境时经历着一个未分化的阶段,直到新分化的知觉的和认识的事件发生冲突。由于一个有机体已分化的各部分必然相互作用,这个有机体必然要前进到这些组成部分的某种整合形式。一个缺乏经验的现代音乐欣赏者起初听到的可能几乎是没有分化的喧闹声;后来,当他注意乐器并倾听乐队指挥指引下的结构时,他开始分解种种音调,既在一定时刻也在音调的顺序中进行这样的分解。他最后达到一个阶段,他真正能听音乐了;就是说,他进抵维尔纳的第三个阶段——整合水平。

维特金关于知觉的“场依赖”(field-dependent)方式所提供的大量资料(1954)说明了一个与上述原理类似的原理,所谓知觉的场依赖方式是指一种把特定呈现物从其前后关系区分开的可以测量的能力大小,有些人能较快地取得这种能力,有些人则较迟,随每种特定的刺激材料而有变化。很有可能有一种体质因素对于分化和整合的速度设置了某些限制。但似乎还有一种早期经验的因

素，知觉学习过程的某一方面（如维特金关于盲人的著作也曾指出 405
的），以及少年期以前的冲突的证据，也在影响发展曲线。斯宾塞-维尔纳原理看来像是一个“一般体系”原理，一种对于成长和学习两者都广泛适用的原理。赫尔森的“适应水平”概念（1964）是另一个非常一般性的定量原理，其中**时间**是基本的因素；皮亚杰的集中（centration）原理也是如此（参看边码第 412 页）。的确，差不多今天所有的“行为模式”都充满着关于发展的分化与整合的时间因素测量。

儿　童　发　展

如果你愿意，儿童心理学开始的日期也可以从科门纽斯的儿童画册（1658）算起，或从卢梭对于童年期意识萌芽的热切关注和对于自发性的信仰以及一种开阔的教育方法的示范（Émile，1762）算起。不久接着出现的有佩斯塔洛齐在《格特鲁德教导她的孩子》（1801 年出版）一书中关于儿童对花、动物以及感觉世界的自发反应的清晰有力的描述；还有弗勒贝尔“幼儿园”的创办。儿童故事——传统的格里姆选集和 H. C. 安德森的寓言新故事——反映了一股关心儿童期特性的热潮，它曾在赫巴特的实验教育中得到了明确的表达（参看边码第 52 页）。

早在 1787 年，蒂德曼曾持续对一个小孩的成长进行记录，以后，查理士·达尔文对他的儿子从婴儿期开始的发展进行了细微的观察。这些记载为一个自普赖尔（1882）开始的以实验方法进行的儿童研究打下了基础，并在德国引起在家庭和学校中对儿童进行研究的广泛热潮：研究儿童的绘画、游戏和谈话。霍尔在他创办《教育园地：儿童研究杂志》两年以后还继续在鼓舞这方面的研究热情。他于1893年在芝加哥的世界博览会安排了一次儿童心理学家的集会。不久，萨利(1895)在英国，克拉帕莱德(1905)在瑞士把成本的著作献给儿童意识方面的研究。就是在这一时期，比奈读了来自维茨堡的思维过程研究报告想到以他自己的两个小女儿做实验。这一时代从始至终他专心研究儿童智力的测量(请特别注意他那本论暗示感受性的书，1900)并迅速为“智力测验”打开了局面。对于儿童心理学的这种新的关注在W.施特恩的系统的《童年心理学》(1924)中有很好的说明。

进化论观点对于儿童发展的一切方面都有透彻的说明。在达尔文以前，就连卢梭也只能把儿童的未成形的意识同有文字以前
406 的人类未成形的意识作比较。但到进化论的新机能主义出现时，人们便逐渐认识到早年个人发展的时期可能包括可塑性和自我发现的特性，那是在成年时期所没有的。撇开霍尔一时的夸张说法(1904)以及他的“复演论”着重字面的含义不谈，人们开始认识到“未成熟期”不是一个尚不足以完全成人的时期，而是一个带有沿着某些方向而不是另一些方向发展的心理倾向的可塑性时期。人们开始认识到，人类机体及其长久的幼年期必须极充分地利用可塑性，而学习能力已成为其生存的进化标准。

在这个时刻来看一看早期的静止观，那是颇有意思的，按照早期的看法，智力完全是我们“生来就有的”，它是人性的一个固定特征，而每一个人的智力水平是一个就像胎记那样的固定特征，它反映着一定的基因结合所能产生的东西。在进化论者看来，植物和动物都没有这种固定不变的机能限制;它们适应环境的原理包含许多同它们的可塑性有关的重要变量。因此,物种特性型式的可变度已经成为一个实证的问题。渐趋明显的是,在许多不成熟的机体中,“智力”是能对一个多样化或挑战的环境迅速作出反应的属性之一(参看边码第 456 页)。

进化的概念如我们所见是关于可测个性的概念。知觉-认识和运动等技能的测量增强了高尔顿曾加以强调(参看边码第 138 页)而桑戴克(1914)曾促进其扩展的定量化倾向。据认为儿童是通过联想作用进行学习的,特别是用复习的方法,并通过奖励和惩罚的作用。这些原理在许多大学实验室中被系统化并以实验材料作出证明。临床概念那时还只是扮演着一个不重要的角色。维特默(1907)于 1896 年在宾夕法尼亚大学曾建立一所心理诊疗所并有许多年注意不幸儿童的个别案例研究。不过,这一运动没有同发展中的儿童心理学密切联系起来。是从希利(已经是智力测验的一位设计家)开始,一种新的动力学精神以及特别是一种心理分析学精神才在芝加哥以后又在波士顿发生作用。希利的《心理冲突和行为不端》(1917),第一次对这个国家中少年犯罪问题的动力学进行的大胆心理分析观察,同特曼的《智力的测量》(1916)——开辟了为学校分班而对儿童进行分类的趋向——差不多在同一时期出现,那是一种奇异的巧合。以后,科林斯的发现(1928),即非熟练工人的儿童比专业工人的儿童在平均智商上要低二十分,被认为是在可教性上先天差异的证据。克莱因贝格关于乡村儿童受到城市学校较强刺激的时间不断延长而智商分数也不断增加的最 407
早的数据(Klineberg,1935)通常总是被忽略,正如关于丧失受教

育权利的儿童受到改善的刺激作用以后智商也发生变化的艾奥瓦研究成果(Iowa findings)(参看 Skeels et al.,1938)一样。又过了几十年,对于经验在意识发展中的作用才给予充分的承认。

这时,心理卫生运动开始展开。这可以说是从自传式的《一个发现自身的心灵》(Beers,1908)的出版开始的。这本书描述了精神病的恐怖,特别是在传统习惯待遇条件下,它不仅在对待精神病的问题上而且在精神病的幼年和童年起源问题上都引起了新的兴趣。

在巴尔的摩,菲普斯诊所拿出非常少量的经费加上许多热心人的帮助,使华生对于新生婴儿行为的研究能够顺利进行,如抓握反射和分别归入"恐惧"和"愤怒"类的惊跳和僵直范型,以及被称为爱的一种显然具有外向特点的散漫反应等等。在这些研究以后不久,华生发起了某些巴甫洛夫式的关于幼儿获得性恐惧的研究。用一个锤子敲击一根金属棒发出一阵阴沉的响声在婴儿中引起恐惧的反应;以后在金属棒敲击的同时呈现一个毛皮动物,这样做的结果是导致单独对这个动物的明显的恐惧。实验报告简短而含混,而这种实验又难以重做。但是主要的思想——重要的行为属性可以通过早期巴甫洛夫式的条件作用产生——在等待着系统的阐发,那是由华生和雷纳完成的(1920)。客观心理学有了一个观点和一个蓝图。

它不久又得到一个非常丰富的精神上和财力上的支持:由于比尔斯和希利著作而引起公众注目的心理健康问题,在第一次世界大战"弹震症"经验以后成了一项急务。1917 和 1918 年陆军测验表明,有大量战士处于边缘状态或智力水平显然逊常,这曾促进

这项事业的早期发展。

第一次世界大战以后不久，关于儿童发展的大规模研究就开始在美国进行，这是下列因素促成的：公众在觉醒中对儿童福利事业的关心；强大的基金支持（特别是劳伦斯·K.弗兰克发起的劳拉·斯佩尔曼·洛克菲勒基金）；行为主义的运动；以及医院、幼儿园和小学中的儿童的可供实验之用。关于婴儿行为的细致研究在俄亥俄州立大学进行着。一项开拓性的事业，早期就具有巨大规模，是格塞尔（1928）在耶鲁领导下的那个雄心勃勃的长期调查研究方案。其结果是大量论述婴儿常模和儿童发展常模的出版物，个体追踪研究，以及特殊行为序列的详尽分析。其他研究中心（在加利福尼亚、密执安和明尼苏达的那些大学里）也提出卷帙浩繁的资料（例如，Shirley，1931，1933）描述身心成长范型、感觉和运动反应、情绪、社会行为，以及处于幼儿园迅速增多的有利气氛中正
常儿童的语言发展。随着这一综合性探讨而来的是对于由环境刺 408
激和环境挑战所引起的行为反应的关心。

597

然而，这一工作从始至终还没有集中到幼儿行为的整合水平和适应的含意上来。甚至更少注意到这样的事实：为成人设计的测验程序（例如在一个智力测验中）向婴儿和幼童提出了非常奇怪的要求。不过，古德诺夫早期对愤怒的研究（1931）承认疲惫、饥饿和过度刺激的瓦解作用。后来多拉德等（1939）系统提出受挫和进攻之间的某种关系。三十年代后期，安德森（1937）曾把整合概念引进幼童社会行为的研究。莱温和他的副手（1939）用文献证明专制的领导对年龄稍长男孩行为的瓦解影响，以及挫折对学龄前儿童的游戏的消极作用。

遗传与环境的问题也引起许多儿童心理学家的兴趣。例如，格塞尔和汤普逊(1929)曾在多种发展研究中用同卵孪生儿作为实验的和控制的受试。以同样的方式，麦格劳(1939)教一个孪生婴儿穿四轮滑冰鞋滑冰和攀登陡坡，同时留下他的同胞兄弟未受训练；后者在年龄稍长时得到机会迅速赶了上来，而学的要比他的过早受训练的兄弟曾经学的快得多。这个研究证明学习的成熟准备状态很重要。杰西尔德(1932)格外证明，同等的训练在可测量的技能中形成不同的发展，表明体质能力的重要性。还有一些研究把养子同"亲生的"孩子相比，看他们同抚养他们的双亲智力相似的程度如何。在幼儿园和教养所中的经历已被认为同智商的变化有关。大量有天赋的个体受到研究；这样，霍林沃斯研究了(1942)由具有特殊才智的儿童组成的一组案例，而特曼(1925)发现有才华的儿童在身的发展和社会性发展的诸多方面也都是优越的。

幼年和童年条件作用的形成和学习的过程也已经有人作出分析。斯金纳按照"强化程序"对早期奖惩概念重新制定的公式已经在教育和医疗两方面得到广泛应用(参看边码第 427 页)。心理分析概念的逐渐渗入是经常不断的，其对儿童心理学的影响则很深远。要知道，弗洛伊德的注意力在他的事业的很早期就已转向童年神经病，并且，甚至在他做出五岁儿童惊恐症的著名研究以前，他就已经系统提出婴儿的性作用的理论(1909)。不过，心理分析学对儿童的研究报告是稀少而零散的，直到二十世纪二十年代。
409 是弗洛伊德的女儿，安娜·弗洛伊德，才提出了一个主要的有关儿童分析的系统看法(1936)。游戏技术是二十世纪三十年代中由她，以及由梅拉尼·克莱茵(1932)、大卫·利维(1937，1943)等人创始的,目的在于对儿童进行治疗作业时作出关于个性动因的直接观察。只有让儿童摆弄代表父亲、母亲、兄弟、姊妹和自己的玩具,并容许竞争、恐惧以及性冲突和其他冲突等情绪表达出来,才有可能丰富心理分析学关于里比多发展的理论并在某种程度上用实验来检验其公式的确切性。在弗洛伊德关于自我和本我的讨论发表以后,到二十年代末和三十年代初,出现了伊萨克斯关于小儿中的进攻和爱欲的发人深思的研究(1933)。同一时期,安娜·弗洛伊德继续进行她的关于自我发展和防御机制的系统阐释。关于儿童的心理分析学在三十年代成为一个非常富有成果的研究领域。到四十年代中期,它进展到出版《心理分析的儿童研究》年刊。

儿童心理学历史中的一个重要发展是心理分析学的思想方法逐渐同其他儿童发展研究的方法结合起来。这特别明显地表现在关于儿童的情绪(愤怒、焦虑、忌妒、病态恐惧等等)、梦和幻想等的研究中。这些研究是作为满足儿童心理健康的需要而进行的医疗事业的一部分并作为研究工作计划的组成部分在进行着的。分析学家如斯皮茨(1965)、鲍尔贝(1969)和马勒(1968)做出关于发展中出现严重障碍的报告,涉及母亲同婴儿和幼童关系的中断或畸变——孤儿抑郁症、离别焦虑、孤独症和共生依赖(symbiotic dependency)。今天很难想象有什么儿童心理学不带有心理分析概念的,因为甚至最客观的行为分析也由于有心理分析的思考而受惠匪浅。另一条同样有影响的思维路线来自皮亚杰和他的信从者们。

皮　亚　杰

让·皮亚杰开始他的事业时是两个题目——软体动物和智力发展史的研究者。他在学习进化论生物学方面受过培养训练，但他的某些最透辟的思想涉及人的思维形式的进化。他开始注意某些由历史文献以及由儿童心理发展文献所提出的广泛的发展问题。

他自己的孩子教他懂得了很多东西，以后，他才扩展他的研究到日内瓦的公园和街道的儿童。贯穿他早期著作(1923)的一个关键概念是自我中心态(egocentrism)。儿童只是非常缓慢地发展关于自己和关于别人的意识；他不能认识他自己的看法的主观性，直到他觉察到他自己同外界的截然不同。事物**就是**它们看来的样
410 子。这种认定自己的看法传达着绝对真实的态度，他用“现实态”(“realism”)*一词来定名。这两个概念可以根据一个实验加以说明(1937)，在实验中，让幼童依次分别地站到一张桌子近旁，桌上立着一个阿尔卑斯山脉的巨大的立体地形图。屋子的四壁挂着许多照片，表明阿尔卑斯山脉对于站在山路不同地点上的观者看起来会是什么样子。玩具式的小人散放在山中各处，要儿童指出，当玩具人放在这里或那里时，这山脉对于这个玩具人看来会是什么样子。儿童报告说这山脉看来就像对于正站在桌旁的他看来的一

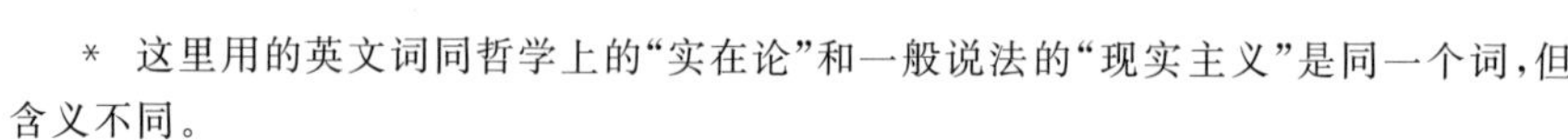

* 这里用的英文词同哲学上的“实在论”和一般说法的“现实主义”是同一个词，但含义不同。

样。这山脉看来只能是一个样子。

随着这种自我中心态和现实态而来的是第三个概念：参与(participation)的概念。在参与态中儿童不能那么完全地把自己同外界区分开，因而他把生命、思想和目的归属于他所遇到的一切。当他骑自行车时，他关于轮胎的想法和真实的轮胎自身之间的区别是如此模糊不清，以致他不敢想轮胎是扎破了的，恐怕扎破会自动发生。这同弗洛伊德关于思想万能的概念和看法类似；但它的发生在皮亚杰看来不是由于弗洛伊德的动力原理，而是因为在这一发展阶段他看到还没有出现自我和非我之间的分化。

儿乎全部幼童智力发展的全景图皮亚杰起初都是根据个体从自我中心的思想方式逐渐解放的概念来观察的。例如，梦就容许有一系列阶段的清楚区分；最初，梦作为一种有形的存在从窗户进来并躺到床上在儿童身旁；经过种种半有形阶段梦这时仍然在占据着空间；然后发展到一个最后的阶段，梦这时才成为由自身进行的一种过程。

皮亚杰的《儿童对世界的想法》(1926)强调那种在自身和自然力之间寻找相似性的倾向，这种相似性就在于不可能使自己同世界分离开。由于有自我中心的态度，儿童可能宣称刺面的寒风是敌意的，而温暖的太阳则是仁慈的。同样地，夕阳西下的时候万木悲怆凄凉，而春来冰融的时节河水则是欢乐的。从这种泛灵论倾向——类似原始人的泛灵论倾向——中解放出来需要有一个缓慢而艰巨的过程。在幼童看来，任何能运动的东西就有生命。以后，应该有自己创始的运动，而最后，应该有有目的的行动。

皮亚杰的天才笔触之一和他在《儿童的道德判断》(1932)中进

入社会心理学的初次尝试有关。这一调查研究，受到法国伦理学
411 的社会学研究影响，是一次系统的尝试，企图说明二至十四岁儿童对正确和错误的判断所经历的那些发展阶段。皮亚杰从研究“游戏的规则”开始。他成了儿童喜好的游戏的能手，懂得怎样对弹子发出准确的投射和怎样就会失误。他主要是要找出什么是儿童认为公平的或不公平的东西。

我们可以把他在道德判断演化过程中所发现的那些阶段说明如下。两三岁的幼童兴高采烈地抛掷弹子玩；他的愉快来自纯粹的躯体活动。假如结束时问他谁赢了，他说：“我赢了，约翰赢了，我们都赢了。”比赛的标准和人订的规则还不清楚。往后，规则的事实开始被理解了。你必须画一个一定大小的方形，你必须站在方形之外，你必须一次投一个弹子，并且你必须用你自己的弹子，而不能碰撞和移动你的对手的弹子。规则在这里是绝对神圣的。任何人也不能改变它们。（当日内瓦的男孩被告知在纳夫夏托那边的男孩玩法不一样时，唯一的回答是：“那边的那些家伙根本就不懂得弹子！”）于是，像勒纳（Lerner，1937）评论的那样，我们就有了一个社会级的自我中心态，或**社会中心态**（sociocentrism）。

又往后，这些规则的严格性开始松弛。现在容许改变方形的大小，或甚至容许踩在线上，只要参加比赛的人都遵循同样的规则。我们已经离开了**道德现实态**（moral realism）领域，在这里，道德世界是一个严格的、外在的结构，并已进入交互影响领域，这时，社会的相互关系成为制定法律的基础。最后，越过这样的交互影响作用，进入青年期以前的一段时期，这时，更细微的个性因素也成为有分量的问题。近视的孩子可以站得比别人更近些；正像在

美国的一种棒球游戏中跛足的孩子可以击球虽然必须由另一个孩子替他跑垒。交互作用，皮亚杰说带有“公平考虑的色彩”。人们这时已取得**自律性**（autonomy）。

在二十年代和三十年代，在皮亚杰的思想中可以发现有一种连续不断的改变：他仍然是有魅力而且形象化的，但他正在变为一个严密的成体系的心理学家。看起来几乎有三位皮亚杰：二十年代进行初步研究的年轻的皮亚杰和进行道德判断研究的中期的皮亚杰（1932）；但接着又出现了第三位皮亚杰，更坚韧，更倾向于科学的概括，以顽强不移的精神要使心理学成为一门严密而首尾一贯的科学。第三位皮亚杰，自成体系的心理学家（姑且说 1935 年以后），从观察婴儿**同化**与**顺应**的感觉-运动过程开始。同化是这样的过程，通过它从外界接受输入，意识运用输入以进行调节，即修改个体与环境交互作用关系图式。这里不再有什么遗传与环境的争论了；不再有什么内在发展动力的必然展开了。相反地，有的
是一种连续不断的交互作用，——意识由于同外界的交互作用而 412
成形，它同外界进行持续的交往。

而且，在这一同化-顺应交互作用中还有一些**阶段**能够很容易地加以说明。在**感觉运动时期**的末尾，儿童对于外物形成了一种好像稳定的概念；创造性和运用表象的活动，包括一种“方法和手段的内部探索”，已成为可能的了，而且儿童可以复制他先前曾经观察到的活动并从事具体的运筹。在生命的第二年的后期，符号作用出现，如在语言中，还有通过符号游戏出现的**虚构发明**；知觉认识通过一个时期的集中（centration）而迅速发展。从四岁到七八岁，一个直觉思维阶段和运算期前思维（preoperational thinking)阶段到来，这时，成熟的标志是可逆关系的发现，就像人们在空间秩序上的来和去，向后和向前等现象中所得到的那样，在时间的、数字的和其他的秩序上也同样。

在所有这些系统阐述中，我们发现有一种主要的对直接观察自然环境的依赖，但以实验法和比较法给予实质性的补充。目的是写一部系统的认识-知觉心理学，也有感情的一个位置和少量篇幅谈意志，但不是很多的。对于跨文化的比较研究也不是很多的。宁可说，我们有的是一位生物学家和历史学家通过半个世纪的创造性探讨所达到的自我实现。对皮亚杰的强烈反应不仅来自西方而且来自苏联、印度和日本，这表明他的真正国际作用。

皮亚杰后期思想的某些直接影响可以在J.布鲁纳(1969)、B.怀特(1969)等实验家的工作中看到，他们受到皮亚杰的鼓励一直在研究知觉、感觉-运动发展、对象恒常性发展(development of object constancy)和逻辑思维中步骤分化、整合过程的细节；这种影响也可以在J.亨特(1961)关于经验对智力影响的综合评论中看到。

儿童的认识发展阶段实际上已经成为一个完整的心理学体系的核心。皮亚杰，作为普通心理学家，可以同其他普通心理学家如巴甫洛夫或弗洛伊德等相媲美。有可能像某几位心理学家已经做出的，无须削足适履就可以把皮亚杰的体系同其他体系连接起来。它适如其位地落入心理学的广阔图式——尽管皮亚杰的体系仍然主要是一个认识的体系。我们向皮亚杰请教是为了研究认识的成长，就像我们向弗洛伊德请教是为了研究性心理、感情和冲动控制等系统及其发展。有一些调和这些体系的初步努力已经尝试过，但凑合在一起的那些片断迄今还不足以代表一个系统的整体。

在二十世纪五十年代后期，苏联人造地球卫星引起的震动及其高度科学成就的含义，连同以后美国贫苦儿童教育普遍失败的 413
例证所引起的震动，刺激起一种对于学习过程和学习能力——及其和营养、母亲的照顾和疏忽以及种族主义的破坏性影响、教师的消极态度等类问题的关系——的新的关注。同这些相应的是由皮亚杰论述智力发展的著作的翻译所激起的新的实验浪潮，其焦点在于来自早期感觉-运动经验的同化和顺应的整合过程。皮亚杰的看法引导着教育上的尝试，也引导着在研究认识的发展和整合中所进行的心理学实验。

不过，有关儿童用词语造句的能力发展问题，有关这一能力同仿效父母榜样的基本自居作用的相互关系问题，以及有关发展与维持有助于社会交往的关系的能力问题都仍然没有解决。当前用于解决这些问题的一个方法是对儿童发展的纵向研究。

纵向研究法

在这一章中我们曾加以探讨的所有这三个主要领域中——行为研究、儿童心理学研究和无意识童年冲突研究——近年来趋向于更多地采用纵向（作为同“横截面”的对比）研究法。把几百个儿童的行为或幻想生活切成片段并在每一年龄水平选取适当“样品”，这种研究方法虽然曾一度被认为是合理的，但现在人们已愈益认识到个体在许多机能的成熟与交互作用方面的变异性是如此复杂，以致这样的研究法已相当靠不住了。例如，许多缺乏创见的关于社会经济水平或种族起源和智力的关系的横断面研究都已导致错误的结论。现已认识到，如果没有一种对于不同生态环境——连同这些环境供给认识成长的不同数量和质量的营养物质——中发展过程的纵向探讨，认识发展的可塑性就很容易被忽略。六十年代，公众关于普遍的阅读困难的焦虑导致“早起步方案”(Head Start Projects)的提出以及用于研究教育事业成败原因的基金不断增加。同期和稍后，亨特、布鲁纳、怀特等集中注意于研究幼年和童年早期经验的那些足以影响智力发展的方面。

但在更早一些时候，贝利(1940)在伯克利曾通过她对智力成长的纵向研究讨论智商发展的变异，特别是早年变异。其他现代纵向研究包括麦克法兰在伯克利加利福尼亚大学的引导研究，在
414 同一个学校的少年成长研究，在波士顿地区的坎布里奇-萨默维尔的青少年研究，在安蒂奥克学院的费尔斯基金会的纵向研究，以及某些更慎重的调查研究，其中，同一的个体被观察几年之久。在某些研究中——例如，费尔斯研究——罗尔沙赫测验(参看边码第434页)被应用于同一组从五或六岁直到十六或十八岁的儿童。其他研究呈现出一种更复杂的包罗万象的型式而关心的则是作为一个整体的个性；它们通过连续的发展阶段追踪这一型式，如墨菲(Murphy，L. B.，1962)和她在门宁格基金会的合作者们所做的。在我们看来，似乎这样的研究不像横截面研究那么易于为有问题的结论作证。不过，除了它们具有增进对发展的理解的特定方法论价值以外，纵向研究还有别的优点。它们开辟了一条途径达到生物学、社会心理学、心理分析学以及普通个性心理学中概念的整合。像我们以后即将在生态学问题和跨文化问题的讨论中看到的

那样，只有当个体的完全的画面已被提供出来并接着联系其发展背景并根据生命全程的范围受到纵向研究的时候，才能真正把握住整合一切有关科学学科的问题。

谈论“学科的相互关系”或谈论许多不同科学领域中的精华的一种聪明的整合，这在近年来实际上已经成为陈词滥调了。真正的问题已经证明是在于：这样的一种整合怎样能够被用来求取——同单独一门学科的最好方法所能取得的相比——对发展的更深刻的洞察和更好的理解。在纵向研究中，工作者有机会互相检验来自不同学科的假设。他们的工作不得不对付这样的棘手问题：把某一体格检查、某一个人会见、某一文件分析、某一测验计划，以及针对作为一个整体的家庭、社会和文化的背景所进行的一系列实验程序等等都结合在一起。儿童心理学，作为所有这些力量集结在一起并在其中受到观察的中心，因此代表着最好的试验场地，可以用来检验这些学科的整合和这种整合对理解适应过程中的问题可能作出的贡献。

儿童心理学已经不得不超出讨论儿童问题的范围。它在一定程度上已经成为建设更完善的普通心理学的一种样板。把儿童设想为一个“机体”或一个“成长着的机体”很容易使人运用许多发生、发展、心理生理概念。它可能有时同社会文化探讨相吻合，但还没有同那种把儿童作为一个“个体”的思想相吻合。这在某种程度上是因为个性主要是根据它出现于其中的背景和衬比等情况来界说的。一个“个体”或一个“个人”的参照系以及人们根据上述概
念思考时想到的那一类问题不一定和一个“机体”的情况相同。这 415
在一定程度上就是戈登·奥尔波特(1937)在“概括化”(“nomo-

thetic”)和“个体化”(“idiographic”)的研究*之间进行区分时提出的问题。概括的面貌对于科学的一定目的尽管重要，但通过个体化的望远镜所观察到的现实仍然是不能忽略的，假如关于发展的科学要臻于完善的话。

不是对三岁和六岁的儿童进行分组比较研究，而是逐周或起码是逐月研究同一批三岁儿童直到他们长到九岁(或九十岁)，这样的纵向研究法能引导到个体的或独特的反应中的连续性的发现，这可能是与年龄无关的某一个人所特有的。但甚至更为重要的是，有必要发现一种特殊的个性是怎样成长的。健全的教育和心理健康方面的工作所需要的不只是一般的儿童成长的研究，而且是特殊个性成长的研究。

这些方法当然必须包括许多横断面的探讨，但还不止于此。还必须查明一个现存的事实怎么能够同时在改变又在继续；必须认识什么东西能够由推断得知而什么又不能。必须观察同个人反应中的变化相平行的生态学中的变化，必须查明变化着的交互作用形式。这里，困难是明显的，因为纵向研究太少了，而在这太少的研究中还有几项已经由于基金接续不上而中止。

不过，还是有几项纵向研究坚持下来了。我们已经提及贝利的工作和那项不朽的调查研究现已进入它的第三代，由麦克法兰在伯克利发起和继续进行。还有上文提及的门宁格基金会的研究，起初是埃斯卡洛娜和莉奇(1953)在四十年代后期作为一项幼年期研究项目发起，但导致由 L. B. 墨菲、A. 莫里亚蒂和她们的合

* 这两个词也可译为“一般规律的研究”和“特殊规律的研究”。下同。——译注

作者对其中几个儿童进行连续观察并提出从三至十九岁的观察报告。除连续性和变化性以外，脆弱性、认识方式和应对型式等也被认为是体格资质、生态学和家庭生活的变迁交互作用的结果。根据她们的研究，立即可以明显地看出，短期观察所不能搜集到的东西（例如，婴儿期的某些事件同三岁——或十岁——时的那些发展的关系）能够在个人生活史上精确查明[①]。同时，有关这些儿童的深入研究已经证明，对于早期不平衡、过敏性或疾病造成的困难能够进行有效对付，这对于以后取得优胜有怎样的帮助。同样有趣 416
的是纵向研究发现，一个儿童的身体在适合同辈小组的要求方面从一个阶段到另一个阶段会有很大变化，而随着这一变化这个儿童进入社会和社会地位的状况从一个阶段到另一个阶段也有很大变化。

青年期和生命全程

青年期作为发展序列上的一个突出阶段，很早就由霍尔加以说明并确定了它自身特有的地位（Adolesence，1904），他对于青年期生理成长和情绪激动问题的研究曾通过斯塔伯克的《宗教心理学》（1899）以及威廉·詹姆斯对斯塔伯克关于青年期经验资料的集中利用而引起心理学者的注意。霍尔上述著作是在霍尔在克拉克大学召集会议请弗洛伊德和荣格两人演说的同一时期出版的。

① 例如，人们发现，那些在婴儿期进食和消化有困难的儿童，在学龄前阶段以及在青年前阶段有对知觉清晰度的最大干扰——如在儿童统觉测验中把一个动物错认为是另一个等等。

心理分析学关于青年期性心理的发展和冲突的观察报告已成为关于人的成熟的一种跨文化研究的组成部分，对此，文化人类学者（参看边码第 436 页）特别是本尼迪克特、米德和卡丁纳在本世纪第二个二十五年中做出了他们的开创贡献。青年期开始被认为是生命全程的一个方面（部分地在生物学上，部分地在文化上受到限定），带有它自己独特的属性，如 C. 比勒（1928）所报告的自我怀疑和消极阶段，威特金所报告的暂时陷入场依赖，以及安娜・弗洛伊德（1936）所讨论的在冲动和唯心的禁欲主义之间的交替。

不过，青年期作为生命总体的一个方面，也是达到对整个生命过程的发展的理解的一个入口。在迈尔斯关于从四岁到八十多岁的生命全程的定量实验研究中（1933），青年期只能不很分明地同以前和以后的生命阶段区分开；能力迅速增长的时期在某些个人显得很突出而在另一些人就不那么轮廓分明。实际上，人们已开始根据个人差异来设想成长过程，按多种身体的、智力的和社会的属性对个性进行复杂的测量；当然也根据性的差别来设想，如沙特尔沃思（1939）和斯托尔兹（1938）的研究就是如此，有时，像弗朗兹布劳（1935）论述的那样，还注意到人种差别和亚种差别以及文化的因素。

然而，文化人类学家开始指出，青年期、中年期等等要根据独特的文化传统来界说，而每一种传统都需要对生活有不同的理解，需要对责任和义务有不同的理解，同时，有关生命发展过程的全部概念都要按照生命可塑性原理在生态的影响和文化的影响下进行
417 积极的改造。受人类学者影响的关于变老的研究，已在探讨那些在生命各个时期中可以料想到的——或甚至强加的——社会作用

问题。广泛被援引的米德的研究(1928)指出，青年期的激动在西方世界处处可见，但在萨摩亚文化中却显然少见，那里，心理的性过渡是偶尔被注意到的，而且很少有可能成为激动的原因。卡丁纳等描绘说(1945)，科曼契人经历着一种非常实际的生活变化；当体力不济表明一个人不再能从事戎马生涯时，他可以安定下来当一个"好老人"，或者，如果不愿接受这个任务，也可以当一个讨厌的"坏老人"。作为一个好老人，他具有巨大的威望和权力，参与策划部落在战争与和平中的冒险。

已有一些传记性研究涉及那些能够在生命的某一时期比别人有更多成就的个人，或者，能够对生命不同阶段特定环境的类似挑战表现出不同反应的个人。C. 比勒对人的生命全程的研究(1935)着重西方世界个人在生命不同阶段所表现出来的高度创造性类型。比勒和马萨里克(1968)编订的有关人在生命不同阶段的发展面貌的晚近研究同近年来有关创造性的一般探讨密切衔接(Guilford，1968；Barron，1969)。这一探讨和许多其他探讨趋向于证明，至少是在西方，在数学和自然科学领域，突出的智力可能在青年期或成年早期显现出来；而在像历史、戏剧、小说这样的领域，智力显现的迟些，这也许是生物性成长和社会性成熟两方面结合的表现，也许是在不同阶段可能有的经验类型不同的表现。

关于生命分期的概念，不论是就普通人或有突出创造力的人说，在某种程度上都是以莎士比亚的"生命七期"为模式。近年来，也以弗洛伊德关于心理的性分期概念为模式。后一种分期被认为很不连贯，而有时又相当辩证——一个阶段部分地否定前一阶段所肯定的东西并继续进展到一个高级的谐和一致。在这些关于心理性分期的新的系统阐释中值得注意的有埃里克森(1950)的阐释，其基础在于承认弗洛伊德关于不同器官系统取得优势的概念以及这些系统对于自我发展(ego development)的某些方面——如在生命的相继阶段出现的自主和首创精神，亲昵和生殖等——的促进作用。埃里克森赋予环境的挑战和对挑战的反应以愈益重要的地位，战胜环境的挑战是使同一性的意识和承担义务的意识相结合所必需的。

大多数关于生命发展过程想法的特点是认为：需要对完成或实现有一种深邃的哲学的关注。正如西塞罗论老年的著名文章所说，褴褛的衣着，一般的挫折，尽管对于身受者是难堪的，心理学家却往往能泰然处之。认为人生有必要变得短暂些的想法正在改
418 变，老年人的数目正在增加，可以期待这些因素将迫使上述观点发生一些新的变化。

参考书目：

Allport, G. W.　*Personality: A Psychological Interpretation*. New York: Holt, 1937.

Anderson, H. H.　"Domination and Integration in the Social Behavior of Young Children in an Experimental Play Situation." *Genetic Psychology Monograph*, 19(1937), 341—408.

Barron, F.　*Creative Person and Creative Process*. New York: Holt, Rinehart and Winston, 1969.

Bayley, N.　"Mental Growth in Young Children." 39*th Yearbook of the National Society for the Study of Education*, Pt. II(1940), 11—47.

Beers, C. W.　*A Mind That Found Itself*. London: Longmans, Green, 1908.

Binet, A.　*La Suggestibilité*. Paris: Schleicher, 1900.

Bowlby, J. *Attachment and Loss*. Vol. 1. New York: Basic Books, 1969.

Bruner, J. S. "Eye, Hand, and Mind." In D. Elkind and J. H. Flavell, eds. *Studies in Cognitive Development*. New York: Oxford University Press, 1969.

Bühler, C. *Kindheit und Jugend* [*Childhood and Adolescence*]. Leipzig: Hirzel, 1928.

——. *From Birth to Maturity*. London: Kegan Paul, 1935.

Bühler, C., and Massarik, F., eds. *The Course of Human Life*. New York: Springer, 1968.

Claparède, E., *Psychologie de l'enfant et pédagogie expérimentale*. Geneva: Kundig, 1905. *Experimental Pedagogy and the Psychology of the Child*. Translated by M. Louch and H. Holman. New York: Longmans, 1911.

Collins, J. E. "The Intelligence of School Children and Paternal Occupation." *Journal of Educational Research*, 17(1928), 157—169.

Comenius, J. A. ... *Orbis Sensualium Pictus*. 1658. 12th ed. Translated by C. Hoole. London: Leacroft, 1777.

Darwin, C. "A Biographical Sketch of an Infant." *Mind*, 2(1877), 285—294.

Dollard, J., Doob, L. W., Miller, N. E., Mowrer, O. H., Sears, R. R. (in collaboration with Ford, C. S., Hovland, C. I., and Sollenberger, R. T.) *Frustration and Aggression*. New Haven: Yale University Press, 1939.

Erikson, E. H. *Childhood and Society*. New York: Norton, 1950; rev. ed. 1963.

Escalona, S., and Leitch, M. *Early Phases of Personality Development: A Nonnormative Study of Infant Behavior*. Evanston, Ill.: Child Development Publications, 1953.

Franzblau, R. S. "Race Differences in Mental and Physical Traits Studied in Different Environments." *Archives of Psychology*, No. 177(1935).

Freud, A. *Das Ich und die Abwehrmechanismen*. Vienna: Internationaler Psychoanalytischer Verlag, 1936. *Ego and the Mechanisms of Defense*.

Rev. ed. New York: International Universities Press, 1967.

Freud, S. [*Analysis of a Phobia in a Five-Year-Old Boy*.] Leipzig: Deuticke, 1909. (SE, Vol. 10, 1955.)

419 ——. [*Beyond the Pleasure Principle*.] Leipzig: Internationaler Psychoanalytischer Verlag, 1920. (*Standard Edition*, Vol. 18, 1955.)

Froebel, F. W. A. *Friedrich Froebel' s Entwicklung-erziehende Menschenbildung (Kindergarten-pädagogik) als system*. Herman Posche, eine umfassende, Wortgetreue Zusammenstellung. Hamburg: Hoffman and Campe, 1862.

Gesell, A. *Infancy and Human Growth*. New York: Macmillan, 1928.

Gesell, A., and Thompson, H. "Twins T and C from Infancy to Adolescence: A Biogenetic Study of Individual Differences by the Method of Co-Twin Control." *Genetic Psychology Monograph*, 6(1929), 1—124.

Goodenough, F. L. "The Expression of the Emotions in Infancy." *Child Development*, 2(1931), 96—101.

Guilford, J. P. *Intelligence, Creativity and Their Educational Implications*. San Diego, Calif.: Knapp, 1968.

Hall, G. S. *Adolescence: Its Psychology and Its Relations to Physiology, Anthropology, Sociology, Sex, Crime, Rehgion, and Education*. 2 vols. New York: Appleton, 1904.

Healy, W. *Mental Conflicts and Misconduct*. Boston: Little, Brown, 1917.

Hecht, S. "The Nature of the Photoreception Process." In C. Murchison, ed. *Handbook of General Experimental Psychology*. Worcester, Mass.: Clark University Press, 1934.

Helson, H. *Adaptation-Level Theory*. New York: Harper, 1964.

Hollingworth, L. S. *Children Above* 180 *I. Q*. New York: World Book, 1942.

Hunt, J. McV. *Intelligence and Experience*. New York: Ronald Press, 1961.

Isaacs, S. *Social Development in Young Children*. London: Rou-tledge,

1933.

Jersild, A. T. "Training and Growth in the Development of Children: A Study of the Relative Influence of Learning and Maturation." *Child Development Monograph*, No. 10 (1932).

Kagan, J., and Moss, H. A. *Birth to Maturity*. New York: Wiley, 1962.

Kardiner, A., Linton, R., DuBois, C., and West, J. *The Psychological Frontiers of Society*. New York: Columbia University Press, 1945.

Klein, M. *The Psycho-analysis of Children*. Translated by A. Strachey. London: Hogarth Press and The Institute of Psychoanalysis, 1932.

Klineberg, O. *Negro Intelligence and Selecuve Migration*. New York: Columbia University Press, 1935.

Lashley, K. S. *Brain Mechanisms and Intelligence*. Chicago: University of Chicago Press, 1929.

Lerner, E. *Constraint Areas and the Moral Judgment of Children*. Menasha. Wis.: Banta, 1937.

Levy, D. M. "Studies in Sibling Rivalry." *Research Monograph of the American Orthopsychiatric Association*, 2 (1937), 1—96.

——. *Maternal Overprotection*. New York: Columbia University Press, 1943.

Lewin, K. *A Dynamic Theory of Personality*. Translated by D. K. Adams and K. F. Zener. New York: McGraw-Hill, 1935.

Lewin, K., Lippitt, R., and White, R. K. "Patterns of Aggressive Behavior in Experimentally Created 'Social Climates'." *Journal of Social Psychology*, 10 (1939), 271—299.

Lorenz, K. *On Aggression*. New York: Harcourt Brace Jovanovich, 1966.

Mahler, M. S. (with Furer, M.) *On Human Symbioses and the Vicissitudes of Individuation*. Vol. 1. *Infantile Psychosis*. New York: International 420
Universities Press, 1968.

McGraw, M. B. "Later Development of Children Specially Trained During Infancy: Johnny and Jimmy at School Age." *Child Development*, 10

(1939),1—19.

Mead,M. *Coming of Age in Samoa*. New York:Morrow,1928.

Miles,W. "Age and Human Ability." *Psychological Review*, 40(1933), 99—123.

Murphy,L. B. *The Widening World of Childhood*. New York: Basic Books,1962.

Pestalozzi,J. H. *Wie Gertrude Ihre Kinder Lehrt*. Vienna: Pichler,1877. *How Gertrude Teaches Her Children*. Translated by L. E. Holland and F. C. Turner. Syracuse,N. Y.:Bardeen,1894.(First published in 1801)

Piaget,J. *Le Langage et la pensée chez i' enfant*. Neuchâtel: Delachaux et Niestlé,1923. *The Language and Thought of the Child*. New York: Harcourt Brace Jovanovich,1926.

——. *Le Jugement et le raisonnement chez l'enfant*. Neuchâtel: Delachaux et Niestlé,1924. *Judgment and Reasoning in the Child*. New York: Harcourt Brace Jovanovich,1928.

——. *La Représéntation du monde chez l'enfant*. Paris: Alcan,1926. *The Child's Conception of the World*. New York: Harcourt Brace Jovanovich,1929.

——. *Le Jugement moral chez l' enfant*. Paris: Alcan,1932. *The Moral Judgment of the Child*. London: Kegan Paul,1932.

——. *La Naissance de l'intelligence chez l'enfant*. Neuchâtel: Delachaux et Niestlé,1936. *The Origins of Intelligence in Children*. New York: International Universities Press,1952.

Preyer,W. [Thierry Wilhelm]. *Die Seele des Kindes*. Leipzig: Grieben, 1882.

Rousseau,J.J. *Émile; ou, de l' education*. Amsterdam: Néaulme,1762.

Shapiro,H.L. *Migration and Environment*. New York: Oxford University Press,1939.

Shirley,M.M. *The First Two Years, A Study of Twenty-five Babies*. Vol. 1. *Postural and Locomotor Development*. Minneapolis: University of Min-

nesota Press, 1931. Vol. 2. *Intellectual Development*. Minneapolis: University of Minnesota Press, 1933. Vol. 3. *Personality Manifestations*. Minneapolis: University of Minnesota Press, 1933a.

——. "Development of Immature Babies During Their First Two Years." *Child Development*, 9(1938), 347—360.

Shuttleworth, F. K. "Physical and Mental Growth of Boys and Girls Ages Six Through Nineteen in Relation to Age of Maximum Growth." *Monographs of the Society for Research in Child Development*, 4(1939).

Skeels, H. M., Updegraff, R., Wellman, B. L., and Williams, H. M. "A Study of Environmental Stimulations: An Orphanage Preschool Project." *University of Iowa Studies in Child Welfare*, 15(1938), 7—191.

Spitz, R. A. (in collaboration with Cobliner, W. G.) *The First Year of Life*. New York: International Universities Press, 1965.

Starbuck, E. D. *The Psychology of Religion*. New York: Scribner, 1899.

Stern, W. *Psychology of Early Childhood*. Translated by A. Barwell. New York: Holt, 1924.

Stevens, S. S. "Theory of the Neural Quantum in the Discrimination of Loudness and Pitch." *American Journal of Psychology*, 54(1941), 315—335.

Stolz, H. R., *et al*. *The First Berkeley Growth Study*. Berkeley: Institute of 421
Child Welfare, University of California, 1938.

Sully, J. *Studies of Childhood*. New York: Appleton, 1895.

Terman, L. M. *The Measurement of Intelligence*. Boston: Houghton Mifflin, 1916.

——. ed. *Genetic Studies of Genius*. Vol. 1. *Mental and Physical Traits of a Thousand Gifted Children*. Palo Alto, Calif.: Stanford University Press, 1925.

Thompson. D'A. W. *On Growth and Form*. Cambridge: Cambridge University Press, 1917. 2nd ed. New York: Macmillan, 1942.

Thorndike, E. L. *Educational Psychology*. New York: Lemcke and Buechner, 1903. Vol. 1. New York: Teachers College, Columbia University, 1913. Vol. 2. New York: Teachers College, Columbia University, 1913a. Vol. 3. New York: Teachers College, Columbia University, 1914.

Tiedemann, D. "Beobachtungen über die Enwickelung der Seelenfähigkeiten bei Kindern." *Hessische beiträge zur gelehrsamkeit und Kunst*, 2(1787), 313—333; 3(1787), 486—502.

Waddington, C. H. *The Strategy of Genes*. New York: Macmillan, 1957.

Watson, J. B., and Raynor, R. "Conditioned Emotional Reactions." *Journal of Experimental Psychology*, 3(1920), 1—14.

Werner, H. *Einführung in die Entwicklungs-Psychologie*. Leipzig: Barth, 1926. *Comparative Psychology of Mental Development*. Translated by E. B, Garside. New York: Harper, 1940.

White, B. L. *The Initial Coordination of Sensorimotor Schemae in Human Infants—Piaget's Ideas and the Role of Experience*. In D. Elkind and J. H. Flavell, eds. *Studies in Cognitive Development*. New York: Oxford University Press, 1969.

Whyte, L. L., ed. *Aspects of Form*. New York: Pellegrini and Cudahy, 1951.

Witkin, H. A., Dyk, R. B., Faterson, H. F., Goodenough, D. R., and Karp, S. A. *Psychological Differentiation*. New York: Wiley, 1962.

Witkin, H. A., Lewis, H. B., Hertzman, M., Machover, K., Meissner, P. B., and Wapner, S. *Personality Through Perception*. New York: Harper, 1954.

Witmer, L. "The Hospital School." *Psychological Clinic*, 1(1907), 138—146.

第二十五章　个性 422

假如我能进入这个变化着的我。

约翰·梅斯菲尔德

个性的研究从戏剧和传记素描开始。例如，在印度，是从传统的英雄人物罗摩和悉多*开始，他们的忠诚是始终不渝的。在希腊人中，是从荷马的“天神般的阿基里斯”和“诡计多端的奥德修斯”以及悲剧大师埃斯库罗斯、索福克勒斯和欧里庇底斯，和喜剧大师阿里斯托芬所描绘的人物开始。这些人物是作为文学上的“典型”出现的，就是说，他们代表着一群具有某种共同点的人。舞台上的角色，他们的脸戴着面具，必然是极其简单化的；因此，敢于反抗的普罗米修斯，被锁在山岩上，必然对人类满怀仁慈，而对主神则满腔愤慨。

普鲁塔克，甚于任何别人，使西方文学印上了高尚、勇敢且富有创造性的，或下贱而可鄙的典型概念。不论他对希波克拉底所描绘的躯体典型利用的多或少——他可能利用了很多——他都是

---

* 罗摩和悉多(Ram and Sita)，印古梵语叙事诗《罗摩衍那》中的男女主角，王子罗摩因受老王妃忌妒而被放逐，妻子悉多被魔王劫掳，经过许多曲折斗争终于夫妻团聚，恢复王位。罗摩的形象体现古代印度所公认的美德，如英勇、尽职、孝顺、夫妇忠贞、兄弟友爱、宽宏大量等。——译注

根据那些往往同主要躯体属性相关联的主要动机来表现个性典型的，像常被援引的凯撒评论凯歇斯的话那样，“我要那些身体长得胖胖的、头发梳得光光的、夜里睡得好好的人在我的左右。”* 莎士比亚可能设想，他的观众，甚至包括廉价座观众，都会欣赏这样的描述。这一类描述在十八世纪由于有拉瓦特的生动理论而大为时兴。他界说了颅骨和面容的特征，只要你肯花费时间并劳神研究相面术，这些特征就会向你宣泄特征拥有者性格上可爱或可厌的微妙之处。他还印制和散发了精彩的钢版印刷品来加强他的论点。对这些理论进行加工改制的骨相家对于拉瓦特所说的躯体和个性典型是很熟悉的。达尔文就告诉过我们，他曾怎样因为他的鼻子按照拉瓦特理论被认为不合格而险些失去了他在比格尔船上的职位。

下一个需要强调的重要步骤是关于可测个人特征的想法，主要见于高尔顿的工作。他准备了一个小型纸十字，带在内衣兜里；
423 十字的一臂记录一种特征（如，鼻子的长度）的平均表现的例子，一臂记录超过平均值的例子，一臂记录低于平均值的例子。他在海滨散步每次观察行人鼻子时就在相应的一臂做个小记号，直到他能得出关于鼻子长度的一个合适的“分布状况”。实验室不久也被用来帮助工作，而个人差异（它几乎完全不受费希纳和埃宾豪斯的注意）开始在感觉、知觉、运动和感情等机能方面被记录下来。

---

* 凯歇斯(Cassius)，凯撒的朋友，也是后来刺死凯撒的谋叛者之一。在莎士比亚的《裘力斯·凯撒》一剧中，凯撒在上面这一句话后面，接着还有一句直接评论凯歇斯的话：“那个凯歇斯有一张消瘦憔悴的脸；他用心思太多；这种人是危险的。”参看人民文学出版社 1978 年版，《莎士比亚全集》第 8 卷，第 220 页。——译注

个人特征问题大大引起哥伦比亚的卡特尔（参看边码第172页）和桑戴克（参看边码第366页）的兴趣，他们在本世纪初设计和应用了许多有关简单的感觉、联想和运动等机能的测验。但在较复杂的机能水平上的个性最初是在比奈的工作中达到突出的地位的。法国公共教育部长要求他设计一些测验来区分迟钝儿童和那些由于智力以外原因而造成学业困难的儿童。结果是出现了实验智力测验的初步的系统而有条理的发展。他甚至做出关于某些罕见典型的非常现代化的研究，如关于速算者和棋艺家等的研究，并从事笔迹的个性与社会性特征的定量研究。

1904年，C.斯皮尔曼提出一个关于"一般智力"的理论，它和比奈的工作一起标志着一种对智力进行理论探讨的萌芽并说明智力如何能够被测量。这以后接着是关于各种能力相互关系的研究和整个"心理组织"(mental organization)——它被这样称呼了若干年——领域的研究。不久，以"因素分析法"进行的理论研究和实际工作以及再以后的"数学模式"领域也相继出现。

那是一个专心研究个人差异的时代，一个为把这些差异整理成系统定量形式而进行测量尝试的时代。关于这种或那种疾病的易发性问题，在意大利、法国和德国进行了大量的医学测定。在英国，生物统计学领域由皮尔逊加以描绘（1904）并被应用于许多有关个性的心理学问题。甚至非常复杂的个性机能也无例外地要受到大胆地探讨。

比奈开创的关于笔迹特性的调查研究在克拉格斯（1917）论述系统表情理论的著作中得到进一步的发展，这个理论是以作为整体的个人同书写中手反应方式的关系为依据的。所有这些尝试都是在新的进化论探讨影响下进行的，它宁可根据定量概念探讨个体多样性并力图最终能达到一种生物心理学的个性论，富有来自遗传学、胚胎学、组织学和生物化学的种种概念。工业方面和一般实用方面对个性测量的关注，特别是对个性测量在教育和职业选择与引导等方面应用的关注，对于这些尝试也有影响。

424 ## 整体性，构造和完形

完形心理学在同一个方向上迈进。的确，许多人谈到个性测量就认为那是人为的，原子论的，或同基本的个性无关。不过，正像弗洛伊德给那个称之为经济学原则的定量研究法以一席之地，韦特海默尔和他的同事也发现个性测量的确非常有用。关于个性的结构概念或组织概念出现了，其中，个性的每一方面在其特定的范围以内都被看成是可以鉴定而且可以用数量表示的。

在这些研究中显露头角的是德国二十年代中发起的工作，特别是在马尔堡和汉堡。这以后是对可测个性概念的系统发挥，在哈佛心理学实验室由奥尔波特做出(1937; and with Vernon, 1933)。应奥尔波特的邀请，一组青年人完成了大量多种多样涉及表情活动的任务，包括散步、书写、谈话等等。这些个人特征研究产生了大量丰富的数据，既有可能对测量的“相应”(一特性的测量同另一特性的测量相对比)又足以对测量的“一致”(两个或两个以上被测属性表达个性气质中的同一特征)进行检验。较直观的个体研究很自然地也适得其位。例如，在编入奥尔波特和弗农报告的一项独立研究中，有鲍尔斯关于笔迹的一项卓越的定量分析，证明不仅笔迹学专家就连普通学生也能对笔迹和性格特征进行非偶然水平的比较研究。韦特海默尔自己的两个学生，阿恩海姆(1928)和沃尔夫(1943)，也对个性表现进行了定量研究并在三十年代美国个性心理学中做出显著贡献。沃尔夫的著作是完形论和心理分析概念的一种有趣的结合。他的许多受试，虽然能认出他们自己表情动作的范型，但在另外的时间却表示出一种不愿理解的强烈倾向。他们错误鉴别他们自己的表情动作就好像在否认这些动作。

在知觉-认识领域，一个印证个性测量的流行方法出现了。罗尔沙赫(1921)报告说，个人对墨迹的反应可以相当成功地用来表明相应的个性特征(边码第 434 页谈到他的方法)。观察个性的完形论方式虽然不是唯一受欢迎的方式，却从那时起成为几乎每一种个性调查研究的一个次要方面，不论在实验室或诊疗所都是如此。一个性通常被看成是一“整体”，而其各别属性则被认为具有可以鉴别的与特定个性密切相关的“成员特性”。体型探讨也蕴涵着特性测量和把个人看作一个整体的意思。在这里，同样地，想预 425
测在特定情境中的行为的那种企图已被并入一个结构严密的整体——并入一个**完形**。

完形论个性心理学似乎已经克服了完形论的纯知觉探讨所未能克服的大部分困难。如在沃尔夫那里(1943)，心理分析的和完形论的概念就经常汇合在一起。又如，巴克等(1941)的驰名研究就利用了心理分析学的倒退(regression)概念。巴克和他的同事们设计了一个简单的“分化”等级量表并指明受过挫折的儿童在这个量表上的分数要比未受过挫折的儿童低些；因此，压抑可以用降低的分化来鉴别。不同心理学“学派”的混合、融合和结合很容易就进入个性研究领域。

这一点特别明显地表现在个性评定的分科研究中，现已被称为“评定法”（“assessment”）。这个词仍然被广泛而含混地运用着，但我们这里特指自第二次世界大战（美国）战略情报局（Office of Strategic Services Assessment Staff，1948）工作开始的那一个性调查研究的分支。这一机构的工作是挑选能担当“困难而危险”的任务的人物。有可能性的候选者，从将军到士兵，以及剥夺了职业身份的平民，通过一个折磨人的三天甄别程序，被强制在耀眼的灯光下执行复杂的、艰难的或“不可能的”任务。“自然主义的”实验室-诊疗所测量当然曾被精神病学家和心理学家运用了很长时间。但这种测量在这一情境中达到一个新的高度，就某种程度说是因为有H.A.默里的强有力的领导。评定法成了一个很有用且受重视的方法，需要复杂的个性理论对评定过程施加影响。评定实验在许多地方继续进行，特别是由个性评定研究所（在伯克利加利福尼亚大学），由麦克金农和克拉奇菲尔德及其同事们在进行。评定研究往往用于测验应急能力并主要是由那种涉及危机崩溃和慢性焦虑症两者的精神病学的——特别是“心身相关的”——思想所引导（参看 Grinker and Spiegel，1945）。

回到个性“类型”问题时，我们应该提及克雷奇默尔（1921）阐发的类型学。根据他的分类，细长身材的人被发现大都具有一种内向的气质，而粗矮丰满型的人则有循环性和狂郁症气质。这种关于气质类型及其同体质关系的想法在三十年代末和五十年代初由谢尔登（1942）进一步阐发。他用一种标准的摄影程序按照同三种胚胎组织层有联系的三种类目来判别身体造型：内胚层、中胚层、外胚层。这些类目分别地在心理学水平上反映着：情绪上热烈 426
的、和蔼可亲的倾向；强有力的横纹肌行动倾向；敏感性和反射倾向。关于这些类型的调查研究已经成为个性探讨内容最丰富的领域之一，已有确实是成百的出版物；许多人支持谢尔登的理论，许多人反对，还有许多人问：究竟这个体系总地看起来有多大价值？一般的倾向是认为就极端的例子来说谢尔登的分类可能是有用的。这些研究促使人们承认，中枢神经系统，自主和内分泌系统，以及作为一个整体的器官的和组织的系统，全都同个性发展有关。在另一极，反面的论据指出，有必要考虑文化因素在个性发展中的巨大影响，以及个人在其中受到养育的特殊家庭环境的影响。

同一时期，类型学曾在精神病学中出现，特别是在弗洛伊德关于里比多投入口腔、生殖器、肛门等区的看法，以及关于这种投入的"固结"的看法。其他的类型学强调"体质倾向"预先决定环境压力可能施加其影响的方式。关于口腔的和肛门的类型，亚伯拉罕(1924)有所描述。埃里克森(1956)推广了发展阶段的概念并描绘了自我发展的心理社会方面作为连续的内驱力危机的后果(参看边码第304—306页)。这是这样的时代，这时，荣格(1921)正在发展他的广泛流传的外倾-内倾类型学，而巴甫洛夫——和稍后，捷普洛夫(1964)——则发展了一种适合于正常作用中体质差异的类型学。但是，弗洛伊德的个性动力学看法以及这些看法在那些注重个性的社会决定因素和心理变量的人们中间所引起的反响，统治着这个领域。无可怀疑的是，弗洛伊德的动力学在"个性学者"的理论建设中已起了很大的作用。修正并充实过的弗洛伊德和荣格的概念，像默里(1938)和他的学生们的著作中所提出的，一直在继续出现。同时，具有人本主义见解的诊疗心理学者也已在大量利用荣格偶尔也利用阿德勒的观点。这一趋向一直延续到更近期，特别是表现在马斯洛的著作中(1943)。他关于需要水平的概念和“自我实现”概念在明确治疗者的目的方面以及使治疗者认识那些不这样观察就看不清楚的内部冲突因素方面都是有用的。

个性与学习论

也有许多把学习理论和个性理论结合起来的尝试。几乎就在这个过程的开始，我们发现华生和他论述条件情绪反应的著作同巴甫洛夫学派关于实验性神经病的研究和见解有密切的关联。以
427 后，多拉德和米勒(1950)应用学习理论于个性形成，这个理论主要是根据赫尔的内驱力动力概念来设想的，并带有某些来自早期弗洛伊德思想的混合物。日益明显的是，在个性理论中应该有“习得性内驱力”的地位——这些内驱力的出现及其力量是由于可以说明的过去的经验，它们巩固了适应或适应不良的机能。

一般地说，“折中”一词常常被用来形容那些由混杂成分特别是由几种关于学习过程的概念所构成的体系。这个词往往用于贬义，因为据说那些零散的东西是从不同的思想体系拉扯出来并笨拙地拼凑在一起的。不过，偶尔它也被用来表明，从不同方法得到的观察资料由于事实和思想的某种共同性而可能证明是互相关联着的，并容许有一种更深刻的关于统一的看法。例如，在莱温那里，他的许多资料来源的不一致并没有妨碍他在涉及具体问题时

达到一种高级的动力学统一。正是个性的动力学统一才是施特恩(1935)和以后的奥尔波特(1937)力求达到的。

这一类的理论已会聚到关于生活着的个人的整体性概念上来。这些理论不很注意社会环境的重要意义。二十年代和三十年代的人类学家和社会科学家却开始阐明,个性的发展深受个人在家庭和社会中成长经历的影响;具有不同文化背景的人是就深刻的意义而言的彼此不同的人。“文化与个性”的问题——和在某一社会中的成长成员性(growth membership)问题——逐渐和一些早期的观点融合在一起,这些早期观点认为,生物学上的个性可以追溯到遗传和早期个体生长。在这里,有一个重大的影响在发挥作用,它来自米德(1928)、本尼迪克特(1934)和两位林德(1929,1937)的给人印象深刻的人类学研究,以及来自许多着重文化因素的早期童年研究,如露易丝·墨菲(1937)的研究等。所有这些研究都强调个性发展过程中文化因素和个体因素的相互依赖关系。加德纳·墨菲从这些研究得到极深刻的印象,提出个性的生物社会观(1947),强调以一种进化背景为基础在某一文化环境以内的活的系统的发展。他利用了许多调查材料,这些材料由于精神病学家、心理学家和社会科学家的工作已经成为有效的了。在他的探讨中,个性不再仅仅是包裹在皮囊中的东西:生物学的个体。个性宁可说是那种在环境刺激型式和做出反应的机体之间无止境且不间断的交互作用的产物。这一探讨在这种象征的生活中寻求反馈关系;它接受情境论者(situationist)的观点,即认为一切都取决于(莱温曾说过)周围的事物和个人之间在作用上的相互影响。它认为个人行为特质正如依赖于生物学上的个体独特性一样,也在

428 同样充分的程度上依赖于情境的独特性。类似的看法已由坎贝尔(1934)和安贾尔(1941)并由莫雷诺在非常不同的结构中(参看边码第 451 页)加以发挥。这些看法提出了可供选择和互相补充的观点。

是不是近年来改善的调查方法和概念上的澄清已经产生了一个统一的个性论呢?当调查表明个别个性的两种或三种表现在很大程度上是同出一源时(如在奥尔波特和弗农的“一致”中),或者当纵向观察表明,某些早期婴儿个性型式年年都是可以辨认的,而在个人的生长型式中存在着每一属性的一种现实的相互依赖关系或成员身份特征时,要追问究竟证据“支持”的是一种整体论的解释还是一种原子论的解释那就似乎是很可笑了。实际上这两个词都多少含有贬义并都趋向回避问题。采取其中任何一种极端态度的调查研究者似乎是在彼此打嘴仗,几乎完全像他们在两代人以前的所作所为一样。这些问题和我们把完形理论应用于知觉、记忆与思维时所讨论的问题相同(参看边码第 256—264 页)。也许太阳从西边出来才有一种现实的结构是那么严密以致在任何部分都没有可以观察到的“伸缩性”,才有一种特性是那么松散以致在任何地方都没有坚固的肌腱连接。不过,这些极端的说法没有一个是有大量材料证明的。现有的证据说明,这两种观察个性的方式乃是相互依存的。这比任何一种极端的看法都不那么激动人心,也不那么具有决定性并似乎需要有比当前可资利用的公式更完全的公式。有关个性的事实以及这种理论上的前景所提供的丰富设想说明:大量资料的消化(像一条王蟒的一餐)可能需要很长的时间。

现代“人学家”——默里这样称呼一位研究人的学者——正以对遗传、生长、营养、病理、脆弱、应对能力和适应能力的某种明确而一贯的理解在专心研究个性的起源。他不能再那么方便地把人格属性归之于“遗传”和“环境”的破烂箱了。他不能再满足于宣称生物因素与社会因素的相互依存了。他必须转向复杂的现代调查探索,转向当代实验室研究中出现的遗传与环境问题的广泛解决。他必须寻求那些来自剥夺和丰富,来自敌对环境,或来自单纯的意外和疾病的特殊冲击。他还必须寻求那些促进的,鼓励的和刺激生长的因素,不论这些因素是个人的还是社会的,是突然起作用的还是经过若干年月才逐渐起作用的——像在维特金和他的合作者(Personality Through Perception,1954;Psychological Differentiation,1962)的系统研究中所表明的那样。在诊疗所,或在中小学,或在大学,或在任何其他职业性生活环境提出的新的观察报告 429
可能彻底改变从前有关生长的研究所提出的观点。因为资料的采撷绝不会完善,又因为观点也可能随着新方法的采用而不断改变,现在流行的个性理论也就不能被认为是什么接近完善或详尽无遗的东西。

诊疗心理学

诊疗所的个性研究已经成为一种相当复杂难解的病例分析型的研究,这种分析是以搜寻一切能够有助于清晰阐明个人发展的材料为基础的。直到三十年代中期,这一类型的研究除见于手稿形式者外很少有可读的材料——所谓手稿是指儿童福利医院中和诊所中用于失调儿童和成人的病例研究。二十年代中和三十年代早期出版的个性心理学书籍大都是有关精神分析学的通俗读物，或各家理论的折中综合，这些东西有时也做出一种姿态倾向迅速积累起来的病例记录。从简洁和体系上的明晰的角度看，斯泰格纳的《个性心理学》(1936)是一个显著的进步，在这本书中，着重点在于讨论个性形成中的社会文化动力。接踵问世的是一部系统综合的著作：奥尔波特的《个性：一个心理学的解释》(1937)。这部著作虽然大体倾向于完形论观点，却强调个体的独特性和构造上的整体性并大量运用了取自心理分析学和行为主义的概念，甚至医学和社会学以及文学的资料。它的最重要的概念之一是"机能自主"。人的活动被看成不只是诸本能倾向的延续，而且是"当前的系统"，它们是自主的，凭本身的势头在发展着。

1938 年，默里的《个性探索》出版。它提出一个系统的个性概念，在很大程度上以心理分析学为依据(在精神上既是弗洛伊德式的又是荣格式的)；但它由默里和他手下的全体工作人员在哈佛心理诊所以丰富的实验和临床研究作出证明。一个独出心裁的人类"需要"表(需要取得成就，需要避免伤害，等等)，它在理论上是明晰的而在临床上又可以观察到，已被结合于每一病例的背景加以研究。每一种需要都须联系环境的冲击或"压力"来理解，这些冲击和压力同主要的(统治的)需要相互影响并以临床上可以辨认的"主题"来表现。除生活史外，多种多样新发展的个性测验也被采用。个性的"评定"由临床上受过训练的心理学者"小组"来进行；现代的"评定"概念就是后来对这一程序的表达方式。默里一组人工作的实验方面在开拓和塑造一个现代的研究动向中扮演了一个

突出的角色，这一动向就是在个性动力学小组中对知觉和认识过 430
程进行调查研究，如在 R.N.桑福德关于饥饿和用餐周期同由图画引起食物反应的出现率两者关系的研究中。对于形象化材料在实验上和临床上的联合运用甚至在《个性探索》出版以前就已经在论述主题统觉测验（参看边码第 435 页）的系统著作中有所报告。默里的许多学生和同事于 1964 年联合起来，在一部突出表明以个性为中心问题的论文集中指出他的方法的广阔有效范围和高度灵敏性，这些方法不仅被用于一种横截面的探讨，而且用于全部生命的研究，文集的题目是《关于生命的研究：为纪念亨利 · A. 默里而作的一些讨论个性问题的文章》（Robert W. White, ed.）。

个性心理学就这样逐渐变为普通人类心理学的一个公认的分支。并不是说，斯泰格纳、奥尔波特、默里等的著作突然改变了就个性问题兴趣而论的学术界状况。杂志上每年都要刊载成百的文章论述个性的生物基础，早期习惯的形成，成人态度和意见的测量，以及许多其他有关个性研究的问题。不过，通常的做法是把着重生物学的研究说成是生理心理学的一部分，而把着重社会性的研究说成是社会心理学或甚至人类学或社会学的一部分。直到斯泰格纳和奥尔波特的时代，心理学界对于这样一种个性心理学几乎是毫无准备的，不能容许个性自身成为中心问题，有须臾脱离对生理学的主要关注或脱离社会的问题。是三十年代和五十年代才最终在羽毛丰满的形式中实现了那种为研究个性自身而进行个性研究的想法。

我们现在的勾画主要涉及的是美国的做法。在英国，包括实验室和临床两方面的新的探讨已经在艾森克在伦敦的研究（1953）

中表现出来，包括许多个性测验的设计和应用，许多正常和异常受试典型的运用，以及对于开阔的具有重要社会意义的个性测量的一种探讨，方法是把一些交叠的测验结合起来以求得有关几个具有临床意义的主要特性的丰富资料。特别著名的是关于外倾和内倾的广泛研究，这些研究同许多较早的美国研究对比已经表明，这些荣格式的概念可以在一个广泛的研究方案中置于客观的定量应用。

的确，要在纯科学的个性探讨和作为诊断、评价、预测、引导和保护个人的方法的研究或作为使个人有可能发现自己并达到自我实现的方法的研究这样一种个性探讨之间画出任何有意义的界线，那是很困难的。但必须进行尝试用几句话来描绘这种诊疗心理学的一般精神特征。这个词的运用，毫不偏颇地说，主要是指美
431 国心理学。欧洲临床的个性研究绝大部分仍然是医生特别是精神病医生的专业，而自从第二次世界大战以来，美国心理学家则大批地集中于一种心理学训练，它从基本原理出发进入愈益专门的测验、面试、评价、引导，以及治疗尝试等的研究。近来在这个国家兴起的一切实际或应用心理学中，诊疗心理学很快便成为最广泛流传的了。

我们应该提及维特默在宾夕法尼亚大学初次创立心理诊疗所；提及比奈和他的信从者的学校测验的发展；提及各式各样个性测验的发展，特别是罗尔沙赫和默里的投射测验和在三十年代发展起来的大量新投射测验。接着是大量书面测验，即个人用文字形式报告自己的情况或把自己同别人进行对比。这些测验已经过一个“标准化”过程，已经准备出“常模”并提出实验的标准。这种

测验的“连环套”多到大多数临床医生的公事包装不下的程度，但是其中少数几个测验，特别是罗尔沙赫测验、主题统觉测验和明尼苏达多项个性检查表（MMPI），连同一种智力测验，在大多数诊所中都是预定要广泛运用并受到重视的。我们就要转到这些测验的讨论上来。

要取得一个“诊疗心理学家”的位置，通常的研究包括以下步骤：(1)发展和顺应的动力学；(2)关于适应机能和适应不良机能的症状群概念；(3)就广义而论的心理测验的理论和实践；(4)在严密监督下的大量测验和诊断工作，然后是心理治疗经验。在私人的和公共的社会服务事业——医院、诊所、学校、工厂等等——范围内的愈益密切的结合已经赋予诊疗心理学一个职业地位，一个活动的场所和一个名目。这有时已经远远离开了“实验室科学”，但它有时也引导到思想和方法的真正交流。

心理学职业上的应用已经引起越来越多的心理学家的关注并已反过来对其渊源科学产生影响。第一次惹人注目的公共或社会应用来自赫巴特时代的教育领域。十九世纪末教育和儿童研究受到心理学的侵袭。工业的、职业的和人事的需要在第一次世界大战以前、大战期间和以后对心理学提出了明确的要求。有关迟钝儿童和失调儿童的智力测验在二十世纪的第一个十年中开始小规模运用。在那个时代，一个临床的心理学者是一个有资格提出心理测量学的测验的人，包括作业量表以及口试量表等。接着，当儿
童指导所逐渐建立起来（参看希利，边码第 406 页），人们便期望心 432
理学家能作出个性评定和智力评定。儿童诊疗技术的迅速发展同 1917 和 1918 年军队中甲、乙两种测验的运用恰好同时。诊疗心

理学在第一次世界大战后作为一种职业出现了。心理卫生运动（参看边码第407页）进展很快。利维于1924年把罗尔沙赫测验从瑞士带到纽约，而摩尔根和默里（1935）不久在三十年代早期就在哈佛进行他们的主题统觉测验了。

许多大学在三十年代中开始在诊疗心理学方面授予博士学位，但另有许多大学采取的立场是：这个学位的授予应以这项工作的科学部分而不是应用部分为依据，而诊疗技术像工程技术一样或多或少从属于基本的科学训练。接着是为标准化和职业的尊严而开展的运动。诊疗心理学赢得了一个位置作为美国心理学协会的一个分支；美国职业心理学审查委员会建立授予资格的考试制度和面试制度并开始在诊疗心理学领域颁发证书（在应用心理学的其他分支随后也颁发证书）。诊疗心理学家，当然，已不得不深深陷入公共事务并不得不坚持一种坚定的职业立场反对训练不合格的医生损害公众利益。

“非专业的心理分析问题”在这里同在诊断和治疗的鉴定方面遇到的基本标准问题相吻合。心理分析家有他们自己的标准、独特的训练计划方案和他们自己的鉴定类型。心理分析运动继续深深地影响诊疗心理学，但它在诊疗心理学的演进中已经远非控制的因素。学术界和大学的问题以及公众愿意接受诊疗心理学的态度继续在推动职业训练的进展。就指导诊疗心理学的发展方向而论，正是这些因素构成当前最突出的行之有效的准则并构成施加于心理科学的影响的表现型式。

诊疗心理学向成熟职业特性发展的运动已经包含着某些缺点，表现在那种要么就一笔勾销个性理论，要么就笼统甚或失真应用的方式中。当互不相干的临床评价由相同的材料作出时，投射测验的可靠性最终证明总是不能令人满意。就大多数的情况来看，这一类的投射测验往往包含着一种笼统的研究，使你不能独立地评价测验各个部分本来意图提供的各种信息。这也是为什么关于个人的直接口头命题，和本世纪第一个十年中即已运用的等级评定及核对清单一起，已逐渐在个性评定技术中取得主要地位的一些原因。极大数量的记录表和量表已经广泛运用，如伍德沃斯 433
的 1919 年个人资料表用于陆军新兵，和目的在于测量特定个人属性的成打量表，如测量外倾、内倾、超越、顺从以及当然还有那些数不清的各式各样的态度和价值等量表。

当前最广泛流传和最富有诊疗成果的是明尼苏达多项个性检查表（MMPI），那是哈撒韦和他的合作者（1943）在第二次世界大战期间提出的。它是一个超过五百问题的序列，这些问题可以被认为是有可能应用于某一假设的个人的。在这些陈述句中有一些可以被组合在一起，作为与癔病、神经病、分裂症等等特性有关的部分。大量论及信度和效度的著作已经发表，并有几卷“诊疗指导”成为有效的了。MMPI 长期以来一直是非常有用的，例如，在马尤诊所（Mayo Clinic），这一测验用于新患者已成常规，不是认为它是对精神病学实践的一种指导，而是作为一种对一般诊断医生有用的工具，不论身体症状可能如何。

像我们上文提到的那样，在坚持主张——几乎在所有现代的个性理论中都能发现——个性必须作为一个整体来看而同时又说它必须根据特定的组织（tissue）反应和特定的家庭和邻居交互作用来看的时候，这里或许会有某种程度的模棱两可的欺人之谈。

在整体性或完形论探讨和现代诊疗心理学者的逐条测量探讨之间的不同不是只凭说一句那是着重点不同就能全部解决的问题。某些现代心理学关于部分机能的测量几乎没有什么可说的，而关于可以观察的各个方面之间的交互作用则几乎事事都要谈一谈。在一个极端，有些人甚至不考虑可以观察的各个方面的交互作用问题，而企图找出自我实现的一种主要的、综合的、普遍的样式，连同整体中的某一基本属性和独特性。在另一极端，在隔离和测量个人属性中有高度的精巧，如在 R. B. 卡特尔（1966）和 J. P. 吉尔福德（1959）的因素分析中；各式各样的属性他们都要加以鉴别，就真正相互独立和部分相互依赖问题进行推敲研究。假如这就是“个性心理学”，整体论者说，那么，人的那种结构，那种整体性又在哪里呢？它能存在于一种独一无二的永远不能复制的模式中吗？是否分析测量的探讨不适于解决主要的问题？奥尔波特提出的有关个体化对概括化的个性概念问题（1937）仍然没有解决。可以找到许多调和论者，但非调和论者总的看来人数更多，呼声更高。

434

个性诊断问题

这一时期，有许多迫切的研究课题似乎在利用这两方面的论战观点。有日益增多的口试测验，依靠等级评定和自我等级评定、辅助的核对清单、填空、是否问题和多选择问题调查表，以及可以给予笼统印象和依靠直觉得到印象的有结构的、半结构的和无结构的问题等等。也有为计算机以及或许是为因素分析或其他类型的分析处理准备好的大批数据。但对于那种试图理解作为整体的个人像一个完整的东西那样在起作用的测验，医师们则一直强烈地并几乎是普遍地感到需要。我们应该再说一说为此目的而发展的方法。如上文已经提及的，克拉格斯(1917)和比奈证明，以后莱温森和祖宾(1942)等又系统地给予印证，笔迹反映着不同的个性特征。鲍尔斯等的著作(1933)则指出，一小条手稿可以用来印证(超过偶然水平)作者个性的一个侧面。一种新的投射程序已被介绍到对墨迹(inkblots)的口头反应的研究中来，最初是由瑞士精神病学家罗尔沙赫进行的(1921)，作为个人知觉、思考和感受的基本方式的表现。列昂那多·达·芬奇曾向他的学生指出，一堵墙溅上的污泥可以激发想象的能力。但那是罗尔沙赫才认识到这种"想象力的激发"在个性评定中的价值。他曾依据几百次诊断研究作出报告，说明知觉认识生活在某种程度上是在以下的方式中表现出来的，即人们在无结构的模式中观察整体、大的局部和小的细节的那种方式。他曾证明感情生活可以在对颜色的反应中反映出来；认识因素和感情因素的联合表现可以由那样一些反应表明，在这些反应中，形式和颜色两者都在施加某种可以觉察到的影响；对白色空间的反应可能表示对测验或对生活的一种抗拒性；而人和动物的活动可能被不同的人以不同的方式加以观察并可能是对幻想的生活具有意义的。这个方法不久就被大卫·M.利维介绍到美国来，并于1930年由贝克成功地应用(1937)。此后，它迅速传播开。第二次世界大战以后，罗尔沙赫测验的运用成为世界各地标准的诊疗措施。可靠性和准确性的问题证明的确是非常复杂的，但这个测验已被普遍采纳。1960年，霍尔茨曼和他的合作者(1961)发展了一种墨迹测验(inkblot test)，它似乎具有典型罗尔

沙赫测验的许多优点而又能达到更高水平的客观性。

各种图画测验也已经在诊疗作业中既用于儿童也用于成人，435 有时测验理解水平，有时试探情绪反应。1935 年摩尔根和默里，在默里于哈佛心理诊所进行系统工作的过程中，提出一套标准的图画呈现出关于人物的含糊不清的情境，让反应者构成一个故事，说出已经发生了什么事，并说出下一步将要发生什么事。在这一方式中，那个“需要”，那个“压力”作用于受试，而产生的某一“主题”的表现形式便传达出各人意义结构雏形的一瞥。这就是主题统觉测验（TAT）。它逐渐得到广泛的承认。在含义模棱两可的图画中作出适当变动，如在人物的衣着和背景中的变动，就能用于跨文化的调查研究。一种儿童的统觉测验（CAT）也发展起来。TAT 在其最初的形式中不是作为一种定量的设计，但是对需要、压力和主题的测量早期是根据定量概念设想的，而在各类居民中这些方面的大规模评价已经进行了多年。大量的著作由麦克利兰及其副手们（1953）在测量**成就需要**以及测量世界各地不同民族极为不同的成就需要倾向时创作出来。

许多其他关于知觉和运动的研究正在广泛审查中。诊疗作业几乎到处都在运用上述测验，许多人并利用其他投射测验，例如：指绘、刷绘、人物绘画、家屋-树木-人物绘画等等。在多数诊所和实验室，在个人个性评定中，往往把投射测验同个人记录表以及其他口头和书面测验结合起来。

“投射测验”一词是弗兰克于 1939 年引进的。投射探讨后来被认为是对个人“隐秘世界的一种观察”。关于知觉和运动技能的标准测验，曾长期被用来评定**能力**，已被看作关于整个个性的某些有限方面的一种反映。在“投射测验”和其他实验室测验之间不可能画一条分明的界线，后者如维特金等人（1954）和加德纳等人（1959）的测验，他们寻求明显的个性态度作为理解顺应过程的向导并运用那些测验于一种科学的探讨，以求得关于作为一个整体的个人的内部机能组织的理解。

跨文化的研究

一种崭新而又大有发展前途的对个性问题的探讨来自文化人类学。某些对于有文字以前的种族的感觉、认识和学习能力的测验已在本世纪初进行过（例如，参看 Rivers，1901，1903）。但是有关基本个性类型文化上的多样性的想法还没有成熟到可供研究或甚至取得初步认可的程度，直到博厄斯（The Mind of Primitive man，1911）在他关于爱斯基摩人和关于范库弗岛夸丘特印第安人的研究中提出，有许多值得彻底弄清的文化-个性问题。当萨丕尔 436
（1934）正在探讨“个性与文化”问题的时候，马利诺夫斯基（1927）在西太平洋着手研究心理分析学的某些心理动力的假设。他曾发现，在特罗布里恩德群岛的居民中，是母亲的兄弟，而不是儿童的生父，扮演着社交活动的主要角色而因此成为儿童冲突的焦点。这一发现反驳了那种认为父母与儿童的冲突主要是属于已知的奥狄浦斯型的心理分析学基本原理。这种跨文化的研究把社会动力与文化准备等方面的问题引进了个性研究领域。

我们已经提及马加雷特·米德三十年代著作的直接影响。在同一时代具有重大意义的是鲁斯·本尼迪克特的《文化的范型》

(1934)的问世，它证明，个性是由于某一特定文化的统治的观点、价值准则和人与人间的动力学关系状况而塑造形成的。同一期间，以一种心理分析学的参照系进行研究，亚布拉姆·卡丁纳同一位文化人类学者拉尔夫·林顿结成了一种良好的工作关系。他们在一起应用心理分析学的洞察力(1945)对科曼契印第安人、马达加斯加的贝特西利奥族，和马克萨斯群岛土著进行观察。以后，卡丁纳对进一步的人类学记载又进行了许多其他的分析。认为各人的体质倾向是理所当然的，卡丁纳强调"基本的性格结构"，它取决于母子交互作用的文化方式；因此，卡丁纳认为早期的母子交互作用对于以后进入个人对作为一个整体的世界的解释方式具有引导作用。在他看来，随着这些关系演进的思想模式导致不同的哲学与神学，并导致一种基本的思维方式——幼稚经验的一种"投射"，投入看不见的领域的法则。卡丁纳指出，一群人的集体个性模式和其中个人的独特个性模式这两者都能加以探讨，只要有可靠的人类文化学的观察研究作为依据。

问题自然而然地产生了：是不是人类学的方法和概念不仅能应用于有文字以前的人类而且也能应用于西方文化，应用于我们自己社会生活的研究呢？两位林德(1929，1937)早于1929年在他们关于米德尔城生活的划时代研究中就已提出这样的问题：究竟一位"天真的人类学观察家"能不能研究我们自己西方文化的复杂事物并侧身于其偏见之外？他们至少已做出一个极好的开端。韦斯特(1945)，在卡丁纳规划的探讨范围内，研究了另一个中西部城镇；类似的研究随之而来。一个社会并不一定非是"有文字以前的"才能进入人类学的研究领域。于是，"贫困的文化"的研究

（Oscar Lewis，1959）论及个人个性正如论及他的社会经验和文化状况一样。这样的研究尽管确实是“多学科”的，却有助于把个性 437
从实验室和诊所带回到社会生活中来。虽然人类学家对这些大胆革新的反应一直是谨慎的，人类学的方法却已经逐渐推广运用于愈益增多的个性发展问题。认为文化与社会的变化多端为发展和检验个性理论提供了最好的自然主义背景，这个见解在心理学者中仍然具有很大的影响。但是他们对这一探讨所承担的义务可能并不足以满足这一任务迅速增长的需要。非常明显的是，西方文明和技术无孔不入的压力已经使不同文化的自然实验室的日子屈指可数了。尤其明显的是，需要有愈益精致的方法才能观察文化环境以其万千景象对于作为生物而成长的个人所施加的复杂影响。

参考书目：

Abraham, K.　*Versuch einer Entwicklungsgeschichte der Libido auf Grund der Psychoanalyse seelischen Störungen*. Leipzig: Internationaler Psychoanalytischer Verlag, 1924.

Allport, G. W.　*Personality: A Psychological Interpretation*. New York: Holt, 1937.

Allport, G. W., and Vernon, P. E.　*Studies in Expressive Movement*. New York: Macmillan, 1933.

Angyal, A.　*Foundations for a Science of Personality*. New York: Commonwealth Fund, 1941.

Arnheim, R.　"Experimentell-Psychologische Untersuchungen zum Ausdrucksproblem." *Psychologische Forschung*, 11(1928), 1—132.

Barker, R. G., Dembo, T., and Lewin, K.　"Frustration and Regression: An

Experiment with Young Children." *University of Iowa Studies in Child Welfare*, 18(1941).

Beck, S. J. "Introduction to the Rorschach Method." *American Orthopsychiatric Association Monographs*, No. 1(1937).

Benedict, R. *Patterns of Culture*. Boston: Houghton Mifflin, 1934.

Binet, A. *L'Étude expérimentale de l' intelligence*. Paris: Schleicher, 1903.

Boas, F. *The Mind of Primitive Man*. New York: Macmillan, 1911.

Campbell, C. M. *Human Personality and the Environment*. New York: Macmillan, 1934.

Cattell, R. B. *The Scientific Analysis of Personality*. Chicago: Aldine, 1966.

Dollard, J., and Miller, N. E. *Personality and Psychotherapy: An Analysis in Terms of Learning, Thinking and Culture*. New York: McGraw-Hill, 1950.

Erikson, E. H. *Childhood and Society*. 1950. 2nd ed. New York: Norton, 1963.

——. "The Problem of Ego Identity." *Journal of the American Psychoanalytic Association*, 4(1956), 56—121.

Eysenck, H. J. *The Structure of Human Personality*. New York: Wiley, 1953.

Frank, L. K. "Projective Methods for the Study of Personality." *Journal of Psychology*, 8(1939), 389—413.

438 Gardner, R. W., Holzman, P. S., Klein, G. S., Linton, H. B., and Spencer, O. P. "Cognitive Control: A Study of Individual Consistencies in Cognitive Behavior." *Psychological Issues*, 1, No. 4(1959).

Gray, J. A., ed. *Pavlov's Typology*. Translated by J. A. Gray. Oxford: Pergamon Press, 1964.

Grinker, R. R., and Spiegel, J. P. *Men Under Stress*. Philadelphia: Blakiston, 1945.

Guilford, J. P. *Personality*. New York: McGraw-Hill, 1959.

Hathaway, S. R., and McKinley, J. C. *The Minnesota Multiphasic Person-*

ality Inventory. Minneapolis: University of Minnesota Press, 1943.

Holtzman, W. H., Thorpe, J. S., Swartz, J. D., and Herron, E. W. *Inkblot Perception and Personality: Holtzman Inkblot Technique*. Austin: University of Texas Press, 1961.

Jung, C. G. *Psychologische Typen*. Zürich: Rascher, 1921. *Psychological Types*. Translated by H. G. Baynes. New York: Harcourt Brace Jovanovich, 1923.

Kardiner, A., Linton, R., Du Bois, C., and West, J. *The Psychological Frontiers of Society*. New York: Columbia University Press, 1945.

Klages, L. *Handschrift und Charakter*. Leipzig: Barth, 1917.

Kretschmer, E. "Körperbau und Charakter." Berlin: Springer, 1921. *Physique and Character*. Translated by W. H. J. Sprott. New York: Harcourt Brace Jovanovich, 1925.

Lewinson, T. S., and Zubin, J. *Handwriting Analysis*. New York: King's Crown Press, 1942.

Lewis, O. *Five Families*. New York: Basic Books, 1959.

Lynd, R. S., and Lynd, H. M. *Middletown*. New York: Harcourt Brace Jovanovich, 1929.

——. *Middletown in Transition*. New York: Harcourt Brace Jovanovich, 1937.

MacKinnon, D. W. "Tests for the Measurements of Personal Effectiveness." *Invitational Conference on Testing Problems*, 1951. Princeton, N. J.: Educational Testing Service, 1952.

Malinowski, B. *Sex and Repression in Savage Society*. London: Kegan Paul, Trench, Trubner, 1927.

Maslow, A. H. "Dynamics of Personality Organization, I and II." *Psychological Review*, 50(1943), 514—539, 541—558.

McClelland, D. C., Atkinson, J. W., Clark, R. A., and Lowell, E. L. *The Achievement Motive*. New York: Appleton-Century-Crofts, 1953.

Mead, M. *Coming of Age in Samoa*. New York: Morrow, 1928.

Morgan, C. D., and Murray, H. A. "A Method for Investigating Fantasies: The Thematic Apperception Test." *Archives of Neurology and Psychiatry*, 34(1935), 289—306.

Murphy, G. *Personality*. 1947. Rev. ed. New York: Basic Books, 1966.

Murphy, L. B. *Social Behavior and Child Personality*. New York: Columbia University Press, 1937.

Murray, H. A., Barret, W. G., Homburger (Erikson), E., *et al*. *Explorations in Personality*. New York: Oxford University Press, 1938.

Office of Strategic Services Assessment Staff. *Assessment of Men*. New York: Rinehart, 1948.

Pearson, K. "On the Laws of Inheritance in Man: II. On the Inheritance
439 of the Mental and Moral Characters in Man, and Its Comparison with the Inheritance of Physical Characters." *Biometrica*, 3(1904), 131—190.

Powers, E. "Matching Sketches of Personality with Script." In G. W. Allport and P. E. Vernon. *Studies in Expressive Movement*. New York: Macmillan, 1933.

Rivers, W. H. R. "The Colour Vision of the Eskimo." *Proceedings of the Cambridge Philosophical Society*, 11(1901), 143—149.

——. "The Psychology and Sociology of the Todas and the Tribes of Southern India." *Reports of the British Association for the Advancement of Science*, 73(1903), 415—416.

Rorschach, H. *Psychodiagnostik: Methodik und ergebnisse eines Wahrnehmungsdiagnostischen Experiments*. Bern: Bircher, 1921. *Psychodiagnostics*. Translated by P. Lemkau and B. Kronenberg. New York: Grune and Stratton, 1942.

Sapir, E. "The Emergence of the Concept of Personality in a Study of Cultures." *Journal of Social Psychology*, 5(1934), 408—415.

Sheldon, W. H. (in collaboration with Stevens, S. S.) *The Varieties of Temperament: A Psychology of Constitutional Differences*. New York:

Harper,1942.

Spearman,C. "General Intelligence, Objectively Determined and Measured." *American Journal of Psychology*,15(1904),201—293.

Stagner,R. *Psychology of Personality*. New York:McGraw-Hill,1936.

Stern ,W. *Allgemeine Psychologie auf Personalistischer Grundlage*. The Hague:Nijhoff,1935.

Teplov,B.M. "Problems in the Study of General Types of Higher Nervous Activity in Man and Animals." In J. A. Gray, ed. *Pavlov's Typology*. Translated by J.A.Gray. Oxford:Pergamon Press,1964.

West ,J. *Plainville, U.S.A*. New York:Columbia University Press,1945.

White,R.W.,ed. (assisted by Bruner,K.F.) *The Study of Lives: Essays on Personality Presented in Honor of Henry A. Murray*. New York:Atherton Press,1964.

Witkin,H.A.,Dyk,R.B.,Faterson,H.F.,Goodenough,D.R.,and Karp, S.A. *Psychological Differentiation*. New York:Wiley,1963.

Witkin,H.A.,Lewis,H.B.,Hertzman,M.,Machover,K.,Meissner,P.B., and Wapner,S. *Personality Through Perception*. New York:Harper, 1954.

Wolff,W. *The Expression of Personality*. New York:Harper,1943.

Woodworth,R.S. *Personal Data Sheet (Psychoneurotic Inventory)*. Chicago:Stoelting,1919.

440

第二十六章　社会心理学

几种牢固的本能，几项平凡的法则。

华兹华斯

不是意识决定生活，而是生活决定意识。

马克思

646

从希腊人开始直到十九世纪末叶，心理学基本上是关于个人心理的研究。社会问题——团体相互作用问题和人与人的关系问题——是另一回事。往往，它是历史学家的问题，是道德学家、法学家的问题，或者，在十八世纪，日甚一日地成为政治经济学家的问题。亚当·斯密的《关于国家财富性质与起因的研究》(1776)可以被认为是正规系统的政治经济学的开始，他本人则又是一位论述"道德情操"(1759)问题和同情心与利他主义社会作用问题的深刻理论家。在边沁和詹姆斯·米尔应用联想心理学于工厂和市场的同一时代，马尔萨斯发出了他关于人类必须作出的那些痛苦选择的可怕的分析；哲学的无政府主义者如戈德温(1793)在寻求一个没有政府的社会，而法国和美国大革命的强大冲击一浪接一浪地把乌托邦思想强加于西欧和美国的学者。纵然那时还没有一种这样定名的社会心理学，却到处都有一种认真研究团体生活的哲学和心理学的产物。

在洋溢着歌德的浪漫主义和狂飙运动精神的十九世纪早期德国的哲学思想中,普遍的社会变革的意义在于黑格尔的“绝对观念”的发展。对于那些更着重经济过渡时期艰难困苦的人,变革的意义在于马克思提供的革命的唯物主义的重建(1867)。有比心理 441
学材料更多更突出的经济和政治材料需要研究。达尔文的时期也是一个重新思索社会和社会变革的性质、社会生存竞争和适应环境的性质的时期。它为一种提问题的心理学角度做好了准备,而直到那时为止,问题大都是在经济学和政治学的形式中提出的。

就近代的意义而论,社会心理学发端于精神病学的发展,特别是通过巴黎和南锡学派的工作。读者将会忆起,夏尔科曾说明癔病气质,利埃博尔曾说明暗示感受性的本质,甚至为领袖人物与随从群众的关系提供一种自然主义的理论支柱。正是就这一方面,塔德阐发了他的“模仿律”,写出了社会心理学第一部真正近代的著作(1890)。也是根据同样的概念西盖尔(1891)描绘了“犯罪的群众”而勒邦(1895)则写出了他关于群众心理学的不朽之作。浏览一下塔德或勒邦的著作将会表明这些作者是多么深地依赖病理学的暗示感受性研究。换句话说,是诊所的工作提供了那些新的概念使群众心理的理论得以形成。这些理论之所以重要主要在于它们反对那些经典的唯理论概念,后者不仅是政治经济学的基础,而且是一切有关社会行为的主要理论依据。甚至笛卡尔的“热情”也已证明不过是种种可能的行动过程中内在快乐与痛苦的计算的结果。因此,我们必须强调达尔文主义的重要性,也正是因为它一贯着重适应环境中的盲目和冲动的因素。是在达尔文所准备的土壤中病理暗示感受性研究才发展成为一种非唯理论的社会心理

学。

但需要注意的是，当社会心理学成形时，它趋向于分为两枝，一枝是**心理学家**的社会心理学，着重社会情境中的个人，一枝是**社会学家**的社会心理学，着重团体生活。我们这里不能充分论述后者及其关于社会**态度**、**价值**和**作用**的深入而系统的研究——因为这些关联到社会、社会组织和社会制度（G. H. Mead，1934）。这两种心理学有很多共同的东西，但每一种仍然各有其不同的焦点。社会学家罗斯（1908）和心理学家麦克杜格尔（1908）的两种社会心理学几乎同时问世。

麦克杜格尔在苏格兰和英国学派中受过训练，发现自己作为一个达尔文主义者深深不满意一切联想主义的假设。在晚年，他颇有感触地谈到有一次他在用餐时如何同一位名流坐在邻席，后者出于对年青人的关怀曾问及他所爱好的领域。当这位长者听到“心理学”一词时，他评论说：“哦！观念的联想，还有一切这一类的东西。很重要！”对此，麦克杜格尔的内心回答是：“很**不重要**，才是
442 他真正的意思！”从那时起，他开始更积极地思索要触及行为的主要动机以使心理学变得真正重要起来。

这样的主要动机被他在那些由自然选择所提供的本能中找到了。在达尔文主义早期，确实曾有过一系列动物本能的明细清单，有几种本能表明同人类本能有关。麦克杜格尔把握住本能论的一个方面，它的急需澄清正如情绪的生理核心之为詹姆斯和朗格所阐明一样（参看边码第 199 页）。这两个问题——本能问题和情绪问题——应该同时解决，连同意动（conation）（趋向特定目的的特定努力）问题一起。这一命题在麦克杜格尔 1908 年的《社会心理

学导引》中有所论述。他以明快精彩的一笔根据过程序列总是发生于一定顺序的道理界说了本能。(1)有一种在一定方式中感知一情境的先天倾向。(例如,据麦克杜格尔关于当代刻印(imprinting)证明的解释,小鹅一定会有一种追随移动物的先天倾向。)(2)这样的感知据说必定直接由一适当的感情的或情绪的反应相随——适当一词的意思是说,只有那些具有这样的感情反应者据说才能生存下来。(于是,我们就有我们的小鹅感知着移动物并经验到满足。)(3)情绪的经验在肉体上导致行动的冲动。(在我们的小鹅中只有那些极力挨近它们的母亲的才有可能生存。)

自然选择已提供了所有三种基本的先天倾向。每一假设的本能于是都包含着一个感知面,一个情绪面,和一个努力面(striving aspect),或者,用稍微精确些的语言,即一种认知的,一种感情的和一种意动的倾向[①]。每一种本能因此都包含着一个情绪的内核,而每一情绪都是一种本能的核心。社会生活,据麦克杜格尔看来,最终不是发自暗示感受性,也不是发自观念的联想,而是发自潜伏在行为后面的本能。

然而,这些本能被概念化为起初宁可说是不确定的,不是成人社会反应的原型,而是一些作为社会反应由之发生的原始材料。儿童可能惧怕许多东西或对许多东西好奇。然而,逐渐地,本能活动被唤醒了,越来越密切地联系于那些惯于诱发它们的特定情境。这个儿童变得对火特别好奇,或对于他生存于其中的社区的权威地位特别感兴趣,并因而有可能变为一位初级的工程师或一位初

① 这里,康德对于心理的三分法再次出现。

级的政治家①。然而，麦克杜格尔认为，典型的情况是有两种或两种以上的本能集中于某一个方向。儿童既爱戴又惧怕他的父亲，而在家长式家庭中这两者是如此密切地融合在一起，以致分离的
443 成分很难加以观察。"情操"一词被麦克杜格尔用来表示社会性个人的习惯系统的核心；因为在社会发展中某一个人已经发展了关于他周围大多数人和惯例的特殊"本能反应"混成物；这些就是统治他的生活的"情操"。

特别重要的是关于自我知觉的情操。这一趋向自己的态度系统麦克杜格尔称为"自尊情操"。社会团体中有组织的有连续性的成员特性主要就是来源于这一情操。自尊情操是理解那些我们可以称之为"意志"的持续不懈的活动的钥匙，它们也是自重和道德秩序的基础。

自尊情操被麦克杜格尔确立为一种关于意志行动的总理论。意志在中世纪和近代心理学中往往是很重要的；"意动"是代表不能再简化的心理存在分类的三种机能描述词之一。有认知，感情和意动。康德以后和麦克杜格尔以前的许多心理学家倾向于使某种关于冲动或关于意志的概念成为一切心理学的中心动力概念。它有时被一种模糊的动力或努力原理所取代，那是难以用具体作用中的心理行为细节加以界说或描述的。麦克杜格尔作为最初的进化论心理学家之一却认为意志机能在他的目的论心理学体系中是基本的和核心的东西。当他建立起他的情操论特别是自尊情操

① 与此相同的关于内驱力逐渐缩小范围的概念，让内和弗洛伊德都曾加以研究，让内称之为"疏通作用"，弗洛伊德称之为"精神发泄"。

论时，他看到有一条途径可以使意志成为来自这种情操的直接派生物。有强烈意志的人也就是那些具有整理就绪并经久不渝的情操的人(许多当代心理学家在这里宁愿写作“价值”)。如果自我(the self)是弱的，像在有严重缺陷的儿童中那样，就没有多少“意志”可以观察到，而只有冲动，或固执，或对于困境的一种非理智的冲刺。这里有一种和心理分析体系的惊人类似，后者超出自我分析的水平而强调了超我(参看边码第 284 页)。

近几十年，意志作为心理学中的一个基本概念似乎正在失势。我们把每一动作都视为一种发展着的个性系统的作用或镶嵌于一文化基质的某一情境的作用。的确，我们往往像默里和他的同事们(1938)那样设想需要和压力，并在需要和压力开始彼此妥协时设想主题(themas)。虽然“意志”概念继续在失势，意志控制概念和“决断”概念在具有不同水平复杂性的整合活动研究中仍然是非常重要的。意志控制在个人控制系统中往往是最高点；内生理控制和内我控制实验研究除名称不同外，都是在近代工具和实验室 444
条件下关于意志及其作用的研究。大多数人类自发作用(参看边码第 325 页)大体上或甚至在细节上都和五十年前的“意志动作”相当，其中语言符号——调查范围涉及价值观念和抉择——在新的环境中延续着。自发性或“自由意志”问题，半个世纪以前对于柏格森和詹姆斯曾是一个关系重大的课题，今天使你不得不面对这样的疑问：如果你看到一部测谎器关于你自己内心活动的记录，你是否与意志相逢？当你作出“抉择”时，你是否与意志相逢？意志似乎是代表复杂内部控制系统的名称，代表这些系统的生理面及其涉及社会控制的象征参照以及选择点之间的对抗，对抗中这

些现实彼此妥协。意志问题并没有消失;但任何有关这一问题的近代讨论都不得不由于作决定时起作用的内部因素复杂状况而作罢,特别是在麦克杜格尔和弗洛伊德两人都描述过的高度自发性和创造性时刻。

麦克杜格尔著作的出版标志着社会心理学中一个新时代的开始。差不多每年都有一个新版本在随后的二十年间问世,因而被处理掉的版本超过了十好几万册,大部分是在大学班中。更重要的是,心理学家们和社会科学家们开始迅速采纳一种动力学的或一种达尔文主义的社会行为问题研究方法。到处都提出本能的目录——例如,桑戴克在《人的本性》(1913)中和伍德沃斯在《动力心理学》(1918)中都提出过。像维布伦(1914)那样的经济学家们发现他们自己已被新的潮水裹胁前进,而论述第一次大战及其后患的著作充满着那些根据人类本能相互冲突的说法对世界危机所作的解释。属于这一类的有特罗特的《和平与战争中人群的本能》(1916)。本能教义成为社会心理学的核心。如伯纳德于 1924 年所说明的那样,"本能"一词已越来越空泛地用之于几乎任何一种型式的人类行为一致性,只要有可能和某种遗传基础沾上边,不论有无证据。

正是针对这一情境,邓拉普(1919)掷出了第一颗"反对本能的"炸弹。他指出,在麦克杜格尔的所有看法背后都有一种对本能活动的**目的论**定义。当真正冲动性动作发生于动物或早期童年水平时,几乎完全不可能把它们归之于一种明确的目的。假如关于这一类冲动的某种严格生理学的看法被认为是剖析人类社会生活的基础,那些明显可见的有目的的或寻求目标的活动就都可以不

要任何适当的证实被降低到盲目的和看不见的力量，其中只有一
种关于目的的公理假设而没有任何适当的因果证明。此后将近十
年的期间，反对本能的各种论述潮水般涌入期刊。有一种不断加
重的强调，指出所谓这种或那种行为确系与生俱来的说法其证据
是含糊不清而又不完全的[①]。结果是到二十年代末丢开社会心理 445
学，没有留下任何公认的理论基础也没有任何公认的可据以分析
复杂社会生活的那种实体或原理。然而，与此同时，两个新的趋向
起了解救这一困境的作用：关于人性的新的替代概念出现了，一系
列用以收集可靠知识的新方法也已提出。这些方法是对社会心理
学方法的一种修正，它们较为简单，可以先来讨论。

实验法的兴起

刚在第一次世界大战爆发以前，莫德曾写过一本非常小的册子论述“实验团体心理学”。他在书中提出，可以为了实验室研究的方便以不同方式构成种种团体以及可加以控制的适宜变量，这样就能鲜明地确定团体成员性对思想、情感和行动的影响。他开始了某些研究，直到1920年这些研究才在出版的形式中问世。这些研究涉及团体成员性对种种智力活动如联想和想象的影响，是在一群男孩和青年中进行的。对于别人所作所为的无意识模仿受到了系统的研究。他指出，例如，个人在团体中在连锁联想反应中

① 有关麦克杜格尔本能说所引起的反应的完善历史概论已由克兰茨提出(1967)。

提供反应词要比独处时更迅速。莫德还对照研究了队与队的竞赛过程和个人与个人的竞赛过程。

这些研究为哈佛的明斯特贝格(1914)所知,他自己在几年以前就曾进行过一次开拓性研究,证明个人在教室中报告一客观情境时彼此之间有影响,如报告屏幕上显现的污点数目的情况就是一例。在明斯特贝格和莫德的影响下,F.H.奥尔波特开始在哈佛并在其他地方继续进行了一系列非常有成果的关于团体对个人影响的研究。他证明,如莫德已经做过的那样,人们在团体中联想反应更迅速——**社会助长**(social facilitation)——,但他还能够证明,如果研究的是一种更复杂的推理过程的性质,那么,团体成员性似乎一般会降低质量,尽管在数量上有提高。奥尔波特还研究了成员性在团体中是否会趋于强制个人作出较为向心而较少极端的判断这样的问题。

系统的实验工作在社会心理学中就这样明确地发动了。的确,属于严格实验类型的极有能力的研究早已经进行过。特里普
446 利特早在1898年就用实验研究过竞赛问题。穆尔(1921)测定过专家意见和多数意见对于学生道德判断和审美判断的相对影响。然而,事实是,这一类的研究是星星点点而并无大的影响的,直到奥尔波特集拢了许多彼此有关联的实验并指出实验方法对于团体行为研究的革命性意义。他的《社会心理学》(1924)使这些实验方法及其成果第一次可以普遍地为人利用,对于研究更广泛的问题富有明确而实际的含义。

奥尔波特的实验方法引进了某种崭新的东西,令人兴奋且有趣味,比之那种早期规定的颇为刻板和公式化的计划是一项明确的改革。然而，在奥尔波特自己看来，还有其他两条注意事项要宣布，每一项都和实验方法同样重要。一是一种客观的行为研究方法基本上类似华生的方法，但着重于新生儿中可以观察到的反射倾向，而不是着重于像麦克杜格尔的本能那样的理论构造物。另一项是坚持主张社会心理学不是有关集团心理（group minds）的一种研究，而是有关社会情境中的个人的一种研究。

新生儿的“优势反射”被奥尔波特分为六类。正是这些反射的条件作用被认为构成了社会成长和团体成员交互作用的客观基础。社会行为的复杂类型被简化为这一表述型式。的确，奥尔波特著作中最有独创性的篇章之一就是根据反射和“社会助长”概念解释群众行为的论述。个人不是被视为群众情境的无助筹码。没有什么“集团心理”；没有什么个人屈从于集团的奴性。人作为个体时所需要的东西，当他们处于团体情境时也同样需要。但社会助长加强了他们的需要。激发适当行为的言辞是在可供选择的提示不够标准的情境下使用的。

奥尔波特的表述迅速统治了美国社会心理学，一方面由于它的实验研究法，一方面也因为它对行为的强调。在以后的研究中，奥尔波特（1933）继续证明，“惯例行为”（institutional behavior）——个人对惯例模式的反应——可以用定量方法和非惯例行为区分开。在前一种情况，多数人是遵循惯例的；那些不遵循惯例的人可以列在 J 曲线上（Allport，1934），当你从表示绝对遵循的一点向右方移动得越来越远时，J 曲线的图示表明人数也越来越少。另一项理论贡献（Allport，1940）是把人们的相互作用定义为“事件系统”（event systems），人们可以从中测定每一个人对于

447 一项社会事业确实作出贡献的程度。这些测定可以拿来和同一个人对他自己的评价相比。

人类学的影响

同一期间，固有活动倾向（ingrained-action tendencies）的概念受到抨击。本能论，已经处于严重困境，正受到另一股力量反复斥责，其敌对态度正如趋向行为主义的运动一样。这就是文化人类学的发展，它已开始强调个人的文化造型。社会心理学那时大部分已经是一种关于十九世纪和二十世纪西方人的心理学。的确，到处都有一些姿态表示承认文化多样性对儿童个性的意义。但总的设想似乎是说，社会之间的差异将会被发现仅仅在于具体的内容——例如，在于所说的，或所信的，或所做的特殊事物的不同——而一般地说，人性的动力学则到处都永远相同。但在二十年代，一连串的抨击指向这种所谓就我们所知人性到处都处于同一形式的说法。对于文化多样性的研究已经开始表明，不论是内容还是形式——所做的具体事和做这件事的方法两者，具体的信念和与之相联系的情调两者——都带有文化安排的标志。

这些研究中首先使心理学家着迷的是来自博厄斯的学生们的研究，博厄斯自己在《原始人的心理》(1911)中曾提出，基本的心理过程多么深刻地反映着文化对环境的适应。随着马利诺夫斯基关于特罗布里恩德群岛居民心理的研究（1927）和米德的《到达法定年龄在萨莫阿》(1928)的出版，这全部探讨变得更具体化了。米德的研究包括一些简单明了的测验，那是关于人所熟知的涉及心理发展动力假设的一些测验，包括这样的假设，即认为青年期的“风暴”是由于青春期的生理变化，而社会不得不安于这一类变化所引起的困难。米德关于青春期以前、中间和以后的萨莫阿女孩的研究未能以“风暴”说明多少问题，从而得出了这样的结论，说在早期的公式中把一个生物学的解释错误地加之于一种基本上是文化的现象(参考边码第427页)。

全然与采纳或拒绝米德和马利诺夫斯基的命题无关，美国社会心理学好像是被一种使人眼花缭乱的力量所击中。的确，难道我们在具有一个大得多得多的文化基础作为工作出发点以前就能够描述什么社会心理学的定律吗？米德的书卷不久又有了一个姊妹篇，《成长在新几内亚》(1930)，研究的着重点在于那种严格的，
竞争的，商业的生活模式。研究是在马努斯人中进行的，他们在调 448
整童年期、青年期和成年早期许多行为类型的过程中形成拘谨而僵硬的作风，和萨莫阿人的不够郑重的态度迥然不同。随后，出自米德和许多别的学者，又有一系列关于人格的深刻文化造型的进一步论证。

本能论那时已经被邓拉普(1919)和反对本能的运动并被F. H.奥尔波特的社会行为概念削弱了。从人类学研究又得出了文化相对论，它开始把环境因素，特别是文化因素，弄成决定人格和决定人格为公共生活作好准备的完全充分的力量。社会心理学被要求向人类学和社会学让步，正如在麦克杜格尔那时它曾向生物学让步一样。二十年代后期，心理学家开始在每一次有关人类行为的概述以后都加入“在我们的文化中”这一短语，正如在上一个二十年代中他开始给“本能”一词加引用号一样。一个空隙由于摒

弃麦克杜格尔的本能论研究已经出现，而新的概念已经聚集在边缘，等待着被填补进去。很清楚，一个新的概念体系必须形成，而它在新的人类学发现和社会学发现的影响下已然形成。

同一期间，二十年代后期和三十年代早期在运用实验社会心理学方法搜集实证资料方面是极其活跃的时期。进行了巨量的细致工作探讨儿童中态度的形成，参加种种社会团体所产生的影响，并制定愈益适宜的方法进行有关教育、家庭成员关系、宣传和社会压力等等所引起的种种不同反应的典型调查和实验。实际上，正是在这些年，拉斯克(1929)把最早的关于儿童中种族态度的细致研究介绍给我们，霍罗威茨(1936)准确测定了一种有代表性的态度(对黑人的态度)从幼儿园到学校时期的发展过程，每一年龄层次都带有适当的典型调查和定量数据。瑟斯顿(1931)和利克特(1932)发展了为测定态度强度使用的量表，——这些量表变得非常有用，可以更精确地说明在偏见、激进主义、保守主义等方面的个人差异，对种种评价力量(opinion-making forces)的反应方面的个人差异。属于同一时期的还有关于宣传的大规模实验研究，越来越认识到这样的事实：社会学上相当简单的问题在心理学上则成为一个复杂问题。已经证明，对于宣传的敏感性个人之间存在着很大的差异；许多人同预期的方向背道而驰；并且各式各样的细微的个性因素表露出来，它们只有依靠临床和实验方法才能得
449 到充分理解。关于态度和宣传的研究仍然是当代社会心理学的主要研究项目之一。

谢里夫与“参照系”

在这一充满沸腾的活动和互相冲突的理论公式的时期，许多人转向这一时期的主要系统心理学寻求对社会心理学特殊问题的理解。一种对于社会心理学的心理分析学解释已经可以得到了。完形论的公式开始出现，场论通过K.莱温和J.F.布朗的努力也成功地侵入这个领域。

但假如这些和另一些探讨要形成一种系统的形式，就需要对社会反应的性质下一个定义，并且定义的表述要有利于实验室研究和现场观察的密切配合。是一位在哈佛和哥伦比亚工作的土耳其研究者完成了这些定义的表述并在其参照系*以内制订了一项研究方案。M.谢里夫还在安卡拉的时候就已开始注意团体在社会**知觉**水平上对个人的影响：所谓社会知觉即个人学会像他的文化团体的一员那样去**看问题**：他形成了一种个人的“参照系”。他用游动效应做实验：即黑暗中一光点的似动现象的实验（1936，1937）。他表明，这一效应是由以前的学习和现在的态度这些因素所制约的。让他的受试加入其他受试一伙，他表明，个人便逐渐形成以团体的眼光来看游动的态度。在其他的实验中，他研究了在团体参与下对某一文学章节优秀度的确定问题。在团体作业条件

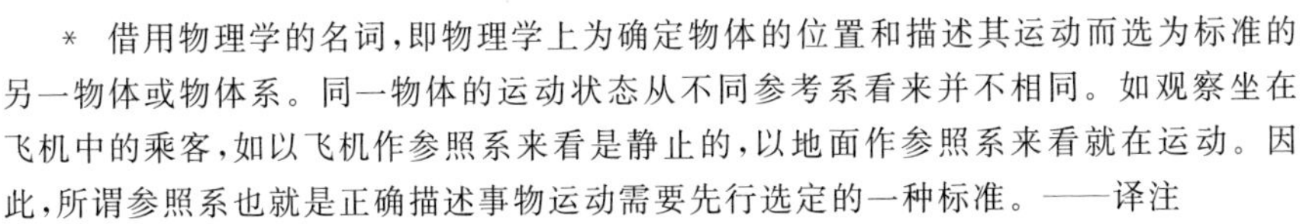

* 借用物理学的名词，即物理学上为确定物体的位置和描述其运动而选为标准的另一物体或物体系。同一物体的运动状态从不同参考系看来并不相同。如观察坐在飞机中的乘客，如以飞机作参照系来看是静止的，以地面作参照系来看就在运动。因此，所谓参照系也就是正确描述事物运动需要先行选定的一种标准。——译注

下，那些标志着个人单独参加试验时的特点的常模和变异性迅速被强制到团体中其他人所决定的方向。在每一段试验以后便有可能找出个人放弃其自主判断以支持作为整体的团体倾向到怎样的程度。曲线指出了辐合度或如谢里夫所称的“漏斗形关系”，这标示着个人看法已灌输到团体的常模中。谢里夫在研究中和耶鲁的霍夫兰及其同事们密切联系，根据说服概念（persuation）论及交往过程的心理学，这种说服是受刺激呈现的顺序、认识的需要等等所影响的。

从实验室试验得到的谢里夫数据和人类学资料相结合被用来证明，个人的知觉习惯一般地说都是对流行文化习惯的适应。很明显，根据知觉概念对社会心理学的重新界说对于语言，家庭生活、宗教、政治直至一切社会行为等问题的研究具有极深刻的含义。行为的相互作用不能根据条件反射概念本身去研究，而要在知觉和认识过程造型的高度去探讨。科夫卡关于知觉作用过程的
450 概念（1922）受到支持和发扬：就是说知觉反应是两极的，外部构造和内部先定倾向联合起来决定着知觉结构。外部构造越是僵硬确定，内部因素的演出范围也越小，反过来也一样。其他的认识过程，如回忆，想象和思维等等也是根据文化概念来设想的。

随着这一概念图式和实验范例，很快又有几十项社会心理学研究跟上来，这些研究的设计都是为了以现存的准则阐明认识生活的决定过程的。许多关于价值判断和关于材料的回想与识别的研究在谢里夫的调查以及默里的关于需要对知觉与认识的影响的同时期研究以后接连出现：例如，克拉克（1940）报告了男子和妇女在回想男女之间一次斗争情况中的差异，布鲁纳和古德曼（1947）

研究了社会经济背景和有关动机因素对知觉过程的影响(如钱币外观的大小被穷孩子过高估计)。

而且,谢里夫的工作不仅代表关于团体对个人影响的实验研究,而且代表那种把团体作为团体进行的研究中所取得的进步。这后一方面迅速在社会学中取得进展,已被莱温极显著地推进(参看边码第266页),如它在工业、军事和教育情境中所显现的那样。莱温比任何别人更有力地指导了“动作调查”(“action research”)(即一种可由动作自身搜集“资料”的调查)和团体动力学(关于人与人之间理解与误解的型式以及趋向冲突与顺应的有关力量等问题的研究)的理论与实践的开始。

在一个强有力的领袖或十足的暴众个性泯灭面前,人作为容易受骗并几乎没有定形这样的画面,似乎由于有谢里夫的适度且有条理的实证资料而剪裁得恰如其分了。但他的研究成果当然确实表明,对压力的反应中有高度的可塑性。这似乎呈现出人在社会中的机器人特性的不祥之兆,并在那些更关心人类生活秩序面与理性面的人们中间引起了很大的不安。特别是,阿希(1956)作为韦特海默尔的一位热情的伙伴和同事发现这一团体可塑性概念不准确且不合口味。他进行一连串大胆研究团体性质的实验以校正歪曲的记录,实验中他使团体压力完全施加于团体的单独一个成员。除他一人以外,所有成员都串通一致地报告例如线的长度等等,于是,在他想报告的明显事实和所有他的同辈的报告——在他们看来,他自己显然是大错特错了——之间,他不知所措了。有些受试提出了同意他们同辈的报告,但事后又否认他们曾真地被引入歧途。总之,资料的确表明,有些人在团体压力下是顺应摇摆 451

的，而另有许多人则在一种引起很大困惑和自责的尴尬处境中犹疑不决。有关这一情境中多种多样反应的证明和这种暗示感受性的远非一致的性质引起了很大的注意，正如霍夫兰的资料（1957）指出“可说服性”具有各种复杂的根源一样。

社会成员心理测量

第一次世界大战以后，J. L. 莫雷诺，一位维也纳精神病学者，曾发现自己由于奥地利人和意大利人之间似乎不可调和的矛盾而不得不进入他周围的社会舞台。他在无线电领域做出的一项发明使他得到一笔收入并使他有自由专心从事他所爱好的社会调查事业。他的兴趣被吸引到美国的监狱生活，吸引到惩罚的理论与实践方面。这使他和纽约赫得森地区的纽约州立女子职业学校发生了重要的关系。学校负责人范妮·弗伦奇·莫尔斯是倡导为不幸者和少年罪犯举办教育机构那种仁慈精神并使之现代化的重要创造力量之一。莫雷诺在海伦·詹宁斯的帮助下开始协助莫尔斯夫人并为应用社会心理学提出了新的方法。他让女孩子们改造她们的学校环境（二十五幢住所，每幢约住三十个女孩），选择她们的伙伴和她们的工作集体，并选择她们愿意同谁度过各种不同活动的时间。“社会成员心理测量”（“Sociometry”）就是对于在这样的条件下自由表示的相互选择和排斥所进行的测量。

社会成员心理测量与自发性测验和自发性训练相结合，已成为他在1934年的著作《谁将生存？》中提出的思想体系。这三个概念被阐发如下：（1）社会成员心理测量是用于测量社会选择过程的一种办法。测量的程序包括：每人选择那些他愿与之一起相处的人，涉及一系列活动。他喜欢同谁一起吃饭，或一起工作，或在一起娱乐，或在一起进行某项公共活动？标准的要求是，每人提出从第一到第三或从第一到第五的选择对象。在纽约州立女子职业学校的一项调查中，彼此共同的第一选择自动付诸实施；个人确实是按照其愿望加以安排的。在相互不那么一致的地方——例如，当B是A的第一选择，但A是B的第三选择时——莫雷诺则寻求选择总量所许可的最大限度的调整。一个人同另一个人交往，这种作用被认为具有一种情绪的内核，这被称之为“心理共鸣”（“tele”）*。（2）然而，人们可能彼此“加温”；他们的选择会变得更自发些。莫雷诺的第二个概念因此就是自发性测验（spontaneity testing）。某两个人被安排在一起，要他们开始一次谈话。关于他们语言的和姿态的相互作用的研究提供了有关tele和由之发生 452
的选择的背景的某种理解。（3）第三个主要概念是自发性训练（spontaneity training）。莫雷诺把成人看作曾经是童年早期柔顺社会生物的一种十足硬化或生壳形式。儿童曾学会去做社会所需要的事情并已构成一个外壳，它变得越来越难穿透了。

自发性训练主要是在戏剧的形式中发展起来的——然而，这是一种没有详尽情节，没有写好的台词或鲜明确定的角色的戏剧。在自发性剧院，你可以召唤一个一个听众到舞台上来并扮演这个或那个在教育上或治疗上有作用的角色。戏剧是有伸缩性和创造

* “tele”，来自希腊文，原意是“遥远”，转意为“电”，这是指两人或两人以上人与人之间的共同感受或心灵的接近，暂译为“心理共鸣”。——译注

性的：通过不断要求对于一个新的情境作出一个重要的富有意义的反应，它使自我实现成为可能。神经病患者可能在这样的方式中在舞台上重新经历那折磨人的斗争，那是他自己的犹疑不决和内心冲突使得他一直无法逃脱的。有时可能需要精神病医生指定一个知心朋友(an alter ego)(或一位助理精神病医生)取代个别患者个人的我那时还不可能实现的作用。

自然环境调查

认为使重要的社会问题适应雏形舞台或实验心理学试验室是可行的，这种信念在二十和三十年代迅速增强了。但这绝不是社会心理学取得其“近代”形式的唯一途径。对意见及态度取样调查的方法，本来用以粗略表明一种民意测验假投票的偶然性，现已展现为极复杂精细的取样调查和问题设计方法，特别是G.盖洛普于1932年提出的是如此，而随后出现的还有“交叉列表”法(“croso-tabulation” methods)，这就有可能以很少的试样(例如，以几千代表两亿)对于在年龄、性别、宗教、职业等等方面存在差异的团体进行对比研究，研究结果有惊人的一致并可能具有预见价值。这些方法朝着更符合“心理学的”方向推进。已作出一些尝试，以探索一切意见表达中显示的动机或无意识冲突的因素。

语言表达就这样在社会心理学中成为越来越重要的问题并同语言社会作用的新问题联系起来。首先的问题之一是思维同语言的关系。有关思维的和一般符号的系统而深刻的研究是在德语世界中由卡尔·比勒(1932)进行的；语音学、语言学和语义学的形式分析近年来都一直同学习论以及同通讯与信息论概念有显著的相互影响。今天的确有几个不同的“语言心理学”领域，其中有些既需要近代哲学又需要信息论的广泛研究。关于抽象作用和概念形 453
成的心理学，关于表情动作的心理学以及词在构成思维并使思维文体化中的作用，这些都已经成为研究的课题。具有特别重要性的研究之一是奥斯古德等的“语义分化法”(“semantic differential”)(1957)，使各种具有社会意义的人或事作出口头言辞反应。然后各依其价值、潜能和灵活性(activity)予以评价。以这些概念评价一个词，受试个人意义系统(meaning system)的细致构造便显示出来，因此，便可以联系象征作用和语义作用以其他评价技术对态度范型和价值范型进行评定并使两者结合起来。

另外，个人行为的公共面已被联系于发展与诊疗心理学所熟悉的许多隐私面进行研究，如 M. B. 史密斯等的研究(1956)。纽科姆(1943)研究了本宁顿学院女生的经验和她们对公共问题表态之间的关系。二十五年以后他接续研究同一组妇女(加上一组新的女生)，指出大学中灌输的态度如何牢固保持下来抵制了婚后和社会生活中的许多腐蚀因素。在一小组大学男生中，他深入调查了互相熟识和形成友谊的过程(1961)，成功地试验了海德的“平衡假设”(1958)，如在某些事例中所表明的那样，“个人达到对别人的恒常看法是由于把稳定的倾向归属于他们；这一类被赋予的倾向不是反复无常的，而是由平衡原理所制约的。因而，虽有新信息突然介入，仍有心理上的稳定。”

有一本广泛被援引的着重诊疗方面的关于具有社会意义的态度的研究，那就是《权威主义个性》(Adorno et al.,1950)。它论述了极端的种族中心主义和法西斯般的态度，把这些同心理分析学上设想的防预结构、转移的进攻性等一类概念联系起来。类似这样的一些研究和坎特里尔的生活史研究(1938)有很多共同点。后者集中探讨了参与某一政治运动的个人动力学，并进行了有关社会政治倾向的心理剖析，如拉斯韦尔早期所发起的那些研究(1930)。

莱温的影响

在社会心理学者中，K.莱温的工作一直保持着突出的地位。这种情况一方面可以归因于他以明快的方式根据适合研究有限(和无限)领域内运动问题的动力学概念讨论生活空间问题，一方
454 面则由于他充分利用一种半几何学的方式观察那些能够用线、面、障碍因素、向量等来代表的问题；他利用了被称为拓扑学(关于空间的非定量研究)的数学学科。甚至更为重要的是由于莱温在进行有关注意、动机、兴趣、挫折、倒退、领导以及角色扮演等实验中的独创性。他的富于创造力的思想和他的热情启发了许多有能力的学者。然而，他的影响的很大一部分肯定是由于十足的个性，魅力和超凡的感染力。他的影响现在仍然很强大，因为受到他的启发的男男女女在研究工作中和在传达他的生动启示中一直是非常多产的。他鉴定、描绘、编码心理社会现实的简单明了、扣人心弦而又切实可行的体系仍然可以应用于社会重整中最难解决的问题。你可以在许多蓬勃发展的近代运动中遇到莱温的学生：在团体动力学中，在种族关系和社群关系中，在生态心理学的发展中，

在冲突解决中，在不和谐论中，在个人发展与生命全程的研究中，等等。他的许多术语(抱负水平，生活空间，障碍因素，向量，等等)已经变成心理学语言的一部分。

如前所述，社会心理学在十九世纪后期兴起主要是在诊疗环境中，而自二十世纪以来的这几十年中，它一贯欢迎并利用医疗发现与医疗思想。麦克金农(1946)于第二次世界大战以后不久，就使人注意到那时正在发生的事情。曾经多么迫切地为那危机时刻庞大军事任务所需的“人的评价”概念(Office of Strategic Services，1948)表明，个人的社会品质，曾由一位征兵军官或甚至一位军医以一种直觉方式作出粗浅评价，可能有必要用最复杂精密的现代方法加以研究。

除医疗的、人事的和文化的问题以外，我们还看到关于人的一般社会环境的研究，从较亲密的家庭、朋友和邻里生活环境到界限分明的团体如俱乐部、兄弟会、宿舍团体以及特别是企业合作团体等的研究。在本世纪第二个二十五年中，有关男女职工完成企业任务情况的纯属个人性质的研究已在很大程度上由“关于企业工厂的社会心理学”所取代。一个这样的研究，芝加哥的西方电力霍索恩工厂研究(Roethlisberger and Dickson，1939)，由于它对企业士气的调查而著称。在霍索恩工厂，关于照明、休息时间等等问题对于态度的效应受到考察。事实证明，人们对于他们正在受到关注的事实给予了积极的反应；在工厂中不论对于他们的生活做了些什么，只要它表明有什么人关心到他们，就能使他们提高生产效率。“霍素恩效应”(“Hawthorne effect”)已经成为一个范例，说明认真对待工人个人意图的事情会得到怎样的效果，特别是当

这样的效应还新鲜的时候。其他的工业研究也在这一精神指引下开始进行。这些研究深入调查了工作进行的气氛。利克特(1961)
455 等已完成了一系列考察,提出:如果把传统的个人奖励和竞赛转移到合作、团结和关系上,就会使生产效率大大提高。这一类联系生产效率研究态度作用的方法很快便推广应用于学校——例如,在罗森达尔和雅各布森的激烈争辩研究中(1968),它报告了教师的态度和偏见对儿童教育上的进步和自尊所具有的影响。

社会生态学

我们发现,关于人类态度和场关系的复杂难解的心理学正引向对环境研究——的确,用生物学家的说法,也就是关于人类生态学的一种系统研究。人类生态学概念在本世纪第二个二十五年期间偶尔被提到过,但以乡村和城市生活的实证研究为依据的系统描述工作只是在世纪中期才出现。肖在早期所作的关于“犯罪区”的描述(1929),以及赖斯以政治地图表明的关于政治激进主义区与保守主义区的描述(1928),基本上是独一无二的博物院藏品。心理学家研究“文化背景”或“工业主义的冲击”作为影响人类行为的环境的部分说明。但是,尽管行为自身和被认为引起行为的机体内事件已被梳理得脉络分明,对于行为在其中发生的那些城市或乡村或婚姻或家庭等方面环境的细微结构却几乎没有什么关注。

是布伦斯威克(1947)首先清晰地看到并宣布了下列事实:行为科学正如有机体个体一样从具体情境中选择样品进行调查研

究。典型调查的过程常常有可能导致对作用于有机体的整个现实的误解并把一种完整构成的特性归因于选为样品的现实，而实际上它并不具有这样的特性。有机体必然寻求一种概率论的对付环境的方法。刺激选样论(stimulus sampling theory)由埃斯蒂斯提出(1950)并趋向更细致地分析真正作用于有机体的环境。

在植物学中所运用的生态学本来可以部分地解决细微结构分析的问题，但或许颇可注意的是，心理学家利用 R. A. 费希尔几乎仅仅是为了利用他的数学而不是为了利用他的生态学看法，尽管费希尔自己在他关于植物生长的研究中论述了土地分配、肥料、灌溉和阳光等变量问题。的确，甚至费希尔自己也并不重视作用于植物生长的自然力成分中的组合概念或秩序概念。他研究了概率 456
论并只要他有可能也研究独立的事件。他的“相互作用”概念应用于组合事件的某些类别，但没有根据它们自身结构关系的动力学对它们进行进一步的研究。

然而，在这一时期，罗杰·巴克和赫伯特·赖特(1955)在堪萨斯的一个小城镇，以及罗杰·巴克和路易斯·巴克(1961)在英国中部地区的一个小城镇，在全部城镇公共生活——街头、学校、教堂、超级市场、汽车加油站等等——中进行了系统的典型调查，分离并描述“行为背景”，其中富有意义的社会交互作用在进行着。他们指出了刺激复合物和有型式反应之间的关系并对个人全天所有时刻都进行了考察。包括对“社会气候”的分析，包括对引起个人反应起伏的那些刺激构型中的起伏的研究。

当然，人们也可以广义地理解“生态学”一词，包括在一极对文化和在另一极对个人环境次要细节所引起的特殊反应——如流氓行为或好斗行为——的研究。这一类的研究很多。今天最有趣的有那些和人-机系统(man-machine systems)* 打交道的研究。包括对宇航员及其对很快就会变成行星际与星际航行的太空宫殿环境的反应所进行的研究工作。当我们回想起伯纳德(1859)和“内部环境的恒常性”时,我们同样可能想到那为进行长期太空旅行而禁闭起来的一小组人对于直接外部环境恒常性的特殊需要。捕鲸船,潜水艇水手,以及北极雷达站工作者等方面的经验已经为一种基本上新型的心理学做了一些准备工作,其中最大的问题不是应付新情境的能力而是忍受刺激的剥夺和乏味的生活。它将把一种崭新的“适应”心理学强加于我们,它和那种可以应用于突然变化与危机情境的适应心理学——如在当代“灾难”研究中生动地表现出来的——大不相同(Taylor et al.,1970)。

社会剥夺与丰富问题的新观点

一些心理学,特别是社会心理学,由于以新方式观察“遗传与环境”的老问题而一直在经历修正的过程。实际上,无形的心理,作为“白纸”的心理,已再一次作为一种理论产物取得显著地位。不满足于简单记录环境对婴儿及儿童心理的影响,许多人很快便想到要十分认真地看待这种看法,即心理从认识的角度看在诞生时基本上是空白。唐纳德·赫布,一位生理心理学家兼学习理论

* 机器不可能为任何抽象的人而设计。如飞机的驾驶必须有经过严格挑选、训练的飞行员,星际航行对宇航员的要求就更高。因此,工业心理学家必须对人机之间的关系进行研究以提供工业设计上所需要的资料。——译注

家，指出了这一结论的必然不可避免。在他看来，心理在它变得有 457
能力进行新构成的反应以前基本上是空白。中枢神经系统表明有一种形成"细胞结集"("cell-assemblies")的能力，从这里可以发展出作为一种机能作用单位的注意和知觉的习惯。

但是细胞结集的概念不只是同新生儿有关。有机体在每一年龄都和它的环境不断发生交往，而如果使它同它的环境隔绝，就会使它在质上也在量上和它以前的情况不相同。由这一看法得出了关于"感觉剥夺"的观点。早就知道，在孤独监禁中的人们，在救生筏上孤零零地漂流于无边汪洋的人们，在边远的北极岗位上无人做伴的人们，可能以不那么像人的方式活动。赫布和他的合作者于是想到以一种极端的隔离方法来简化人的环境(参看边码第332—333页*)。从这些"感觉剥夺"研究中发展出一些方法使人封闭起来，远离他们的日常环境。有时在视觉方面不加阻挠；有时可以通过一个说话管子和外界交往；有时对于活动有极端的限制，如把受试放在一个呼吸器里，几乎完全不允许躯体和四肢的动作。

这些感性输入受限制情况所引起的心理反应的反常提出了许多既属于生理学又属于社会心理学的问题。随着信息论的迅速发展，那时已经有可能根据通道系统简单化的概念来设想这些剥夺状态，有时包括一种可能性，即某些信息来源的排除可能容许另一些来源起主要的作用。

我们再看看动物中或在环境文化极其简单化状况下培育的人类中的"感觉剥夺"。我们这里应该提及克列奇和他的合作者的实

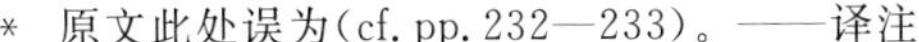

* 原文此处误为(cf. pp. 232—233)。——译注

验(1966),他们把一些幼鼠胡乱地分配到三种类型的早期环境中。第一组接受一连串有刺激性的课题,这使它们奔忙不已并作出越来越复杂的反应。第二组和其他同龄幼鼠过着通常的笼中生活;而第三组则受到完全隔绝的待遇。它们活到八十天时便都被杀死,各组动物在脑重量上显示出很大的差异。以去壳脑皮质的重量做比较,第一组比第二组重,而第二组又比第三组重。生物化学的评定也已由还不了解解剖比较情况的专家们独立地进行,评定表明,就脑中胆碱酯酶的活动而论各组之间确有重大差异,这是一种可以料想得到的结果,只要脑中有取决于神经细胞运用的生物化学差异存在。大量反复实验和许多间接效应研究说明,的确,我们这里所讨论的就一组的情况说是关于大量感觉剥夺的生理效应
458 问题,而就另一组的情况说则是(感觉)丰富的问题。

这样的研究成果对于全部“遗传与环境”的问题是富于参考价值的,并提出了有关各种在不同文化和社会经济环境中起作用的团体的疑难问题。我们可以对慈善机构中收养的儿童进行分组对比研究,特别是研究处于单调的孤儿环境中的儿童,在那里,智商一年比一年下降是非常普遍的。不是保持(如他们在正常环境中那样)一种在智龄和年龄间多少稳定的关系,智商在丰富的环境与贫乏的环境中能够上升或下降并确实上升或下降了。的确,见于斯科达克编选的文集中的斯基尔斯连续二十年的研究(Skeels,1966)表明,几乎所有那些受到早期关注的人都能有效地维持一种自立的生活,而大多数没有得到这种刺激的人则成为公共的负担。

不幸的是还很难说,丰富环境的哪些方面能引起最大的差异。实际上,在当代感觉剥夺和感觉丰富的研究中几乎没有什么分析

能说明有什么东西是经年不衰的。我们确实有J.亨特的具有说服力的证据(1961),证明言语的和(或)概念的训练能造成持久的差异。但仍然很难说是哪些个人因素和人与人之间的因素应被强调具有最大限度的长期后果。在早期感性刺激的有利后果中甚至可能有很大成分的“霍索恩效应”(参看边码第454页)。实际上,霍索恩效应本身也可以被视为或者是一种刺激输入的特例或者是一种感情刺激的特例。如刚刚提到的,常常会出现一种“实验者影响”,因为不同的调查人多少会设法记录不同的社会现实。

这些新型资料的应用,当然已深深改变了有关社会经济阶级差异的争论形式。戴维斯(1948)、伊尔斯等(1951),以及哈格
德(1954)和其他调查研究者的工作已经有力地表明,对不同经
济阶级儿童提出的问题形式可能引起非常不同类型的指示物,
甚至在某些情况能达到这样的结论:如果提出的问题是各组儿
童共同的日常社会接触世界的一部分,团体差异便趋于消失。 673

然而,在这样复杂的问题上是没有一种单一的资料来源的。在所有直接研究环境变量的人们中,多年来一直明显存在着一种普遍的强有力的环境主义倾向。关于人类行为遗传学的资料现在仍然很贫乏,毫不足怪的是,如到手的新资料所表明的那样,天秤一直倾向环境论者。然而,是比一种**普遍倾向**更多的什么才是现代的资料分析家所感兴趣的;感兴趣的是它将发展成为特定的,分析的,机能的,现实的那种倾向。例如,我们不问究
竟南方农村黑人的家以及它的缺乏刺激因素是否会导致广泛下 459
降的应对智力测验的能力,而是已经形成稳固的习惯要问,究竟
是什么样的来自美国更大文化世界的信息能够渗透到这样一个

家庭中而什么样的信息则不能。我们不再寻求作为一种重大障碍的主要表现的一般智力，而是寻求那种能够加以充实或加以剥夺的特殊机能。

当然，仍然有一些人继续强调在不同社会经济阶级和不同种族的成员之间存在基本遗传差异的可能。例如，引人注目的有舒厄(1958)根据黑人智力测验成绩较低的大量数据所作出的评价，她显然认为，这些数据资料是对环境论观点的一个答复。然而，参与这一辩论的双方是在“谈论互不相干的问题”，因为一方是以经典概念在进行讨论，团体差异研究一直是在这样的范围内开展的，目的在于探寻固有的或内在的属性，而另一方则在讨论当代分析学的机能概念，它们兴起于特定的环境并将随着这些特定环境的结构而变化。

这可能有助于引起人类环境理论问题的全面改造。家庭环境往往可以在一种单维量表上进行测定，例如，在查普曼-西姆斯社会经济背景量表(the Chapman-Sims scale of socioeconomic backgrounds)上测定。人们或许可以把这一量表和陶西格(Taussig)关于经济地位从“专业的和高级的职务”到无需技能的职务的五分法进行比较。对于细致的构造和组织的探讨已导致某些新发现，其中社会经济地位不再是一种单维连续统一体。某些关于美国阶级组成的研究表明，对美国公众做出的一种多面分类，由于需要种族的，宗教的，和其他的因素并包括不同类别成员所扮演的特定角色，可能使过去涉及这一类差别时的笼统说法成为不可能。

态　　度

社会心理学的题材在近代史中的几个不同时刻已经完全改变了。在十九世纪九十年代，社会心理学主要是由群众和暴众行为构成的。当进化论探讨的全部影响被吸收以后，本能成为关键概念，并且，如我们在麦克杜格尔的著作中所见到的，使本能成为理解社会行为的钥匙。行为主义对巴甫洛夫和华生的方法的强调以“条件反射”代替了本能。同一时期，那些从社会学的有利地位探讨过社会行为的人一直在强调“态度”。而当对于态度的观察、分析和测定成为社会心理学的一项主要任务时，本能时期便衰退了。定量方法使态度的精确衡量成为一种在专业上引起争论的事业。在瑟斯顿（1924，1931）和利克特（1932）手中对衡量技术的老练运 460
用使态度测定和态度变换恰如“主要心理能力”一样经得起系统定量研究的检验。实际上，瑟斯顿的量表和“等距法”（“equal appearing intervals”）为解决关于种种因素的复杂争论提供了机会，这些因素可以增加或减少偏见，或使宣传较有效或较无效，或决定着可说服性的形式和范围（Hovland，1957）。在某些可以鉴别的情境中，社会态度和其他社会属性一起（如超越与顺从，外倾与内倾，对于某种类型的不稳定性或变态的倾向性），构成了具有社会意义的行为测量的一大部分内容，在三十和四十年代受到了极为广泛的欢迎并取得了可喜的进展。

这些关于态度的研究并导致工业社会中态度范型的研究，可以和处理引起争执的问题的日常方式联系起来。罗基奇（1960）广

泛研究了“开放的和封闭的心理”，研究了那些不只是由个人自己的“统觉群”（参看边码第52页）所预先注定的对种种信息的系统而概括的倾向性。哈维等（1961）遵循一种类似的思想方法并已鉴别了对付新思想的四种基本方式。所有这一类对认识生活的探索都能被弄得同友好与偏见等社会态度发生关系；而在这些“认识图”研究的另一面，人们可能发现自己一般地说已处于认识心理学之中，或处于认识与知觉心理学之中。

罗基奇-哈维型的认识机能探讨不是同那些常常用于认识实验室的简单物打交道的。某种人类认识生活的多维图已从这一探讨中涌现出来。感情的一维是否真能脱离认识的一维，这已变得难以肯定了。在社会判断中出现的认识理论已经在最近的社会心理学中成为突出的了。除谢里夫概念和表达默里方法的种种概念以外，费斯廷格（1957）的《认识不和谐论》已引起大量探索，涉及是否有必要弥合两个不和谐认识的问题。海德的看法（1958），即认为不平衡在知觉到的单元与经验到的情操之间必须加以调整，在这些探讨中也是中肯的。

长期以来就很明显，个性心理学和社会心理学几乎不能彼此分离或从一个更广阔的领域中提炼出来，这一领域或可称为一种关于个人的和关于人与人之间的行为方面的研究。总之，个人的属性就其本身考虑时，就有多种多样的可测属性出现，其中有些看来好像主要是意动的或冲动的。在这一基础上留给社会心理学的将是这样一些属性，它们最清晰地出现于社会情境中，类如刚刚描
461 述过的那些态度范型或反映人与人彼此之间暂时与持久关系的那些属性。

社会加于个性发展的复杂且多变的压力问题见于坎特里尔的著作，他是G.W.奥尔波特和默里的学生。他在交往领域和具有广泛群众性的宣传工具（mass media）的领域进行了开拓探索（Cantril and Allport，1935）以后又积极应用艾姆斯对知觉的探讨来研究社会心理学（*The "Why" of Man's Experience*，1950）。再后，坎特里尔从事一系列关于舆论的分析和对于在政治压力下的个人特征所进行的创造性研究（*The Politics of Despair*，1958）。这一类的研究代表着社会心理学与知觉研究、政治科学、经济学以及关于我们这个社会（指美国）的一种广阔社会文化观的融合。这方面的文献现在变得非常丰富。即使社会心理学在这一与一切有关人和社会的知识和智慧汇合的过程中会在它自身的特性方面多少有所失，它却会在新的现实态度和新的观点方面大有所获。

我们前已指出，自莫德、F.H.奥尔波特和谢里夫的早期研究以来，警惕的社会心理学家就不仅力图把广泛的社会问题置于一种适合进行实验室分析的形式中，而且要以社会科学家一般采用的方式在其自然环境中研究那些最广泛的社会问题。如已经指出的，法西斯主义、共产主义、社会偏见和战争已促进了许多系统的研究。但在当今的时代，有更多、更多得多的研究期待社会科学家们的进一步努力，甚至最莽撞的适应新要求的尝试也被判定是需要的。许多公民问，我们为什么要容忍像帝国主义战争、性别和种族歧视、寓言般丰裕中的贫困，以及对那些处于最富灵活性时期的儿童提供紧身囚衣式的公共教育等一类陈腐蠢事呢？为什么社会心理学家们不进而满足这一切以及无数其他要求呢？社会问题心理学研究会，克列奇计划的产儿，于1936年组织起来对付这些问题。几项其他的活动，特别是莱温的“动作调查”，对社会的挑战也作出了同样的反应。要使心理学成为一门“嗅觉不灵的”科学的稳定压力确实很难同创造一种直接应用的社会心理学的迫切要求相吻合，这种社会心理学被指派要探讨那些最急迫的充满情绪的问题的。诊疗与儿童心理学有过类似的专业问题和道德问题要对付。这样的想法是可笑的，即认为一切科学都半是评价的半是标准的——一种对善同时也是对真的探讨——并认为社会心理学和其他一切类型的心理学都共处于同一条船上。但从现实的水平，从进行研究的现实水平来看，从实验室中“社会助长”问题研究到理解校园内的动乱或国际间的仇恨还有很长一段距离。这两个问题——方法的严格和研究工作的道德内容或感情内容——趋向于混淆。二者任择其一本身就足以使这个科学的问题即理解人和社会的问题复杂化或甚至遇到危机。今天的时代，社会心理学一只
462 脚是站在实验科学的基础上，而另一只则处于社会变革的波涛起伏之中。它描述和对付那些错综庞杂力量的任务是十分繁难的，即使这些力量是在一个远古社会中起作用的也同样；当科学家的显微镜集中到他自己所处的瞬息万变的社会细微构造时，那就可能变得使人望而生畏了。

或许，那种研究教育全程——在社会中成长的全程，不论在家庭中，在邻里环境中，在中、小学中或在大学中——的社会心理学已经为富于想象力的研究尝试提供了易于接近的目标。这些尝试现在正在进行，以便在实验室行为研究和社会研究之间搭起桥梁。个性心理学、学习过程心理学、集体作用与领导艺术心理学是最能代表当代关于综合社会心理学任务的想法的。

什么是值得研究的以及如何找出一种研究它的方法这一问题无疑是“知识社会学”中那些广泛的问题之一。人们试图根据作用于调查研究者的整个社会驱动力体系来观察调查研究者的行为。例如，在一种“粗鄙的个人主义”和强调“人人为己”的时期，关于进攻性、冲突和敌意的研究在二十和三十年代有关成人和儿童两者的研究文献中（参看 Jersild and Markey，1935）是非常突出的。关于同情和合作的研究（例如，L. B. Murphy's *Social Behavior and Child Personality*，1937）在这一时期简直是一种颇为孤单的冒险事业。尽管一切心理学都反映时代及其精神气质，社会心理学对于这种时代影响却尤其敏感。

参考书目：

Adorno, T. W., Frenkel-Brunswik, E., Levinson, D. J., Sanford, R. N. (with Aron, B., Levinson, H. H., and Marrow, A. W.) *The Authoritarian Personality*. New York: Harper, 1950.

Allport, F. H. *Social Psychology*. Boston: Houghton Mifflin, 1924.

——. *Institutional Behavior*. Chapel Hill: University of North Carolina Press, 1933.

——. "The J-Curve Hypothesis of Conforming Behavior." *Publications of the American Sociological Society*, 28(1934), 124—125.

——. "An Event-System Theory of Collective Action, with Illustrations from Economic and Political Phenomena and the Production of War." *Journal of Social Psychology*, 11(1940), 417—445.

Asch, S. E. "Studies of Independence and Conformity: I. A Minority of One Against a Unanimous Majority." *Psychological Monographs*, 70 (1956).

Barker, R. G. *Ecological Psychology*. Palo Alto, Calif.: Stanford University

Press,1968.

Barker,R.G.,and Barker,L.S. "Behavior Units for Comparative Study
463 of Cultures." In B. Kaplan, ed. *Studying Personality Cross-Culturally*. Evanston,Ill.:Row,Peterson,1961.

Barker,R.G., and Wright, H. F. *Midwest and Its Children*. Evanston, Ill.: Row,Peterson,1955.

Bernard,C. *Leçons sur les propiéties physiologiques et les alterations pathologiques des liquides de l'organisme*. 2 vols. Paris:Ballière,1859.

Bernard,L.L. *Instinct: A Study in Social Psychology*. New York: Holt, 1924.

Boas,F. *The Mind of Primitive Man*. New York:Macmillan,1911.

Bruner,J.S.,and Goodman,C.C. "Value and Need as Organizing Factors in Perception." *Journal of Abnormal and Social Psychology*,42(1947). 33—44.

Brunswik,E. *Systematic and Representative Design of Psychological Experiments*. Berkeley:University of California Press,1947.

Bühler,K. "Das Ganze der Sprachtheorie, Ihr Aufbau und Ihre Teile." *Berichte über den Kongress der Deutschen Gesellschaft für Psychologie*,12 (1932),95—122.

Cantril,H. "The Predicting of Social Events." *Journal of Abnormal and Social Psychology*,33(1938),364—389.

——. *The "Why" of Man's Experience*. New York:Macmillan,1950.

——. *The Politics of Despair*. New York:Basic Books,1958.

Cantril,H.,and Allport,G.W. *The Psychology of Radio*. New York:Harper,1935.

Clark,K.B. "Some Factors Influencing the Remembering of Prose Materials." *Archives of Psychology*,No.253(1940).

Davis,A. *Social Class Influences Upon Learning*. Cambridge,Mass.:Harvard University Press,1948.

Dunlap,K. "Are There Any Instincts?" *Journal of Abnormal Psychology*,

14(1919),35—50.

Eells ,K. ,Davis, A. , Havighurst, R. , Herrick, V. , and Tyler, R. *Intelligence and Cultural Differences*. Chicago: University of Chicago Press, 1951.

Estes , W. K. "Toward a Statistical Theory of Learning." *Psychological Review*,57(1950),94—107.

Festinger, L. *The Theory of Cognitive Dissonance*. Palo Alto, Calif. : Stanford University Press, 1957.

Godwin, W. *An Inquiry Concerning Political Justice, and Its Influence on General Virtue and Happiness*. 2 vols. London: Robinson, 1793.

Haggard, E. A. "Social-Status and Intelligence: An Experimental Study of Certain Cultural Determinants of Measured Intelligence." *Genetic Psychology Monographs*,49(1954),141—186.

Harvey, O. J., Hunt, D. E. , and Schroder, H. M. *Conceptual Systems and Personality Organization*. New York: Wiley, 1961.

Heider, F. *The Psychology of Interpersonal Relations*. New York: Wiley, 1958.

Horowitz, E. L. "The Development of Attitudes Toward the Negro." *Archives of Psychology*, No. 194(1936).

Hovland, C. I. , ed. *The Order of Presentation in Persuasion*. New Haven: Yale University Press, 1957.

Hunt. J. McV. *Intelligence and Experience*. New York: Ronald Press, 1961.

Jersild, A. T. , and Markey, F. V. "Conflicts Between Preschool Children." *Child Development Monographs*, No. 21(1935).

Koffka, K. "Perception: An Introduction to *Gestalttheorie*." *Psychological* 464
Bulletin,19(1922),531—585.

Krantz, D. L. , and Allen, D. "The Rise and Fall of McDougall's Instinct Doctrine." *Journal of the History of Behavioral Sciences*,3(1967),326—338.

Krech, D. , Rosenzweig, M. R. , and Bennett, E. "Environmental Impoverishment, Social Isolation, and Changes in Brain Chemistry and Anatomy." *Physiology and Behavior*, 1(1966), 99—104.

Lasker, B. *Race Attitudes in Children*. New York: Holt, 1929.

Lasswell, H. D. *Psychopathology and Politics*. Chicago: University of Chicago Press, 1930.

Le Bon, G. *Psychologie des foules*. Paris: Alcan, 1895.

Likert, R. "A Technique for the Measurement of Attitudes." *Archives of Psychology*, No. 140(1932).

——. *New Patterns of Management*. New York: McGraw-Hill, 1961.

MacKinnon, D. W. "The Use of Clinical Methods in Social Psychology." *Journal of Social Issues*, 2(1946), 47—54.

Malinowski, B. K. *Sex and Repression in Savage Society*. London: Kegan Paul, Trench, Trubner, 1927.

McDougall, W. *An Introduction to Social Psychology*. London: Methuen, 1908.

Marx, K. *Das Kapital*. 3 vols. Hamburg: Meissner, 1867.

Mead, G. H. *Mind, Self and Society*. Chicago: University of Chicago Press, 1934.

Mead, M. *Coming of Age in Samoa*. New York: Morrow, 1928.

——. *Growing Up in New Guinea*. New York: Morrow, 1930.

Moede, W. *Experimentelle Massenpsychologie*. Leipzig: Hirzel, 1920.

Moore, H. T. "The Comparative Influence of Majority and Expert Opinion on Individual Judgments." *American Journal of Psychology*, 32 (1921). 16—20.

Moreno, J. L. *Who Shall Survive?* Washington, D. C.: Nervous and Mental Disease Publishing, 1934.

Müller, F. M. *Lectures on the Science of Language, Delivered at the Royal Institute of Great Britain... in* 1861 *and* 1863. London: Longman, Green; Longman, Roberts, 1861—1864.

Münsterberg, H. *Grundzüge der Psychotechnik*. Leipzig: Barth, 1914.

Murphy, L. B. *Social Behavior and Child Personality*. New York: Columbia University Press, 1937.

Murray, H. A., Barret, W. G., Homburger (Erikson), E., *et al*. *Explorations in Personality*. New York: Oxford University Press, 1938.

Newcomb, T. M. *Personality and Social Change*. New York: Dryden, 1943.

——. *The Acquaintance Process*. New York: Holt, Rinehart and Winston, 1961.

Newcomb, T. M., Koenig, K. E., Flacks, R., and Warwick D. P. *Persistence and Change: Bennington College and Its Students After Twenty-Five Years*. New York: Wiley, 1967.

Office of Strategic Services Assessment Staff. *Assessment of Men*. New York: Rinehart, 1948.

Osgood, C. E., Suci, G. J., and Tannenbaum, P. H. *The Measurement of Meaning*. Urbana: University of Illinois Press, 1957.

Rice, S. A. *Quantitative Methods in Politics*. New York: Knopf, 1928.

Roethlisberger, F. J., and Dickson, W. J. *Management and the Worker—An Account of a Research Program Conducted by Western Electric* 465 683
Company, Hawthorne Works, Chicago. Cambridge, Mass.: Harvard University Press, 1939.

Rokeach, M. *Open and Closed Mind*. New York: Basic Books, 1960.

Rosenthal, R., and Jacobson, L. *Pygmalion in the Classroom: Teacher Expectation and Pupil's Intellectual Ability*. New York: Holt, Rinehart and Winston, 1968.

Ross, E. A. *Social Psychology*. New York: Macmillan, 1908.

Shaw, C. R., Zorbaugh, F., McKay, H. D., and Cottrell, L. S. *Delinquency Areas*. Chicago: University of Chicago Press, 1929.

Sherif, M. *The Psychology of Social Norms*. New York: Harper, 1936.

——. "An Experimental Approach to the Study of Attitudes." *Sociometry*, 1 (1937), 90—98.

Shuey, A. M. *The Testing of Negro Intelligence*. Lynchburg, Va.: Bell,

1958.

Sighele, S.　*La coppia criminale*. Turin: Bocca, 1891.

——.　*La Foule criminelle*. Translated by P. Vigny. Paris: Alcan, 1892.

Skeels, H. M.　"Adult Status of Children with Contrasting Early Life Experiences." *Monographs of the Society for Research in Child Development*, 31(1966).

Smith, A.　*Theory of Moral Sentiments*. London: Millar, 1759.

——.　*An Inquiry into the Nature and Causes of the Wealth of Nations*. 2 vols. London: Strahan and Cadell, 1776.

Smith, M, B., White, J. S., and White, R. W.　*Opinions and Personality*. New York: Wiley, 1956.

Tarde. G.　*Les Lois de l' imitation*. Paris: Alcan, 1890. *The Laws of Imitation*. Translated by E. C. Parsons. New York: Holt, 1903.

Taylor, J. B., Zurcher, L. A., and Key, W. H.　*Tornado: A Community Responds to Disaster*. Seattle: University of Washington Press, 1970.

Thorndike, E. L.　*Educational Psychology*. Vol. 1. *The Original Nature of Man*. New York: Teachers College, Columbia University, 1913.

Thurstone, L. L.　*The Nature of Intelligence*. New York: Harcourt Brace Jovanovich, 1924.

——.　"The Measurement of Change in Social Attitudes." *Journal of Social Psychology*, 2(1931), 230—335.

Triplett, N.　"The Dynamogenic Factors in Pacemaking and Competition." *American Journal of Psychology*, 9(1898), 507—533.

Trotter, W.　*Instincts of the Herd in Peace and War*. London: Unwin, 1916.

Veblen, T.　*The Instinct of Workmanship*. New York: Macmillan, 1914.

Woodworth, R. S.　*Dynamic Psychology*. New York: Columbia University Press, 1918.

第二十七章　形成中的历史：旁支与广阔的新领域 466

科学的一大悲剧——一美妙的假说为一丑恶的事实所残害。

赫胥黎

的确，在当前一切进展迅速的潮流中，心理学向一门科学演变的持续运动可算是最重大的了——正像十九世纪中化学变为一门科学与十九世纪末和二十世纪初生理学和胚胎学成为一门科学一样。心理学汲取它们的精神，和它们交换着概念与方法，在其一般的理论结构上寻求物理的或化学的基础，探索着去仿效它们的威望与标准以求为科学所公认，并且同那些把它们结合起来或分隔开来的新出现的认识论诸课题休戚相关盛衰与共。二十五年以前，有一个脉络分明的普通系统心理学的坚固内核；但仍有来自人文科学及社会科学的大量边缘资料尚待整理。甚至更为重要的是，有一种盛行的权威断言，说逻辑实证论实际上已经弄钝了关于知识性质的古老哲学问题的锋芒，说心理学已经开始掌握理性的一切必要工具，以完成遗留的单一而一致的任务——搜集及解释资料的任务。

从那时以来，在心理学中以及在全部科学中已发生了许多事情。心理学的确变得更科学了。在这一过程中它也丧失了它原先

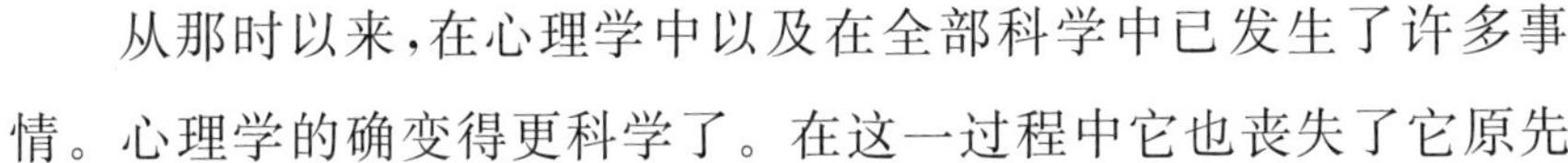

的某些广度。这看来是在逻辑实证论和操作主义祭坛之上的一种合理的,甚或是一种绝不可少的牺牲。但是对于一切要求人们绝
467 对崇敬之神说来都是这样,逻辑实证主义和操作主义①也并没有实现它们的诺言。我们个人可以相信心理学也对神的灭亡作出了贡献并从中得到安慰;但我们在这里既不称赞也不谴责,既不摒弃也不惋惜,而只试图恢复那种我们相信确实是清晰的情景。心理学已不再是一团团零散观察的乌云笼罩的领域。我们在勾画现代心理学的状貌时所能加以利用的大多数当代资料均载于近数十年来的书籍杂志中,它们是那种“一般科学”的组成部分。但是认识论的和科学统一性的问题,以及心理学在科学中的地位问题,在很大程度上仍然是议事日程上的题目。

心理学与科学的统一

我们把本书的末尾部分用来考察作为一门科学的心理学的现状。我们的第一件工作是在通常以“科学的统一性”一术语所指的关系结构中确定心理学的位置。自然,在某些人看来,统一性仅只意味着把一切复杂的现象还原为逐级较简单的水平的愿望或可能性:把行为还原到生物学和生理学;把生物学、生理学还原到生物化学;把生物化学还原到物理化学;以及最终或许把一切都还原到

① 自然,操作主义继续存在于当前的“方法学的行为主义”之中,其中仍有力地强调明确说出的“操作主义”,但这些定义不能被认为是内容的最终替代物。只有斯金纳派的人继续依靠行为主义的原初纲领而且他们拥护操作主义。似乎既把它作为方法又作为对内容下定义的最后程序。

物理学。对另一些人来说，问题在于是否在一切科学领域内都可以同样完善地运用统一的原理、实验的方法和逻辑的分析。心理学虽有其日益具体化的发展并有权要求得到充分的科学地位，但还不能令人满意地解决这些问题；而科学也没有面对心理学解决过这些问题。

还原论者的统一性随着被观察的经验现象能否以抽象的数学运算加以还原、孤立和理想化而定。自然，这是基本物理学和精确科学的方法，（尽管在“精确科学”名称下有范畴上的分化）其中孤立化和理想化以构成预测的理论和定律是其目的与方法。对比起来，生物学家和心理学家仍然主要是同具体事件的描述打交道的，或者可以说是同确切的而非理想的事件打交道的。那些决定生物事件和行为事件的变数型式极其复杂，常常妨碍事件充分而完全的孤立与理想化；从而在许多领域内还原之门被封闭了。当描述的具体性由于预测性的概括得势而被抛弃时，复杂性的问题就可 468
能介入并把注意力不是重新导向孤立而处于边缘的因果联系，就是导向对大量不能再简化的实体进行虚假的理想化和抽象的运算，而这些实体本身就包括高度复杂的有时甚至是不能说明的因果联系。

想起了两个例子。第一，几乎已经神圣化的威廉·詹姆斯的名字可拿来做这种检验：这里，如果我们说近代科学家，问题立刻缩小到詹姆斯的注意、情绪和意志等概念的现代科学价值。第二，提到无意识的问题就能使人想到弗洛伊德的盖世天才。这里，呈现的实验问题似乎是一种知觉和思维过程的阈限下动力学的还原论研究，它们会支持或摒弃弗洛伊德由其临床观察的驱使所采取的立场。这些研究事实上目前还在进展中（例如，Shevrin and Fritzler，1968）。但大多数现代研究者，在应用其最新的和最精巧的工具以孤立知觉、动机和思维过程等问题时，会很自然地拒绝使用詹姆斯和弗洛伊德的概念。探讨人类行为整体性的临床家却不能这样做；詹姆斯和弗洛伊德研究人格的方法在他们的工作中仍然完满地使用着而不需要任何压倒一切的还原论的支持。

从还原论者的眼光看来，这种缺少统一性实际上并不妨碍心理学不同分支之迅速发展及其间之交错关联——在儿童心理学、社会心理学、人格心理学、比较心理学与生理心理学等等之间都是如此。它们各自的杂志在精神上和编纂的目标上是相似的。论文发表的标准是同样的一般科学方法以及研究成果之是否适当，这个标准对于作为一整体的心理学也是有效的。心理学已倾向于成为一坚如磐石的整体；但在同时它又沿着日益细微专门化的清晰路线而前进着。存在着一种一般的参照构架，它的清晰与一致简直令人惊奇，特别在人们考虑到物理学、化学、生物学、生理学及其分支学科等新近基本科学如何呈现出自身的形态时更是这样。但是还原论对心理学还没有做得很好。心理学当它力求在其自身内部以及与科学整体之间划清一致的界线时，仍然在寻求新的事实，新的原理，和新的逻辑抽象程序——或在寻求库恩式分类示范表（参看边码第 471 页）。因此，当心理学在堂堂的一窝雏群巢居之时，而且几乎准备着要与其余的伴儿起飞时，但这还不是真正的飞行。可以期望，在真正开始飞行时它会长得足够健壮，能取得合法的领导地位。

心理学与科学的发展 469

科学的统一性是我们时代伟大的中心思想之一。关于我们的科学时代已经谈过很多了，但这些陈述仅只意味着对于科学方法有普遍的尊重。可能还有十几门或百十门科学，每门都有自己的训练，自己的式样、方法论和概念体系，有自己建立的观察方法和对资料的处理与解释。这样一种科学观可完全不同于我们现在对科学统一性的观念。的确，这是科学统一性的现代概念，它生动地引起把历史分为若干漫长时代的历史家的注意。我们在伯利克里的雅典，凯撒和西塞罗的罗马，但丁和意大利城邦中古的发展，或在哥伦布的勇敢冒险后地理上迅速扩张等等伟大的时代中探寻人类思想的发展脉络。每个新时代都以特殊的方式去观察和感受事物，以参与集体思维事业的人们的社会创造性为其特征。从这个观点看来，亚历山大时期可称为一科学的纪元；而伽利略、笛卡尔和牛顿等的思想肯定地都共同参与了一个新的科学纪元。但在这些时期的每一时期中的科学都是许多令人振奋的新冒险事业之一。偶然地，它可能与艺术的、伦理的或人道主义的价值结构发生争辩，但它尚未充分成熟，还不能显示为一联合阵线和严密队列为支持一种世界观以反对不同的观点。一种亚历山大的对神经的观察并不与托勒密的天文思想的力量相结合；吉尔伯特对磁的研究并不预先决定哈维关于血液循环的思想的发展过程。然而，今天的科学似乎正在向有结构的整体演变中：在大厦最后竣工时，建筑设计得极为精巧，以至于人们从一个地方走到另一个地方都碰不

到不协调的问题。在这座建筑中肯定需要心理学构成重要的部分。

直到数十年以前，要心理学成为一门科学的雄心，只有按其内容说与物理学最为接近的那些心理学方面才被认为是有可能实现的。在这方面著名的研究有在心理物理学中、在心理生理学中的阈限研究，以及在学习论中那些最显明能用数学方法进行的研究。但以后就不再是这样了。研究设计标准之严格，控制之精巧，对零假设之注意，以及确定在研究工作某一特殊片段的基础上得到的结论可以推广到什么程度为止的企图——这一切都应用到全部心理学上。这些都同等地应用到异常心理学和社会心理学，发展心理学和神经生理学以及学习过程之中。从这种观点看来，并非心
470 理学的某一部分才被认为完全属于科学；心理学全体正沿着概念和方法的标准化方向运动，使其本身成为今日一般科学的一部分。

近几年来有些什么明显的抵抗和反向运动呢？现象学和存在主义的烈焰有什么意义？在科学结构的堡垒里它们阐明了些什么？不久以前如此受到普遍赞扬的逻辑实证主义和操作的方法在人本主义心理学的领导下加以排斥的情况又如何呢？马斯洛的《科学的心理学》(1966)一书和他清楚地警告科学正在把婴儿和脏水一起倒掉并且正在丧失人性的根本或甚至生活本身，其意义如何？关于愈益唠叨不休的流行的“关联性”问题的情况又是如何的呢？

自然，可能的答案之一是它们都是反向运动——或者只能辩证地加以理解，或者只能用那种在个人生活历程中由于价值概念发生极迅速变化而产生的不安定性来加以理解。对抗达尔文的复

旧活动进行了好几十年,对抗爱因斯坦研究的复旧活动也进行了几乎同样长的时间。期望这些很有生气的,很合乎人性的和很机智的对抗继续下去,似乎是合理的。它们已经继续存在并得势了许多年,并且它们会形成更有秩序的活动以抵抗心理学的“建设”。对自发性,主观主义和致力于维护直接经验的作用而非系统的概念化、使用工具与测量的作用等有了重新恢复的趋势。这可能是现代心理学优势“中心”的希望,即一旦建立了大量的防御物(像在逻辑实证主义者、操作论者以后但主要仍是着重数量的科学中可能形成的指导路线所导致的那样的科学),那么当前被排斥的运动会再度在整个体系内被接纳——只要其目标、概念与方法都与一般科学一致就会被接纳。随着时间的推移,这一愿望会变得这么

明显,以至于如果某人要写一篇论弗洛伊德思想发展的博士论文
时,他会被迫在英国文学或德国文学部门内这样做,而不会在心理 691
学部门内这样做。或者,如果某人想考虑线条、阴影或形状美的数量研究时,他的这种努力会在哲学部门或美术部门内而不会在心理学部门内受到鼓励。

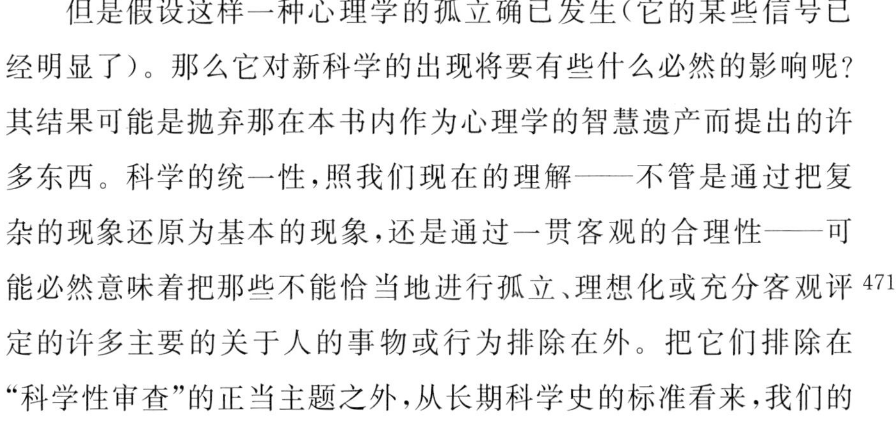

但是假设这样一种心理学的孤立确已发生(它的某些信号已经明显了)。那么它对新科学的出现将要有些什么必然的影响呢?其结果可能是抛弃那在本书内作为心理学的智慧遗产而提出的许多东西。科学的统一性,照我们现在的理解——不管是通过把复杂的现象还原为基本的现象,还是通过一贯客观的合理性——可
能必然意味着把那些不能恰当地进行孤立、理想化或充分客观评 471
定的许多主要的关于人的事物或行为排除在外。把它们排除在“科学性审查”的正当主题之外,从长期科学史的标准看来,我们的

所作所为很有可能是害多益少。这不仅危及对它们的“科学的”理解，而且更重要的，是危及科学本身的演化。在最后的分析中，并非心理学必须局限于我们今天所了解的一门科学的主要措施与方法；毋宁说，科学必须以这样的途径来形成，使它能充分说明人类的一切主要的和根本的问题和行为并完全胜任地对付这一切。如果科学对詹姆斯的思想流的观念不能留有余地，那么它就更为贫乏，而不是更为丰富。这样来理解，心理学就必须探寻其未来的发展道路，并力求在科学中取得某种领导的地位。

像科南特(1947)等许多人所表明的那样，科学通常具有摒弃观察报告的习惯，因为体系不能容纳它们。近来，库恩(1962)明智地指出，“标准科学”(物理学，化学，和密切相关的学科)的实践家们经过长期的艰苦过程共同主张一种系统的自然观并提出有关的主要范例。其理由是在知觉及行动中这些范例具有统一性，而新的不协调的观察恰好没有这种统一性。不协调的观察，如果坚持下去，会产生位置错乱(范例崩溃)而非一致性。只有在充分消化以后以及在原始范例革命性变化的后果中，这种新知识才被接受并在修订的新的系统自然观中充作基石。

显然，照库恩的分析看来，现代心理学很大部分仍处在范例前阶段中。甚至公认的重要理论，如进化论和身心统一论，还没有导致关于人的心理本质的任何一种系统观，使一切有用的知识能以明显肯定的或明显否定的型式在其中反映出来。虽然如此，很可能库恩的分析并不完全适合于生命科学与心理学。人们可能辩解的理由是，“标准科学”已围绕着那样一些中心范例展开，这些范例完全适合于它们并完全可以用它们的方法加以检验。另一方面，心理学以之为中心而展开的范例与例证则来自并仿效标准科学与生物学。因此问题变成不仅是某一中心观念及可以得到的经验知识协调和不协调的程度问题,而且也是一种新的心理学思想与其他基础较好的科学学科的流行理论观点之间协调与不协调的问题。这又转而把威望、可接受性、交往等惯例问题突出出来。这些问题大多数均在经验的实证与观念的改革等紧迫问题之外。这并不是否认在心理学发展中经验证明的重要性,而是指出在不同的 472
科学学科史中应用统一的模式有某些困难。然而,这个问题属于另一个更直接集中的课题讨论。这里我们只应当说,心理学思想的发展可能不完全适合由库恩勾画的演化过程;虽然心理学史中的许多特点可以用库恩的观点来写。

最值得重视的支持库恩解释的十九世纪例证是认为人类心理学根本不同于动物心理学的静态观念一直维持到达尔文主义打入这一领域为止。达尔文之后,最激进的演化概念能迅速地协调动物和人类行为的广大领域。另外一个规模较小和性质不同的例证指出直接把库恩的观点完全应用到心理学史上的困难。由皮塞居所指出的颇为简单的似睡现象被拒绝了五十年以上,显然因为它被称为"动物磁性"之故。布雷德把这个术语改为"神经质睡眠"并且几乎立即使当时医学界就接受了这个曾被当作荒诞的欺诈而遭受排斥的东西。这里在任何的世界观或范例中都没有什么明显的变化,也没有对这种面对面观察的现象任何确切肯定或否定的理解;不如说,这里的问题至少部分说来是环绕着言语标签的一般科学习俗打圈子的。

由法伯罗(1963)编纂的一卷书中详细阐明了十几个现代研究

和临床实践的领域，它们至今仍然处在科学声望上的无人地带。人类性机能的许多方面，不论是正常的还是病理的，长期以来属于这个范畴。在弗洛伊德以前对这类研究的许多分支有强烈的医学禁忌；而且甚至在心理分析学讨论这类问题三十年之后，金西(1948，1953)的报告在那些普遍认为需要进行科学探索的领域内启发了大量的热情和大量的正规想法。

根据社会学的知识，我们可以认为在科学边缘上的这些小冲突是同观点的不一致有关的。这两种解释不一致的问题似乎是个逻辑问题：一个陈述不能既真而又伪。然而，今天这种不一致性的假定需要坦率地评定为心理学的“抵抗”的可能事例，就是说，观念的被排斥并非因其与其他观念有逻辑上的不一致，而是因其威胁一个人的世界观和自尊——常在许多方面越出纯逻辑的或科学的考虑之外。思维过程中的实验，不管是用演绎推理或用政治口号，都有力地说明心理学的命题可能变成一个人关于自身综合形象的

473 威胁或者特别是对那个临证者的自我形象的威胁。托马斯·里德说他不抱任何有损于“人的尊严”的念头。1860 年维尔伯福斯主教说，他不能信任人来源于猿猴的概念；狄士累利在议会中保证，如果要在猴子与天使间作出选择的话，他站在“天使的一边”。

没有一门科学是最终的结构。要使它严密而没有一扇打开的窗户，这在熟知的程序中是个正常过程。这个企图在气氛对它有利时会一直继续下去。这在心理学中较在其他迅速扩展的科学中甚至更为强烈，因为在心理学中还不能满足结合为统一体及自给自足的需要。容许我们有许多扇打开的窗子，意味着我们还没有一个一致的原则、方法及事实作为真正坚强的后盾。

作为第一个例子我们要转到过去和现在许多著名心理学家予以很大注意但连一点点科学鉴定也没有的一个领域:心灵学。在这之后我们将讨论两个在现代心理学中有创造性的和分裂的紧张来源:人本主义的主张和国别心理学中的持续分裂。

心理学与心灵学

如果我们转回脚步,我们就会发现心理学中几乎每迈一步都是从另一门科学甚或从一点也不能算作科学的经验领域中输入某种观念所引起的。费希尔关于植物生长中共同作用和交互作用成分测量的概念,非常完善地适合于当时正在发展中的实验心理学,以致它的确改变了实验思路。克勒关于大都来源于物理学的物质形式的观念,对心理学中形式理论的发展具有爆炸性的影响。生理学家巴甫洛夫给予学习心理学新近组成的领域以主要的方法和概念。的确,这些输入的方法和概念倾向于逐出当时存在着的方法与概念。弗洛伊德的观察与思想贯穿到许多体系中。其中有许多在成长着的心理学体系中占有地位,但有些则不被采纳。几乎现代遗传学界的一切都适合需要;但几乎没有什么来自心灵学的东西是适合的。

为确立调查报告的可靠性和为现存体系提供新材料过程中出现的一切问题,在科学心理学对心灵学领域的反应中都是明显的,这种心灵学在19世纪末称之为心灵研究。这一领域探讨在不用任何已知的感官时,对人对物以及对事件进行所谓交往和知觉的与识知的反应。例如,“传心术”一名称,指一人与另一人通过已知

474 感官以外的方法进行所谓知觉的与认识的接触。“千里眼”(clairvoyance)一词就是指不用已知的直接感觉接触而对一事物具有直接的知觉。

1882年,剑桥大学的一些学者和都柏林的医生威廉·巴雷特在伦敦组成了心灵研究社。这个组织立即开始了野心勃勃的远距离传心术(Gurney et al.,1886)及大量的催眠和其他现象的研究。其目标正如亨利·西奇威克所说的,在于打开一个代表人类大量经验的密封区域,对它的忽视在“进步的时代”是个“丑闻”。威廉·詹姆斯对它感到强烈兴趣,其部分原因是其研究的经验主义精神使他寻求不容易分类的珍异且繁难的事件。他感兴趣也因为他对一个年轻的巫婆(Mrs. L. E. Piper)的注意,根据他的判断,她的话所包含的事实陈述超出了正常获得的任何可能性(James,1909)。

以后传心术及有关现象的实验研究象半熄的火花样地在这里那里闪烁着。这些研究由法国化学工程师瓦考里耶(1921)的远距离传心术的实验并由荷兰格罗宁根大学心理学系的三个成员(Brugmans,1922)赋予了一点新的生命。这三个人报告他们能控制在另一房间内的被试的反应。在每次实验中被试从48个跳棋方格中选出一个作为特殊实验的目标并在实验者传心暗示之下立即获得显著的高分数。埃斯塔布鲁克斯(1929)在哈佛报告了一系列成功的类似实验,而库弗在斯坦福大学研究同样现象,没有得到任何他认为是积极的成果。

这个问题还没有成为心理学家关心的主要问题之一,直到十九世纪末期麦克杜格尔从牛津到哈佛以后去杜克大学并鼓励两个年轻的植物学家兼林业管理者J.B.莱因和他的夫人L.E.莱因的研究时，情况才有了变化。在四年的时间里，他们收集了关于传心术及千里眼的有关过程的多种测验的丰富材料（Rhine，1934）。有好几年在维护莱因与反对莱因之间激起了情绪强烈的战斗。但是，像所预料的那样，这些发现受到心理学多数部门的普遍拒绝和排斥。然而，这并不能阻止其他科学家们进行莱因型和别的实验并把实验结果发表在心灵学杂志和美国心灵研究社杂志上。研究积极地持续着；心灵学的研究曾在五十多个大学实验室和睡眠与梦医学研究室内进行，常常得到积极的结果并日益增加自动装置方法的应用（Ulman et al.，1966）。

大多数心理学家继续对心灵学持否定态度，这主要有两个理 475
由。任何人在他实验室内从来没有看到一个明确“可重复”的实验具有积极的和肯定的结果。此外，缺乏系统的理论把新的研究材料结合在有组织的和公认的科学纲领中。自然，这些是产生犹豫并一定会助长怀疑论的有分量的理由。但是心灵学研究的当代实践家们认真对待明确的实验规则并坚韧地重复每个积极的观察；并且他们继续提出支持的证明。大胆的努力正在进行着，以发展一种理论沟通科学的心理学与心灵学的概念。心灵学可能迅速成为有组织的心理学的一部分；但目前它是个分散的领域。

人本心理学的主张

心理学已着手一项新的伟大冒险使它成为一门羽毛丰满的科学，但它仍然需要新的模式和新的基本原则以便在它本身之内和科学整体之内划出统一的界线。得失的评判将是二十一世纪历史学家的责任和特权。现在我们所能做的一切是指出某些可能的新领域和某些流行的旁支，它们将来可能走向科学威望的前沿并在继续寻求统一性上起重要作用。现象学和存在主义当前是重要的。它们的要旨受到仔细查询直到弄清楚为止；它们的假设通常以公式表示为适合或不适合。自然，适合也绝非完美；少数重大的种子人物所产生的创造性动荡不定和不可预测会继续发酵膨大。但至少在我们的时代，二十世纪的最后二十五年，主要的倾向是清楚的。

如前所述，存在主义与现象学这两种哲学倾向的影响组成了一种针对心理学建设的巨大的"人本主义主张"。这一主张主要讨论人的本性和人与现实接触的性质。这里我们不能对读者充分地论述存在主义与现象学的哲学假说，也不能表明使它们与心理学发生关系的一切努力。根据它们目前发展的状态，这些倾向和努力既不能认为是体系化的哲学，也不能算作清楚明白的心理学体系；而毋宁说主要是许多不连贯的、有时甚至是自我矛盾的对哲学与科学的当前建设的反抗，反对经院哲学与科学心理学二者远离生活。存在主义及现象学的主要争论是有关所有科学中显然压抑
476 主观经验和个性作用的问题。他们反对流行的实证主义所强调的经验与行为中客观确定的和明显沟通的细节。他们辩称这种强调所付代价太大而不能抓住人类经验的整体，不能看到据说在个人意识中将会找到的现实的最终实质。

在五十年代中期已可清楚看出，现象学与存在主义之渗入心理学是由许多丰富的文化倾向所助长——那是些在文学及艺术中

明显的倾向，它们以各种方式反对伴随工业化与技术而产生的形式主义和结构牢固的社会型式。这些倾向的来源是刚在第一次世界大战前的反维多利亚时代的风尚，反古典主义和反形式主义。人们会辩称，第一次世界大战时期，三十年代法西斯主义的压抑、野蛮和恐怖，第二次世界大战时期，俄国共产主义在个人自由方面凄凉的失败，以及东南亚冲突中的道义负担，这一切都增加了对工业社会，甚至对科学、技术及其一切工作的深刻的猜疑。存在主义及现象学渗入到学院的和诊疗的心理学中，正如行为主义、完形心理学和心理分析学已在它们之前渗入到心理学中。它们进入心理学显然无能为力的真空中，一点也不能说明有关人性的问题，那本来是能够适当解释、预见，并排除大量社会失败及希望落空的。

人本心理学认为自己是对抗心理分析及行为主义心理学的"第三种力量"。由《人本心理学杂志》所宣布的目的中可看出它是这样一种心理学："参与出版理论与应用的研究，出版独创的贡献、论文、文章，以及对价值、自主性、存在、自我、爱、创造性、同一性、生长、心理健康、有机体、自我实现、基本需要的满足及有关概念的研究。"(Stutich et al.,1961,p.ii)这些广泛的关注，特别在涉及自发性和创造性时，往往以激烈的言论反对行为主义和弗洛伊德的路线。在英国和西欧大陆也发生了类似的抵抗运动。在德语世界中曾有一个世纪不断抗议把一切心理学还原为自然科学基础。但我们这里所描述的运动主要是美国的。

人本心理学不久就体现在一个举行年会及拥有一种杂志的全国性的团体(人本心理学联合会)中。它显然已经趋于稳定并形成一个新的重心。然而，在人本心理学中总是占有一定位置的是废除竞争的个人主义的坚持自身权利。并且积极地培养奋斗目标，走出自我实现之外而到达一种无自我的，或取消个性的，或超脱性的存在——这种存在非常接近于、有时甚至等同于瑜伽的 sa-
477 madhi 或佛教禅宗的 satori *。新的人本主义倾向在其仍然不是神学的时候，显然根植于渴望某种个人目的以外的东西：需要某种能称之为真正"超越个人"的东西。六十年代末沿着这个方向的倾向，不能为这样的人本主义心理学所容纳，"超个人心理学"便自命为"第四种力量"。

但现在需要在本世纪的诊疗心理学和人格心理学中找出几个线索，它们虽然在心理学中作为个别的成分存在着，但因其在人本主义的和超个人的倾向中具有"成员性"而增加了意义。来自诊疗和人格心理学中的这些线索与以下情况有关：(1)催眠研究极为显著的广度、范围和深度，从我们可称之为让内时期，经过弗洛伊德时期，经过赫尔时期，经过实验时期，直到现在，它表现为与"改变的意识状态"有关的内容；(2)对药物心理学再度引起强烈的兴趣，从本世纪初克雷佩林和詹姆斯用药物进行实验开始，以后表现为广泛应用安定药和抗忧悒药以及较新近出现的致幻剂，或精神改变药物；(3)世界主义的压力，表现在大量增长的世界旅行以及需要阅读并同世界其他部分的文化使者交谈；(4)对于有组织的宗教的幻想破灭或失望，它作为一种力量既不能满足个人更深刻的需要也不能充作人类生活某种完满实现的创造性指导；及(5)随之而来的对于通过跨越民族文化界限分享人类共通经验而达到自我实

* 参看边码第 344 页译注。——译注

现的渴望。

在这一切背景中，并与对抗机械化和技术革命相结合，发生了重新塑造人的形象的强大运动。这里似乎应予讨论的这一运动的一个方面是对“改变的意识状态”或“改变的自我状态”的研究。

改变的意识状态

诱导各种放松的、昏睡的、易于接受暗示的、高度集中的或高度猕散的觉醒状态的可能性似乎在东方和西方都已知道了。阿·赫克斯利的《卢登之魔》(*The Devils of Loudun*)是对于17世纪带有某些这类特征的代表性研究。

我们已经注意到让内时代(参看边码第157页)。心理分析的时代可以说部分地始于弗洛伊德对夏尔科和伯恩海姆暗示状态诱导法的观察。他自己的与布劳伊尔合作进行的实验(Breuer and
Freud,1893—1895),处理了被动的但有冲突的状态。这是一些 478
催眠恍惚状态,一开始用来重新发现冲突的起源,然后再把联想流引导到较少冲突和较多自我控制的渠道。疗效的不能持久和他们往往只能对付比较表面的冲突区域的结论,使他们发展了“谈透法”以代替催眠恍惚及其相伴的暗示感受性的利用。这时,弗洛伊德更明确地认识到,催眠状态的理论线索是移情现象(参看边码第275页);这甚至保持在他晚期的《集体心理学及对自我的分析》(1921)一书内对事实的重新论述中。暗示感受性不仅是理解病理心理学而且也是理解正常集群生活的线索——不论这种生活是与暴众和群众概念相联系的紧张型式还是像在教堂及军队里集群内聚力的日常型式。在吉尔和布伦曼(1959)的研究中,一个充分发展的催眠移情概念可以说是给经典的心理分析催眠观加添了拱顶。

同时,对催眠现象的基本心理分析定义不满意以及对催眠诱导和催眠现象的新鲜而有力的实验研究方向早在第一次世界大战时已经形成。这种工作在威尔斯的研究中(1940,1941)是很清晰的,他特别强调对“觉醒催眠”的实验应用;在埃里克森(1939,1941,1941a),希尔加德(1965),和魏岑霍费尔(1957)的研究中也是如此,他们给催眠现象作出了客观的定义并发展对催眠的深度和其他属性进行测定的量表。由于这种趋向客观性的努力,便逐渐形成一种怀疑论,怀疑事实上是否真有催眠状态,是否有比暗示、预态和期待等各种形式更多的值得研究的问题。一些人认为这些现象与昏沉、睡眠以及一种倾向不活动(和无反应性)的预态有密切的关系;而另有些人则指出,在保持最大限度警觉时也会出现这些现象,这种警觉往往导致催眠者的意志与被催眠者人格的某些部分的斗争,这些部分不能执行所给予的暗示。与此相联系的一个老问题即是否一个人会“受催眠而违背自己的意志”以及是否会在催眠下“受诱导而犯下他平常不能完成的罪行”,意味着要进行实验研究的不是一个而是许多现象。然而,无疑的是许多基本上“已被改变的意识状态”,早先不论是概括在“催眠”一术语下还是放在“暗示感受性”一术语下,现在都在受检验。

在第一次世界大战时,催眠作业与放松的自由联想的普遍联系变得明显了,那时精神受创伤或弄垮的人可以通过“催眠分析”引起对战场恐怖的回忆,然后对付这一切。这些问题在第二次世

界大战时再度发生，那时发表了新的药物学方法俾能更迅速地引 479
起回忆并同化到创伤事件。著名的如喷妥撒（Pentothal），常成功地用来唤起回忆创伤事件——按照弗洛伊德的公式，这些事件造成过重的负担，打破“刺激栅”，并产生不单是“心因性”问题的神经病学问题。附带地说，这指出神经病学概念的再度介入，它们在心理分析者的日常活动中一般已被看成是无关的东西，甚或是使人误解的东西而被摒弃。

作为生物化学与药物学迅速发展的一种表现的许多新化合物的出现在五十年代早期为大量新“镇静”药物，包括安定药，抗忧悒药，和类似的在精神病上应用的药物的发展铺平了道路。这些，在整个文明世界中，减少了和简化了医院内的许多管理问题并使心理治疗方法的鉴定复杂化起来。在治疗精神病药物之后，接踵而来的是致幻剂。

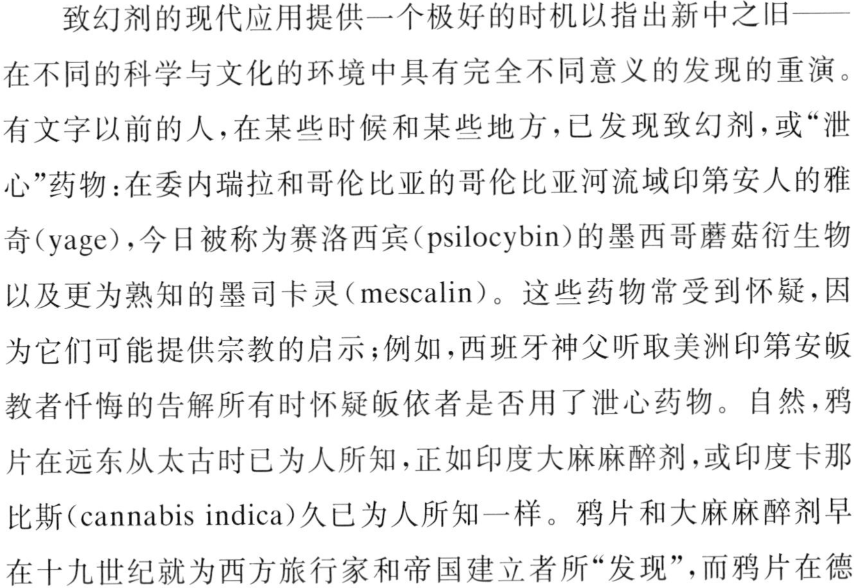

致幻剂的现代应用提供一个极好的时机以指出新中之旧——在不同的科学与文化的环境中具有完全不同意义的发现的重演。有文字以前的人，在某些时候和某些地方，已发现致幻剂，或“泄心”药物：在委内瑞拉和哥伦比亚的哥伦比亚河流域印第安人的雅奇（yage），今日被称为赛洛西宾（psilocybin）的墨西哥蘑菇衍生物以及更为熟知的墨司卡灵（mescalin）。这些药物常受到怀疑，因为它们可能提供宗教的启示；例如，西班牙神父听取美洲印第安皈教者忏悔的告解所有时怀疑皈依者是否用了泄心药物。自然，鸦片在远东从太古时已为人所知，正如印度大麻麻醉剂，或印度卡那比斯（cannabis indica）久已为人所知一样。鸦片和大麻麻醉剂早在十九世纪就为西方旅行家和帝国建立者所“发现”，而鸦片在德昆西(De Quincey)和柯勒律治的奇异之梦中突然闯入西方文学。威廉·詹姆斯(1882)使人注意到一氧化二氮(笑气)在产生“作证”经验中的异常效用;而在为精神病学利益所进行的系统药物学研究在克雷佩林(1892)的著作中大力开展。从科学的观点看来,这些都是简单的药物;它们属于身体中从摄入的感染性食物而产生毒素、毒物以及许多其他破坏机体的作用一类,犹如疲劳、不眠、延续的饥饿或遭受极度冷热的半剧烈状态等等。

然而,有一种根本不同的观点正在形成。有几个着重药物学考虑的精神病学家开始认为这些药物中有的能强烈地改变或再造人格。这些药物能引起神秘的或恍惚状态;它们能包括在破坏的
480 和创造性的生化动因之中。就是在这种气氛中我们注意到第二次世界大战期间瑞士药物学家霍夫曼(1959)在用新的化合物进行了一系列漫长的实验中对 LSD 的特殊发现*。他吞服了一些新的制剂,受到很大影响,几乎不能走回家里。他和别的人迅即声明他们发现了一组“拟精神病的”(psychotomimetic)药物。这是些能导致类似精神病状态的药物。以此预期服用这一药物的人们有好几年行动像严重障碍的重精神病人一样,其状态可与精神分裂症及各种重精神病状态相较。在他们用无数其他药物进行实验时,逐渐出现了两个事实:(1)服药后的气氛,基本预态及预期可引起现象型式上的巨大差异;(2)甚至在非常重视心理学的因素下,仍有与个人阈限——为产生一定效应而服药之量——有关的极其明

* LSD,即 lysergic acid diethylamide,麦角酸二乙基酰胺,系一种致幻剂。——译注

显的个人差异以及极其复杂的性质上的变异。在一些较系统的研究中(Masters and Huston,1966),出现了许多被试受药物影响听经历的阶段或水平:从相对简单的感觉效应如视觉生动性的增加,经历改变意义及基本自我变态状态,达到更进一步的破坏人格水平,甚至宗教的忘形入迷。显然就因为这些不同型式的高度入迷的经验,使得这些药物的应用成为青少年切望探测新经验的范围与深度的普遍表现。然而,像所有一切改变精神的严肃努力一样,不受监督地面临力量极大的改变精神的药物作用,在可能取得富有深刻新意义的前景的同时也包含着严重的危险;几乎每件事情都依赖于掌握情景的人是否负责可靠。

早就开始注意到了,通常在描述这些药物诱发出的经验较高水平时所用的语言非常相似于常用以描述忘形和神秘状态的语言:例如,在詹姆斯的《宗教经验种种》(1902)一书中,特别在柏克 705
的《宇宙的意识》(1901)一书中。这一问题的一个直接陈述——即关于致幻剂产生的经验是否与深刻的自发的神秘经验不能区分——出现于潘克(1966,1969)的研究中,潘克指出较高神秘水平的 LSD 状态和非药物状态在临床上是不能互相区分的。但由于有许多 LSD 现象和许多神秘现象,其论述引入复杂的未能解决的问题之中。

国别心理学 481

如上所见,一定时间与地点的心理学深受该时间与地点主导观念所左右。因此,再看看离开本书原定一般题目的现代较引人注目的分支可能是值得的。

现代西方心理学大部分在起源与精神上是希腊的。它来自中世纪和现代早期希腊—罗马思想的复兴。它特别在实验的和演化的生物学影响下形成，而这两门学科在今天科学的结构内仍然是显赫的。正如我们在论述学习一章里试图表明的那样，有些心理学家感到可以摆脱实验与演化生物学的束缚而使自己尽可能紧密地依附于物理科学的模式。这就是我们已经描述过的希腊以后，文艺复兴以后的近代心理学。但别的重要传统是什么呢？

在过去几千年以来形成的诸基本文明中，极少产生可以认为是心理学的东西。中东和伊朗高原的人们建立一种万物有灵的体系，其中众神被想象为像男人和女人一样。对他们说来，可以观察到的人类知觉，思维和激情的原理是从众神自己所代表的必需的或普遍的心理学的同一块布料中裁制的；这就是说，人们把他们所知道的心理世界“投射”到宇宙空间里。一般说来，这就是他们企图使心理学基本原则系统化和有条理时停步的地方。但希伯来人的宗教天才继续走向一神教并对全部人性进行伦理探讨。

如果我们以希腊所特有的创造精神和对心理学起因的探求为标准的话，我们将发现在印度以及印度观念流行的地区，特别是缅甸、锡兰、西藏、泰国、中国和日本，这些特征都已发展到高水平了；我们会发现在这些地区的文化中基本的印度灵感已受到调整但非完全变形。似乎早期的唯灵论心理学，流行于《里格吠陀经》*（公

* 《吠陀经》是印度婆罗门教的古代经典，共 4 卷，*Rig Veda* 即吠陀经的第一卷。*Upanishads* 是最后一卷。——译注

元前1500年和以后）中，与本地南印度德拉维人的观念交互作用而继续存在，后者是一种神秘的和一种倾向于反对《里格吠咜经》早期自负的进攻性个人主义的观念。不论包括什么因素，显然，到公元前800年，印度的思想家们，不论是战士还是牧师，和最早的《奥义书》一起，已发现了否定个性的现象，即竞争的个体性的消逝，与一个中心的宇宙精神或atman相等同的宁静态。同样清楚的是在以后几个世纪内通过心理物理的练习（放松、呼吸控制等）和讨论分析在建设一种丰富多彩的心理学体系方面取得了颇为迅 482
速的进展。这个体系涉及知觉、记忆、思维、情绪与意志的基本性质，也涉及把这些普遍原理应用于自我训练，道德纯洁，智能力量，甚至用于政治与法律。印度心理学包含着一个深刻思想的核心，涉及超越感觉的欺骗性而达到对真正现实的发现；同时发现在应用心理学中有个非常广阔的论文体系，在这方面马基雅弗利和托马斯·摩尔爵士较亚里士多德和笛卡尔更值得纪念。

“训练”一词适于用在这里，因为它渗透到智力的探索和身体的控制。但是群众的贫困、疾病与苦难仍然继续着。约在纪元前500年，乔答摩释迦王子教人们走中间道路（既避免纵欲又避免禁欲）和“高尚的八重道路”*，他向平民和名流宣讲并提出避免无穷“轮回”的可能性。佛教传布到整个东亚和南亚，而佛教心理学几乎和印度教心理学一样深奥。佛教心理学包括它自己关于训练过

* 佛教强调“四大真理”和“八重道路”。四大真理是：（1）一切生命都不免于受苦；（2）生活的欲望是生生不绝的原因；（3）只有绝欲才能解除痛苦；（4）逃避要经过八重道路。这所谓的八重道路是：正确的信念，正确的思想，正确的言语，正确的行动，正确的生计，正确的努力，正确的顾虑和正确的专注以逃避欲望。——译注

程的说明而极特殊地论述在一切事物中采取泰然和节制态度的需要，这特别作为避免情绪紧张过度的方法，这种紧张可导致在今生和以后诸生中的苦难（它们继承了其祖先早期放肆生活的某些特性）。虽然中国的佛教变得和孔丘伦理体系一样强大，而且在许多方面和它交互作用，但它并没有获得作为一门心理学完全与印度佛教相分离的特殊性。然而，它的确培养了那些在印度称之为samadhi（入静）的神秘状态，一种沟通灵魂与神秘要素的恍惚状态；从13世纪以后这些熟练的超然和恬静忘形的教义在禅宗的名称下实践着。禅宗佛教在当前日本的宗教与哲学中有许多世纪一直保持着很高的地位。

亚洲哲学与心理学的欧化始于不列颠、荷兰和法国的战争与贸易船队，它们与亚洲建立了强有力的经济联系。这些联系可总结为"殖民主义"一词。到1800年，英国学者们开始把印度的思想连同印度的宝珠和珍贵矿产一起输送到英国。而且，在像麦考利这样的学者的影响下，英国的教育思想输入印度。在印度、中国、日本和其他地方传教的努力开始影响到印度的高等阶级和其他亚洲社会名流的思想。

日本在1868年后，西方化运动迅速开展，而西方的大学教育开始伤害了古典的信念——宗教的和哲学的——有利于西方物理学家们，化学家们，演化生物学家们，以及后来社会科学家们所理解的科学。事实上，冷酷的，不受个人情感影响的西方科学在亚洲各种思想领域里都获得高度威望。随之而来的是适应环境的进化
483 论概念，以及由此类推的不同集团彼此相遇在军事与经济力量较量中优胜劣败的相对性概念。然后有两方面的渗透压，印度的思

想和情感流入西方，反之亦然；同时，从某种程度上说，同样的事在中国和日本也发生了，西方科学成为主导的力量。

这种西方化对心理学的发展很可能既带来积极的也带来消极的结果。它可能导致远东心理学中某些有力的和原始的成分遭受损失。自然，积极的方面在于把南亚和东亚的一切迅速指向在实验科学中及其在医学、工程与农业的应用中所发现的共同人类价值。或许，综合新与旧、东方与西方的大门仍在敞开着，而其结果可能是一门比较健全的科学。

欧洲心理学近数十年来也有很大变化。第一必须强调从四十年代末苏联心理学确实有巨大发展（参看第二十三章）。这是生理学家谢切诺夫和巴甫洛夫及其卓越的心理生理学现代概念的伟大传统。如我们所已看到的那样，对条件作用，感受机能，体内自动平衡与反馈机能等等大量研究现在正在进行并即将吸引一切心理学家的兴趣。这里，人们也可能期望有利于一切科学事业的新综合。

709

英国心理学仍然可以看出是美国式的。从第二次世界大战后实验心理学有显著发展。这不仅在以剑桥、牛津和伦敦大学为代表的古典气氛内是如此，就是在新建立的从事极广泛问题研究的英国实验室里也是这样。这些问题所涉及的范围从知觉、记忆、心理测量、性格到可以大规模地用因素分析法研究的个体差异。加拿大和澳大利亚心理学仍然颇密切地依附于英国的标准。

此外，谈到民族差异可能会使人感到厌烦，这些差异可以引起关于心理学必须是什么的不同概念，也可以引起由研究成就的不同水平所产生的大学空间和地位分配的不同型式。西德心理学从第二次世界大战后还没有完全恢复；虽然其洛伦茨人性学（参看边码第 359 页）已形成强有力的新标志。意大利和法国继续强调医学心理学而非普通实验心理学。低地国家* 及所有斯堪的那维亚国家按其总人口比例来说是多产的，对美国和德语传统反应强烈。瑞士由于有优秀领导人的高度国际主义和高额工作而具有明显的优势，他们是：荣格，罗尔沙赫、皮亚杰。

世界心理学的现状不可避免地激起某些评论，评论美国实验
484 室，美国儿童指导诊疗，在心理学各方面活动中的美国博士学位等等取得优势所达到的异常程度。基于会员的数目，获得博士学位者的数目，书籍及定期出版物的样本等所作的几个粗略统计，可以有把握地说，今天世界职业心理学至少有 90% 是美国的。讨论这个题目似乎是招人嫉妒的，但需要面对几个后果。一个明显的后果是，美国心理学家由于掌握了太多的便利条件，很少想到需要阅读多少其他国家的新心理学。几乎每件他认为重要的事情都可以从英文读到，——往往甚至有几种译本。对现代语言要求的公开而强烈的抗议在继续着。然而，应该注意到今天大多数主要的心理学观念，如在美国大学中所教授的，都是产生于达尔文时代与第二次世界大战之间的欧洲观念。这个事实可能是反对让年轻的心理学家们变得太地方化的有力论证。如果现代欧洲心理学对美国人来说变得太生疏，甚至于使人认为不值得去熟悉它，那我们结果就会创造出一种褊狭的心理学，它的应用甚至在我们自己的局部国界内也不会有充分的人类的“融会贯通”，不会有在科学的与文

* 指荷兰、比利时、卢森堡等国。——译注

明的总法庭前的充分系统检验。如果我们在自己的合唱队以高度的自信继续喧闹时仍能听到国际的和文化交流的声音，我们将的确是幸运的。

但是还有几个强有力地反对上述论证的问题这里也必须提起：根据我们的普遍科学努力的真正国际性看来，我们能认真看待日益孤立的可能性吗？人了解世界及自身的探索不是来自共同的需要和好奇心吗？科学的客观方法与理论难道不是真正超国家的甚或超文化的吗？难道它们并不提供真正填补空虚的可能前景吗？这种空虚是在我们这个小得可怜而又痉挛抽搐的世界中由于一种民族的与文化的优越感而提出的多种价值标准与权利要求造成的。必须形成一种现实存在的不断进步的科学国际主义的境况，才能对于这些问题作出尽管有限度却不可否认的肯定的回答。我们的地球的确是个小天体；但也是共同的需要、想象和创造性的无限广阔的前景。心理学的努力会引导到这些前景吗？期望心理学这门科学——对人的行为与想象从过去、现在，到将来的连续性的研究——将继续在扩大，丰富，并实现其诺言中前进，这是否有根据呢？

参考书目：

Boring, E. G. "The Psychology of Controversy." *Psychological Review*, 36 (1929), 97—121. 485

Breuer, J., and Freud, S. [*Studies on Hysteria*.] Leipzig: Deuticke, 1893—1895. (SE, Vol. 2, 1955.)

Brugmans, H. I. F. W. *Le Compte rendu officiel du premier congrès international des recherches psychiques*. Copenhagen, 1922.

Bucke, R. M. *Cosmic Consciousness*. Philadelphia: Innes, 1901.

Conant, J. B. *On Understanding Science*. New Haven: Yale University Press, 1947.

Erickson, M. H. "An Experimental Investigation of the Possible Antisocial Uses of Hypnosis." *Psychiatry*, 2(1939), 391—414.

——. "Hypnosis: A General Review." *Diseases of the Nervous System*, 2 (1941), 13—18.

Erickson, M. H., and Erikson, E. H. "Concerning the Nature and Character of Post-Hypnotic Behavior." *Journal of General Psychology*, 24 (1941a). 95—133.

Estabrooks, G. H. "The Enigma of Telepathy." *North American Review*, 227(1929), 201—211.

Farberow, N. L. *Taboo Topics*. New York: Atherton Press, 1963.

Fisher, R. A. *The Design of Experiments*. Edinburgh: Oliver and Boyd, 1935.

Freud, S. [*Group Psychology and the Analysis of the Ego*.] Leipzig: Internationaler Psychoanalytischer Verlag, 1921. (SE, Vol. 18, 1955.)

Gill, M. M., and Brenman, M. *Hypnosis and Related States: Psychoanalytic Studies in Regression*. New York: International Universities Press, 1959.

Gurney, E., Myers, F. W. H., and Podmore, F. *Phantasms of the Living*. 2 vols. London: Trubner, 1886.

Hilgard, E. R. *Hypnotic Susceptibility*. New York: Harcourt Brace Jovanovich, 1965.

Hodgson, R. "A Record of Observations of Certain Phenomena of Trance." *Proceedings of the Society for Psychical Research*, 8(1892), 1—168.

Hofman, A. "Psychotomimetic Drugs." *Acta Physiologica et Pharmacologica Neerlandica*, 8(1959), 240—258.

James, W. "On Some Hegelisms." *Mind*, 7(1882), 186—208.

——. *The Varieties of Religious Experience*. New York: Longmans, Green, 1902.

——. "Report on Mrs. Piper's Hodgson-Control." *Proceedings of the Society for Psychical Research*, 28(1909), 1—121.

Kinsey, A. C., Pomeroy, W. B., and Martin, C. E. *Sexual Behavior in the Human Male*. Philadelphia: Saunders, 1948.

Kinsey, A. C., Pomeroy, W. B., Martin, C. E., and Gibbard, P. H. *Sexual Behavior in the Human Female*. Philadelphia: Saunders, 1953.

Kraepelin, E. *Ueber die Beeinflussung einfacher psychischer Vorgänge*. Jena: Fischer, 1892.

Kuhn, T. S. *The Structure of Scientific Revolutions*. Chicago: University of Chicago Press, 1962.

Maslow, A. H. *The Psychology of Science*. New York: Harper & Row, 1966.

Masters, R. E. L., and Huston, J. *Varieties of Psychedelic Experience*. New 486
York: Holt, Rinehart and Winston, 1966.

Myers, F. W. H. *Human Personality and Its Survival of Bodily Death*. 2 vols. London: Longmans, Green, 1903.

Pahnke, W. "Drugs and Mysticism." *International Journal of Parapsychology*, 8(1966), 295—320.

Pahnke, W., and Richards, W. A. "Implications of LSD and Experimental Mysticism." In C. T. Tart, ed. *Altered States of Consciousness*. New York: Wiley, 1969.

Rhine, J. B. *Extra-Sensory Perception*. Boston: Boston Society for Psychical Research, 1934. Boston: Humphries, 1935.

Shevrin, H., and Fritzler, D. E. "Visually Evoked Response Correlates of Unconscious Mental Processes." *Science*, 161(1968), 295—298.

Sutich, A. J., O'Neill, H., Winthrop, H., *et al*. *Journal of Humanistic Psychology*, 1(1961).

Ullman, M., Krippner, S., and Feldstein, S. "Experimentally Induced Tel-

epathic Dreams: Two Studies Using EEG-REM Techniques." *International Journal of Neuropsychiatry*, 2(1966), 420—437.

Warcollier, R. *La Télépathie. Recherches experimentales*. Paris: Alcan, 1921.

Weitzenhoffer, A. M. *General Techniques of Hypnotism*. New York: Grune and Stratton, 1957.

Wells, W. R. "Ability to Resist Artificially Induced Dissociation." *Journal of Abnormal and Social Psychology*, 35(1940), 261—272.

——. "Experiments in the Hypnotic Production of Crime." *Journal of Psychology*, 11(1941), 63—102.

进一步阅读材料注释 487

第一章。　有时间联系心理学史进行相应或独立阅读的学者会发现，如果能弄到一本自己手头用的（最好是平装本）普通科学史（如 G. Sarton, Introduction to the History of Science, 1927）和一本普通哲学史（如 B. A. G. Fuller, 1945; W. Windleband, 1958; or B. Russell, 1945），那是很有必要的。像《英国百科全书》那样优秀的百科全书有助于查阅个别哲学家或科学家的特殊活动或生活插曲。罗素的《西方的智慧》（1959）是一本非常有价值的书。罗森塔尔的著作（1971）指出了那些对心理学的结构有影响的希腊、中世纪和文艺复兴生活的基本特点。要对东西方进行比较研究，可参看林语堂的《中国和印度的智慧》（1942）。倾向于把心理学作为一门实验科学看待的学者最好从博林的《实验心理学史》（1950）着手。

假如想把心理学史同哲学史或科学史联系起来，读一读鲁滨逊的著作（1921）可能是有帮助的。

第二章。　为进一步研究，至少要有一次关于文艺复兴的广泛、充分，且有启发性的讨论，因为它涉及现代科学起源问题。十七世纪经典著作——笛卡尔、霍布士、洛克、斯宾诺莎——的每一种最新版本最好能配合科学巨匠特别是伽利略和牛顿自己的著作来阅读。J. B. 科南特的《理解科学》（1950）和库恩的《科学革命的结构》（1970）是中世纪逐渐销声匿迹并过渡到文艺复兴和现代时所形成的科学氛围的极有价值的表述。

第三章。　阅读十八世纪的大哲学家和大科学家的著作最好能同研究实验方法的兴起配合起来，这方面，布雷特的《心理学史》（1912—1921；1965）和博林的《实验心理学史》（1950）是特别有价值的。十八世纪的一般文献，特别是波普、斯威夫特、伏尔泰、富兰克林、杰斐逊的著作有助于学生了解启蒙时代。门托尔平装本在这里是有用的：《理性时代：十七世纪哲学家》（S. Hampshire, 488
ed., 1956），《启蒙时代：十八世纪》（I. Berlin, ed., 1956）。我们正在越过唯理论

者(笛卡尔、莱布尼兹和斯宾诺莎)并向哲学浪漫主义前进。浏览以卢梭、华兹华斯和歌德为代表的浪漫主义著作对于感受这一潮流有益。这些大师不是靠一个晚上随便翻阅就能理解的;但是,哪怕是对一位大师的著作仅仅浏览一番也比只限于阅读教科书作者的第二手评价强得多。要了解具体科学贡献的历史——谁做出的,何时,何地,何故做出的——一部普通的科学史是有用的。

第四章。 阅读古典主义和浪漫主义之间的斗争史对于理解深受两者影响的生命科学的发展是有帮助的。从理性主义者到浪漫主义者的泛读——如从休谟到歌德——对于理解"自然哲学"的浪漫主义和像歌德和费希纳等人物的强烈诗情的成长是有裨益的。学者无论如何应该读一读博林在《实验心理学史》(1950)中说了些什么。然后,要了解社会环境,他应该认识工业革命,作为理解一种非人格的或甚至机械的生活观的背景。最好是既读一读那些把新的工业成就看成是一种仁慈的作者,也读一读那些把它视为祸水的作者——例如,比较一下斯宾塞的《社会的进化》(1967)和卡莱尔的选集(Carlyle Reader:Selections from the Writings of Thomas Carlyle,1968)。对十九世纪心理学的"原子论"和自然科学中的原子论进行比较研究会有所收获。再次认真阅读普通的科学史是有必要的。从梅尔茨的《十九世纪欧洲思想史》(1965)中可以得到大量材料。

第五章。 时间充裕能进行额外学习的学者最好一方面能熟悉一下从十七世纪到十九世纪的科学史的概貌——像在前四章每一章的参考注解中所提示的那样,同时又能掌握那些运用实验法的个别心理学家的一些具体形象。对于数学不断增强的威力和把一切观察结果都以数量形式说明的迫切要求也要有所理解。科学史和医学史是有用的,而百科全书关于像拉瓦锡(发现呼吸养化作用的化学家)和赫尔姆霍茨(一位物理学家兼生理学家)这样的人物所提供的参考资料也将是有用的,特别是作为了解赫巴特、韦贝尔和费希纳的背景材料。梅尔茨的《十九世纪欧洲思想史》(1965)和库恩的《科学革命的结构》(1970)在这方面仍然是有用的。学者应注意原子论在化学、物理学和定量科学中的成功(能量守恒等等)及其在生理学和心理学中的应用。所有这些途径都将有助于理解科学尝试的某种一致性。

第六章。 上文简略提及的自然科学和人文科学之间的区别,对于有时间研究这样的思想路线——特别在涉及十九世纪德国大学环境时——的学者可能是非常有意义并有启发的。丹皮尔的《科学史》(1966)和泰勒的《科学简史》(1939)在这方面可能是有帮助的,而赫尔姆霍茨的两大著作《生理光学论文》(1963)和《论音的感觉》(1954)将依靠个人直接阅读而产生影响。我们再次发现梅尔茨的《十九世纪欧洲思想史》(1965)在这里很有参考价值。

第七章。 对于十九世纪英国思想方式有兴趣的学者可以研究英国思想对亨利·亚当斯、亨利·詹姆斯、威廉·詹姆斯和埃默森这样一些美国人所造 489
成的印象,通过这样的研究将得到许多有用的资料。米尔在美国知识界中是有名望的。斯宾塞(Principles of Psychology,1969)和贝恩(Mind and Body:the Theories of Their Relation,1971)不仅是一种带有苏格兰学派混合物的英国系统联想心理学的高峰,而且就其以某种正规方式论述心理学本身来说也是对美国思想的一种开拓的力量。但是,阅读十九世纪中期英国心理学的一个主要理由在于做好准备以理解我们(美国)自己的威廉·詹姆斯,他深深濡染着英国的传统而又切身觉得有必要反抗这个传统。例如,比较一下贝恩对习惯形成的论述和詹姆斯论习惯的一章,那将提供一种很有价值的体会。

第八章。 上面已经提及,要了解赫尔姆霍茨的实验天才,如在他的《生理光学论文》(1963)和《论音的感觉》(1954)中所表明的,除直接阅读原著外没有其他更好的替代。在这里还必须利用博林的《实验心理学史》(1950)和《实验心理学史中的感觉与知觉》(1942)。了解第一个心理学实验室创立的历史的最好方法是首先读冯特的《生理心理学原理》(1904),然后了解他的任何一位卓越的学生的生活和工作,如读铁钦纳的著作(Experimental Psycnology,1901—1905)。丹尼斯编订的《心理学史读物》(1948)是从许多早期心理学大师著作中的精彩摘录。学者可以在这本书中找到本章所论述的韦贝尔、米勒、赫尔姆霍茨、费希纳、巴甫洛夫等著作家著述的摘录。作为对这些的补充,还可选读埃克尔斯的《神经细胞生理学》(1957),莱德和伍德沃斯的《生理心理学基础》(1911),和G.S.霍尔的《现代心理学的创立者》(1912)。

第九章。 切望了解进化思想全部影响的学者可以首先对旧时代进化论前的标准论著——如1850年的医学教科书——和达尔文著作问世以后出现的理智萌动和系统定向进行比较。达尔文在自传与书信选(The Autobiography of Charles Darwin and Selected Letters,1958)中对他自己工作的说明是极富于个人特色的,此外还有一些关于达尔文那次重要的航海旅行的新的研究可供利用(Voyage of The Beagle,1962)。学者应自己直接阅读《物种原始》(1962)、《人类起源》(1965)和《人与动物的情绪表示》(1965)等著作中的一些章节。有些早期的实验心理学家深受达尔文感染。首先当然是高尔顿,他的《人的才能及其发展的研究》(1883)是颇有吸引力的读物。学者还应注意本书下文专论威廉·詹姆斯的一章,并有所准备地查阅进化论如何形成詹姆斯心理学的基础。要对现代进化思想进行更广泛地观察,格林的《亚当之死:进化及其对西方思想的影响》(1961)是一本必读书。多布赞斯基的著作(例如,Mankind Evolving,1970)也是有价值的。

第十章。 百科全书关于著名人物如柏顿、西登汉、麦斯美、塞甘和克雷佩林等的资料是值得一读的。怀特的吸引人的《弗洛伊德以前的无意识》(1960)和埃伦贝格尔的《动力精神病学的历史》(1970)有助于为以后研究弗洛伊德和他的同时代人做好准备。齐尔布格和亨利的《医学心理学史》(1941)也可能有所帮助。

第十一章。 要了解实验心理学的概念及其何以导致冯特实验室的创立,可以阅读博林的《实验心理学史》(1950),特别是他谈及韦贝尔、费希纳、
490 赫尔姆霍茨和冯特的部分,并阅读赫恩斯坦和博林的《心理学史原始资料集》(1965),特别是其中的第五、六两章。巴恩斯的《西方世界理智文化发展史》(1965)提供了关于近代实验心理学史的梗概。

第十二章。 关于学习与记忆的实验的早期发展,可以从莱德和伍德沃斯的《生理心理学基础》(1911)和桑戴克的《学习心理学》(1913)中得到很好的说明。从洛布所代表的关于学习过程的机械观到柏格森的身心二元论,存在着一长列的武断观点。柏格森的《物质与记忆》(1959)是不容忽视的。学者还应参看本书第二十二章中生理学和生物化学对记忆的探讨,那是很有现代特点的。

第十三章。 没有什么办法能替代对威廉·詹姆斯著作的广泛阅读。学者如果多少有点闲暇用于单纯欣赏心理学读物,则至少要读一读詹姆斯的《心理学原理》(1950)的以下各章:"习惯"、"思想流"、"自我意识"、"情绪"、"意志"(没有必要读詹姆斯旁征博引的材料)。学者至少还应读《宗教经验种种》(1958)一书的前六章,并起码读一本具有哲学色彩的论文集,如《信仰的意志》(*The Will to Believe*)以及其他在本章末尾列举的论文。有一部很有价值的詹姆斯传是艾伦撰著的(1967)。詹姆斯作为一个渊博学者的不朽形象出现在佩里的《威廉·詹姆斯的思想和性格》(1935)中，现在这本书已有适用的平装本。詹姆斯的许多学生和崇拜者还编写了许多种詹姆斯文集和关于詹姆斯的评论集。

第十四章。 评价心理学中的某一主要倾向或进展可以选取它的最富于创造性的人物为代表，因此，在这里强调铁钦纳的魅力、感染力和名家地位是公平的。你可以从翻阅他的《心理学教科书》(1909—1910)或《初学者的心理学》(1923)着手。任何一个样本都足以表明，铁钦纳企图把意识分割成依靠内省可以观察的经验，这些经验以各种方式组织起来并遵循着不同的顺序——一种具有二三十年很高声誉的探讨方法。它后来逐渐失势，被完形论的强调，被心理动力学、精神病学和行为主义，以及概括地说，被客观主义的方法所取代。然而，仍然值得花时间看一看铁钦纳的这些著作，并自己考虑一些非常一般的问题，类如库恩在《科学革命的结构》(1970)中所提出的那些问题。铁钦纳是怎么脱离了时代精神的？他的著作的特定内容中有什么东西是永恒的？而最重要的，有什么东西由于方法的缘故而永远留给后世？今天的心理学是否正开始重新研究“直接意识”，那是铁钦纳为之贡献了他的持久而卓越的努力的？读一读杜威援引的文章或注意到海德布雷德在《七种心理学》(1961)中或伍德沃斯和希恩(1964)在《当代心理学学派》中说了些什么，就能懂得美国机能主义的主要含意。这些学派已在某种程度上变成更“现代化的”心理学的替罪羊。但它们当时是有才智的人所领导的，而它们所做的大量贡献只要读者能多少读一点铁钦纳和杜威的东西就能真正领会。

第十五章。 二十世纪初成为注意中心的重大问题之一是：究竟新的实验心理学应该坚持它的基本任务，审查那些最简单最基本的过程呢？还是也应该审查那些包括思想、评价、直觉、创造性等复杂东西呢？我们今天根据“还原法”想到的一些问题都同本书当前的连续几章(第十二至十六章)有关系，因此，我们愿意敦促善思考的学者看一看机械论从拉美特利的时代起和从康德的时代起的历史并研究这一历史悠久的战斗怎样通过新的进化理论
和新的实验方法的影响而改变形态。我们还愿建议尽可能多读一些现代哲 491
学的历史，特别是像威廉·詹姆斯、怀特海德、罗素这样的哲学家的著作。学者还应该读些较简单的论述思想过程的著作，如巴特利特的研究(F. C. Bart-

lett, Remembering: A Study in Experimental and Social Psychology, 1932)和布鲁纳、古德诺和奥斯丁的研究(1956);但也应该看一看那些复杂的东西,例如拉帕波特在《思维的结构和病理学》(1959)中所揭示的,并看一看企图通过语言研究理解思维本质的较新尝试(参看 C. E. Osgood, G. J. Suci, and P. H. Tannenbaum, The Measurement of Meaning, 1959)。这或许并不能说明维茨堡学派的技术问题,但它能有助于理解现代这一类重大问题的争论:心理学是否从简单的构成开始,甚至在最高级还要注意简单的东西?或者它首先要面对复杂的东西并力图步步不离作为一个整体的结构来观察细节?

第十六章。 任何想了解行为主义运动复杂性的人,只须看一看上一章结尾处提到的争论文献,再对三大人物——谢切诺夫(Selected Works, 1935),巴甫洛夫(Lectures on Conditioned Reflexes, 1928, 1941),和华生(Behavior: An Introduction to Comparative Psychology, 1914),进行深入研究就能达到目的。还可以把别赫捷列夫(General Principles of Human Reflexology, 1933)也包括进去,而如果对哲学问题感兴趣,应该再读一读霍尔特的著作(The Freudian Wish and Its Place in Ethics, 1915)。希望理解一种扩张的生物科学如何力图把全部心理学都包容在它的领域内的学者应该首先读谢切诺夫和他的卓越学生巴甫洛夫的著作,并应了解那多少并行的运动,凭借着这个运动;比较心理学家华生(Psychological Review, 20, 1913, 158—177)在芝加哥大学决定摧毁这一时代的"内省心理学"并取得成功。拉什利(Psychological Review, 30, 1923, 237—272)就行为主义一词的其他不同含义来看行为主义,例如,仅仅作为行为分析(作为一种对行为研究的强调)。要了解现代行为主义,请读斯金纳的《有机体的行为:一个实验的分析》(1938)。

第十七章。 假如已在研究詹姆斯时打下了良好的基础并对原子论和整体论思想方法之争(在德国)有某种程度的熟悉,那么学者就很值得再花时间试读马克斯·韦特海默尔的零散著作,包括那些由比尔兹利和米歇尔·韦特海默尔编辑的著作(Readings in Perception, 1958)。学者还应阅读马克斯·韦特海默尔的《创造的思维》(1959),科夫卡的《完形心理学原理》(1935),以及克勒的任何著作,从迷人的《类人猿的智力》(1924)到论述皮质心理学的深奥研究《心理学中的动力学》(1940)。阿恩海姆的《艺术与视知觉》(1954)能使人耳目一新。对完形论的一般思想方法的介绍见于埃利斯的《完形心理学的原始资料集》(1959)。要了解完形心理学对个性研究的影响,学者应阅读 G.奥尔波特和弗农的《表情动作研究》(1937)。

第十八章。 评论弗洛伊德的文献卷帙浩繁;书、文章、专题论文、评论和批评读不胜读。学者无论如何应读几本弗洛伊德自己写的基本著作,如《心理分析学的诞生与发展》(Vol. 11,in the Standard Edition of the Complete Works of Sigmund Freud,1953),“克拉克大学讲演录”,或任何类似的平装本。要得到早期心理分析观点的系统表述,学者可以阅读《梦的解释》492
(Vol. 4,Standard Edition)。要了解同里比多有关的发展论,可专门读一读《关于性的理论的三篇文稿》(Vol. 7,Standard Edition),而要理解以后有关本我、自我与超我的关系构成,可以阅读《自我与本我》(Vol. 14,Standard Edition)。本章末尾列举的哈特曼和埃里克森的著作表述了基本上不出弗洛伊德圈子的当代心理分析思想。琼斯写的传记提供了一个很好的背景(E. Jones,The Life and Work of Sigmund Freud,1953)。

第十九章。 弄清荣格早期著作《无意识心理学》(1912)的基本精神是一个很好的起点。而要弄清他的外倾-内倾论,就有必要浏览他的《心理类型》(1923)。要了解他逐渐表露出“先知”倾向的中期,学者可以阅读《寻求灵魂的现代人》(1932)。《记忆、梦、反省》(1961)这部著作占用了荣格一生的时间,表明他已离开弗洛伊德式的心理分析学多么远,而他在思考和表达广阔无垠的人类文化成就和渴望方面又是多么才华横溢。这还能提供一个背景,以便更好地理解今天的人本主义心理学。要了解阿德勒的早期贡献,《个性心理学中的实践和理论》(1924)是有作用的,而要了解阿德勒近年的思想,应查阅《个性心理学杂志》。关于弗罗姆的情感论,学者应阅读《逃避自由》(1965)或任何一种新近的半普及本。霍尼的《我们时代的神经病性格》(1937)或沙利文的“现代精神病学概念”(1940)或许是有帮助的。门罗的《心理分析思想诸学派》(1955),提供了一个完善的弗洛伊德以后的心理分析学概观。读过埃里克森的《童年和社会》(1963)以后,学者也许还想继续接触本文中提及的其他研究。如有可能,应把埃里克森的《甘地的真理》(1970)包括在内。

第二十章。 要对近年来“学习心理学”的总方向有所认识,希尔加德的

《学习心理学》(1948)第一版和希尔加德和鲍沃的这本书的最近一版(1966)可能是有帮助的。要想读遍所有主要理论家的著作对于任何一个人来说都几乎是不可能的,除非是非常成熟的专家;但学者必须读赫尔、巴甫洛夫,和斯金纳所写的一些实质性的东西,然后回过头来把读到的东西同希尔加德和鲍沃提供的材料做一个比较。对于想全面了解本书这一章所讨论的问题的学者,科赫编的《心理学:一种科学研究》(1959)的第二卷提供了一些值得一读的章节,各章作者是埃斯特斯(“The Statistical Approach to Learning Theory”),弗里克(“Information Theory”),格斯里(“Association by Contiguity”),哈洛(“Learning Set and Error Factor Theory”),洛根(The Hull-Spence Approach”),米勒(“Liberalization of Basic S - R Concepts:Extensions of Conflict Behavior,Motivation and Social Learning”),斯金纳(“A Case History in Scientific Method”)和托尔曼(“Principles of Purposive Behavior”)。学习理论的生理学方面在本书下文还要再加讨论。

第二十一章。 要了解这一领域的基本材料,学者应查阅史蒂文斯编的《实验心理学手册》(1951)和伍德沃斯和施洛斯贝格的《实验心理学》(1954)。要熟悉知觉理论,可以对照研究 F. 奥尔波特的《知觉理论与结构概念》(1955)和吉布森的《作为知觉系统的感觉》(J.J.Gibson,1966)。至于思维过程,则可对照研究拉帕波特的《思维的结构和病理学》(1959)和马克斯·韦特
493 海默尔的《创造的思维》(1959)以及伯莱因的《思维的结构和方向》(Berlyne,1965)。重视哲学探讨的学者将对怀特海德的《科学与现代世界》(1967)和兰格的《一种新基调的哲学:理性、礼节和艺术的象征研究》(1957)感兴趣。关于认知方式,学者应看一看加德纳和莫里亚蒂的著作《青年期前的个性发展:结构形成过程的探索》(1968),以及最近几卷的《认知心理学杂志》。

第二十二章。 善思考的学者可以从一种生理学者的哲学着手,如从谢林顿的《天性之人》(1941)着手,然后浏览一本标准的生理心理学教科书(特别值得推荐的是 Grossman,A Textbook of Physiological Psychology,1967)并通观《比较心理学和生理心理学杂志》刊载的当代争论。还应包括阅读拉什利的某些著作并集中注意地对付本章提及的见于奥尔兹和德加多著作的定位问题;也须复习希尔加德和鲍沃的《学习心理学》(1966),看自己能在生理理论与学习理论的试探性结合方面走多远。克洛普弗和海尔曼的《动物行

为导论:生态学的初纪》(1967)对于理解生态学是一本好书。并接着了解已经引起学者兴趣的特殊题目的现状。为此,欣德的《动物行为:生态学与比较心理学综述》(1970),富勒和汤普逊的《行为遗传学》(1960),或赫施编订的《行为遗传分析》(1967)可能是有价值的。学者要完成他的探讨还可阅读科赫编订的《心理学:一门科学研究》(1962)一书中普里布拉姆撰写的一章(“Interrelations of Psychology and the Neurological Disciplines”)。

第二十三章。 拉兹兰和布罗泽克的著述对于除本章提供的材料以外仍需引导的学者会有助益:例如拉兹兰的“俄国生理心理学和美国实验心理学:历史的系统的概述与展望”(Psychological Bulletin,1963),或布罗泽克的“苏联心理学五十年:历史的透视”(Soviet Psychology,1968)。了解苏联心理学当前问题的捷径可以在科尔和马尔茨曼合编的《当代苏联心理学手册》(1969)找到,《手册》包括一篇精彩的历史素描(由编者撰写)和许多论述苏联心理学不同领域和题目的专文(由苏联各科专家执笔)。懂俄语的学者可能想对这一英语手册同较早期的俄语手册(Psikhologicheskaia Nauka V SSSR,1959—1960)做一对比。主要的苏联心理学杂志现在已有合用的英文本,而有影响的著作的译本也不断出版。关于后者,学者应查找苏联科学院和苏联外文出版局的出版物。

第二十四章。 评价某一领域内容变化的一个好办法是对论述特定题目的同一本书的相继修订版本进行比较研究。发展心理学的研究者有幸能够利用这一方法对《儿童心理学手册》的 1946、1954 和 1970 年的三种版本(L. Carmichael, ed., 1946, 1954; P. Mussen, ed., 1970)进行对比。发展的问题也许要比任何其他问题更加不受心理学中不同领域和学科的界线的限制。这便造成相当的困难,不能确指那些可能适合学者爱好的出版物。弗兰克的《幼年的重要》(1966)和两位霍夫曼合编的《儿童发展研究》(L. W. Hoffman and M. Hoffman, 1966)是两本对于他研究特殊问题和探讨方法可能具有指导作用的书。研究问题要丰富多样和范围广阔,《发展心理学》(美国心理学协会)和《发展心理生物学》(科学出版社)可能是有帮助的。关于发展概念对 494
认识论以及一般哲学不断增强的影响,学者应阅读皮亚杰最近的著作《心理学与认识论》(1971)。

第二十五章。 要得到关于现代个性研究的概括看法现在还不是很容易的，但读几本对不同个性理论进行比较研究的著作则是有益的，如霍尔和林赛的《个性理论》(1970)，或比绍夫的《试谈个性论》(1970)。然后，学者应择出一二主要概念，假定是C.罗杰斯或G.奥尔波特的那些概念，通过每位作者的多种著述进行研究，再转而把有关这些作者的评注同上文于十八、十九两章中所提出的关于弗洛伊德学派的和其他早期的动力学理论加以比较。毫无疑问，很难把这种比较研究的成果结合在一起，因为这个问题极为复杂，而材料的丰富很可能使学者无所适从。从事诊疗心理学研究的学者这时最好能使自己熟悉罗尔沙赫的极有才华的著作《心理诊断学》(1942)，把它同弗洛伊德、荣格和完形论思想家的观点做一比较，并试图把它归并到个性一词可能意指的这一最初的概念中去。

第二十六章。对于第一次世界大战后的社会科学的一种深刻观察可以在两位林德的《米德尔城》(R.S.Lynd and H.M.Lynd, *Middletown*, 1929)中得到。这一著作可以同那时还算新鲜的F.奥尔波特的《社会心理学》(1924)媲美。G.墨菲和L.B.墨菲的《实验社会心理学》(1931)以及墨菲、墨菲和纽科姆的修订本(1937)则可以表明调查方法的发展和新的热忱与成就。系统的社会心理学：M.谢里夫和C.W.谢里夫的《社会心理学大纲》(1956)和克雷奇和克鲁奇费尔德的《社会心理学的理论和问题》(1948)，能说明这一研究领域的迅速现代化和体系化。社会心理学和社会学同教育概念和学习过程概念的完美结合见于纽科姆、特纳和康弗斯的《社会心理学》(1965)；第二十六章末尾参考书注中提及的本宁顿研究对于社交态度经年的稳定性做出了丰富多彩的介绍。一个有关生活情境的自然主义研究的有力例证由谢里夫等在《群际冲突与合作：盗窟研究》(1961)中提供出来。最后，研究社会心理学的学者最好能有一个广阔的社会科学视野，应使自己熟悉现代心理语言学研究资料(例如，C.E.Osgood, Psycholinguistics, 1965)。G.林赛和E.阿伦森的《社会心理学手册》(1968)使历史更接近当代。

第二十七章。 有许多尝试要说明心理学现在运动的趋向。也许没有什么办法能比到心理学阅览室访问几天并注意一下在心理学杂志中发生了什么情况(比如说，从第二次世界大战到现在)更有效的了。有关学习理论和人格结构的激烈论战现在是值得回顾的。几位非常重要的人物可能时时在文献中受到评价。例如，想一想对克拉克·赫尔、爱德华·托尔曼、库特·莱温等著作的评价。书和杂志能提供一个清新而完整的画面，表明在心理学中形成一个持久的印象需要做多少工作。当然，现在也是重读库恩的《科学革命的结构》(1970)的好时候，是以自己对心理学史的勾画同自己关于医学史和哲学史所得到的印象进行对照的好时候。《心理学年鉴》(斯坦福大学出版 495
社)对于把握当代画面和展望未来应有所助益。

对本书作为一个整体来回顾的时候，学者可以指出在不同时期萌发和没落的思潮，然后把一切属于现时的东西聚拢起来并试作预言，说明将会发生什么情况以及为什么。世界事变和一般科学进步将在多大程度上影响他的推断？什么是本质的、真实的可能性，以及什么是学者在进行他的预言时必须绕过的巨大路障和饵雷陷阱？什么是他希望会发生的？在多么大的程度上他的清醒的判断力能够约束他的希望，愿望或恐惧？心理学真能影响历史吗？为什么能或为什么不能？

参考书目：

Adler, A. *The Practice and Theory in Individual Psychology*. * Translated by P. Radin. New York: Harcourt Brace Jovanovich, 1924.

Allen, G. W. *William James: A Biography*. New York: Viking, 1967.

Allport, F. H. *Social Psychology*. Boston: Houghton Mifflin, 1924.

——. *Theories of Perception and the Concept of Structure*. New York: Wiley, 1955.

Allport, G. W., and Vernon, P. E. *Studies in Expressive Movement*. New York: Macmillan, 1937.

Arnheim, R. *Art and Visual Perception*. * Berkeley: University of California Press, 1954.

Bain, A. *Mind and Body: The Theories of Their Relation*. Lexington, Mass.: Gregg International, 1971.

Barnes, H. E. *An Intellectual and Cultural History of the Western World*. * 3 vols. New York: Dover, 1965.

Bartlett, F. C. *Remembering: A Study in Experimental and Social Psychology*. * Cambridge: Cambridge University Press, 1932.

Beardslee, D. C., and Wertheimer, Michael, eds. *Readings in Perception*. Princeton: Van Nostrand, 1958.

Bekhterev, V. M. *General Principles of Human Reflexology*. Translated by E. Murphy and W. Murphy. New York: International Publishing, 1933.

Bergson, H. *Matter and Memory*. * Translated by N. M. Paul and W. S. Palmer. New York: Doubleday Anchor, 1959.

Berlin, I., ed. *Age of Enlightenment: The Eighteenth Century*. * New York: Mentor, 1956.

Berlyne, D. *Structure and Direction in Thinking*. New York: Wiley, 1965.

Bischof, L. *Interpreting Personality Theories*. 2nd ed. New York: Harper & Row, 1970.

Boring, E. G. *Sensation and Perception in the History of Experimental Psychology*. New York: Appleton-Century, 1942.

——. *A History of Experimental Psychology*. 2nd ed. New York: Appleton-Century-Crofts, 1950.

Brett, G. S. *A History of Psychology*. * 3 vols. London: Allen & Unwin, 1912—1921. Rev. ed., R. S. Peters, ed. Cambridge, Mass.: M. I. T. Press, 1965.

Brozek, J., ed. "Fifty Years of Soviet Psychology: An Historical Perspective." *Soviet Psychology*, special issue, 6, No. 3—4, (1968), 1—127.

Bruner, J. S., Goodnow, J. J., and Austin, G. A. *A Study of Thinking*. * New York: Wiley, 1956.

496 Carlyle, T. *Carlyle Reader: Selections from the Writings of Thomas Carlyle*. * G. B. Tennyson, ed. New York: Modern Library, 1968.

Carmichael, L., ed. *The Manual of Child Psychology*. New York: Wiley, 1946, 1954.

Cole, M., and Maltzman, I., eds. *A Handbook of Contemporary Soviet Psychology*. New York: Basic Books, 1969.

Conant, J. B. *On Understanding Science*. New Haven: Yale University Press, 1950.

Dampier, W. *A History of Science*.* 4th ed. Cambridge: Cambridge University Press, 1966.

Darwin, C. *The Autobiography of Charles Darwin and Selected Letters*.* F. Darwin, ed. New York: Dover, 1958.

——. *Voyage of the Beagle*.* Garden City, N. Y. Doubleday Natural History, 1962.

——. *The Origin of Species*.* New York: Collier, 1962.

——. *The Descent of Man*.* Chicago: University of Chicago Press, 1965.

——. *The Expression of Emotions in Man and Animals*.* Chicago: University of Chicago Press, 1965.

Dennis, W., ed. *Readings in the History of Psychology*. New York: Appleton-Century, 1948.

Dobzhansky, T. *Mankind Evolving*.* New York: Bantam, 1970.

Eccles, J. C. *The Physiology of Nerve Cells*.* Baltimore: Johns Hopkins Press, 1957.

Ellenberger, H. *A History of Dynamic Psychiatry*. New York: Basic Books, 1970.

Ellis, W. D. *Source Book of Gestalt Psychology*. New York: Harcourt Brace Jovanovich, 1959.

Erikson, E. H. *Childhood and Society*.* Rev, ed. New York: Norton, 1963.

——. *Gandhi's Truth*.* New York: Norton, 1970.

Estes, W. K. "The Statistical Approach to Learning Theory." In S. Koch, ed. *Psychology: A Study of a Science*. Vol. 2. New York: McGraw-Hill, 1959.

Frank, L. K. *On the Importance of Infancy*.* New York: Random House, 1966.

Freud, S. "The Clark University Lectures." *American Journal of Psychology*, 21, No. 2. (1910), 181—218.

——. *The Standard Edition of the Complete Works of Sigmund Freud*. J. Strachey, ed. London: Hogarth Press & The Institute of Psychoanalysis,

1953.

Frick, F. C. "Information Theory." In S. Koch. ed. *Psychology: A Study of a Science*. Vol. 2. New York: McGraw-Hill, 1959.

Fromm, E. *Escape from Freedom*. * New York: Avon, 1965.

Fuller, B. A. G. *A History of Philosophy*. 2 vols. in 1. Rev. ed. New York: Holt, 1945.

Fuller, J. L., and Thompson, W. R. *Behavior Genetics*. New York: Wiley, 1960.

Galton, F. *Inquiries into Human Faculty and Its Development*. London: Macmillan, 1883.

Gardner, R. W., and Moriarty, A. E. *Personality Development at Preadolescence: Exploration of Structure Formation*. Seattle: University of Washington Press, 1968.

Gibson, J. J. *The Senses Considered as Perceptual Systems*. Boston: Houghton Mifflin, 1966.

Greene, J. C. *The Death of Adam: Evolution and Its Impact on Western Thought*. * Ames: Iowa State University Press, 1959. New York: Mentor, 1961.

Grossman, S. P. *A Textbook of Physiological Psychology*. New York: Wiley, 1967.

Guthrie, E. R. "Association by Contiguity." In S. Koch. ed. *Psychology: A Study of a Science*. Vol. 2. New York: McGraw-Hill, 1959.

497 Hall, C. S., and Lindzey, G. *Theories of Personality*. 2nd ed. New York: Wiley, 1970.

Hall, G. S. *Founders of Modern Psychology*. New York: Appleton, 1912.

Hampshire, S., ed. *Age of Reason: The Seventeenth Century Philosophers*. * New York: Mentor, 1956.

Harlow, H. F. "Learning Set and Error Factor Theory." In S. Koch, ed. *Psychology: A Study of a Science*. Vol. 2. New York: McGraw-Hill, 1959.

Heidbreder, E. *Seven Psychologies*. * New York: Century, 1933; New York:

Appleton-Century-Crofts, 1961.

Helmholtz, H. L. *Treatise on Physiological Optics*.* 3 vols. in 2. Translated by J. P. Southall. New York: Dover, 1963.

——. *On the Sensation of Tone*.* Translated by A. F. Ellis. New York: Dover, 1954.

Herrnstein, R. J., and Boring, E. G., eds. *A Sourcebook in the History of Psychology*. Cambridge, Mass.: Harvard University Press, 1965.

Hilgard, E. R. *The Psychology of Learning*. New York: Appleton-Century, 1948.

Hilgard, E. R., and Bower, G. H., eds. *The Psychology of Learning*. 3rd ed. New York: Appleton-Century-Crofts, 1966.

Hinde, R. A. *Animal Behaviour: A Synthesis of Ethology and Comparative Psychology*. 2nd ed. New York: McGraw-Hill, 1970.

Hirsch, J., ed. *Behavior-Genetic Analysis*. New York: McGraw-Hill, 1967.

Hoffman, L. W., and Hoffman, M., eds. *Child Development Research*. 2 vols. New York: Russell Sage Foundation, 1966.

Holt, E. B. *The Freudian Wish and Its Place in Ethics*. New York: Holt, 1915.

Horney, K. *The Neurotic Personality of Our Time*.* New York: Norton, 1937.

James, W. *Principles of Psychology*.* New York: Dover, 1950.

——. *Varieties of Religious Experience*.* New York: Mentor, 1958.

Jones, E. *The Life and Work of Sigmund Freud*.* 3 vols. New York: Basic Books, 1953.

Jung, C. *The Psychology of the Unconscious*.* Translated by B. M. Kinkle. New York: Moffat, Yard, 1912.

——. *Psychological Types*.* Translated by H. G. Baynes. New York: Harcourt Brace Jovanovich, 1923.

——. *Modern Man in Search of a Soul*.* Translated by D. Baynes and C. Baynes. London: Routledge, 1932.

——. *Memories, Dreams, Reflections*.* Translated by R. Winston and C. Winston. New York: Pantheon Books, 1961.

Klopfer, P. H., and Hailman, J. P. *An Introduction to Animal Behavior: Ethology's First Century*. Englewood Cliffs, N.J.: Prentice Hall, 1967.

Koch, S., ed. *Psychology: A Study of a Science*. 6 vols. New York: McGraw-Hill, 1959—1962.

Koffka, K. *The Principles of Gestalt Psychology*.* New York: Harcourt Brace Jovanovich, 1935.

Köhler, W. *Mentality of Apes*. London: Kegan, 1924.

——. *Dynamics in Psychology*.* New York: Liveright, 1940.

Krech, D., and Crutchfield, R. S. *Theories and Problems in Social Psychology*. New York: McGraw-Hill, 1948.

Kuhn, T. S. *The Structure of Scientific Revolutions*.* 2nd ed. Chicago: University of Chicago Press, 1970.

Ladd, G. T., and Woodworth, R. S. *Elements of Physiological Psychology*. New York: Scribner, 1911.

498 Langer, S. *Philosophy in a New Key. A Study in the Symbolism of Reason, Rite and Art*.* 3rd ed. Cambridge, Mass.: Harvard University Press, 1957.

Lashley, K. S. "The Behavioristic Interpretation of Consciousness I." *Psychological Review*, 30(1923), 237—272.

Lindzey, G., and Aronson. E., eds. *Handbook of Social Psychology*. 6 vols. 2nd ed. Reading, Mass.: Addison-Wesley, 1968.

Logan, F. A. "The Hull-Spence Approach." In S. Koch, ed. *Psychology: A Study of a Science*. Vol. 2. New York: McGraw-Hill, 1959.

Lynd, R. S., and Lynd, H. M. *Middletown*.* New York: Harcourt Brace Jovanovich, 1929.

Merz, J. T. *A History of European Thought in the Nineteenth Century*.* 4 vols. Edinburgh: Blackwood, 1896—1914. New York: Dover, 1965.

Miller, N. E. "Liberalization of Basic S-R Concepts: Extensions to Conflict

Behavior, Motivation and Social Learning."In S. Koch. ed. *Psychology: A Study of a Science*. Vol. 2. New York: McGraw-Hill, 1959.

Munroe, R. *Schools of Psychoanalytic Thought*. Boston: Dryden Press, 1955.

Murphy, G., and Murphy, L. B. *Experimental Social Psychology*. New York: Harper, 1931. Rev. ed. by Murphy, Murphy, and T. M. Newcomb. New York: Harper, 1937.

Mussen, P., ed. *The Manual of Child Psychology*. New York: Wiley, 1970.

Newcomb. T. M., Turner, R. H., and Converse, P. E. *Social Psychology*. New York: Holt, Rinehart & Winston, 1965.

Osgood, C. E. *Psycholinguistics*. Bloomington: Indiana University Press, 1965.

Osgood, C. E., Suci, G. J., and Tannenbaum, P. H. *The Measurement of Meaning*.* Urbana: University of Illinois Press, 1959.

Pavlov, I. P. *Lectures on Conditioned Reflexes*.* Vol. 1. Translated by W. H. Gantt. New York: International Publishers, 1928.

——. *Lectures on Conditioned Reflexes*.* Vol. 2. Translated by W. H. Gantt. New York: International Publishers, 1941.

Perry, R. B. *The Thought and Character of William James*.* 2 vols. New York: Little, Brown, 1935.

Piaget, J. *Psychology and Epistemology*. Translated by A. Rosin. New York: Grossman, 1971.

Pribram, K. H. "Interrelations of Psychology and the Neurological Disciplines."In S. Koch. ed. *Psychology: A Study of a Science*. Vol. 4. New York: McGraw-Hill, 1962.

Psikhologischeskaia Nauka v SSSR. 2 vols. Moscow: APN-RSFSR, 1959—1960.

Rapaport, D. *The Organization and Pathology of Thought*. New York: Columbia University Press, 1959.

Razran. G. "Russian Physiologist's Psychology and American Experimental Psychology: A Historical and Systematic Collation and Look into the

Future."*Psychological Bulletin*,63(1965),42—64.

Robinson,J.H. *The Mind in the Making*. New York:Harper,1921.

Rorschach,H. *Psychodiagnostics*. Translated by P. Lemkau and B. Kronenberg. W. Margenthaler. ed. New York:Grune & Straton,1942.

Rosenthal,B.G. *The Images of Man*. New York:Basic Books,1971.

Russell,B. *History of Western Philosophy*.* New York:Simon & Schuster,1945.

——. *Wisdom of the West*.* New York:Doubleday,1959.

Sarton,G. *Introduction to the History of Science*. Baltimore:Wilkins & Wilkins,1927.

Sechenov,I.M. *Selected Works*. Moscow and Leningrad:Gozmedizdat,1935.

499 Sherif,M.,Harvey,O.J.,White,B.J.,Hood,W.R.,and Sherif,C.W. *Intergroup Conflict and Cooperation:The Robers Cave Experiment*. Norman:University of Oklahoma Book Exchange,1961.

Sherif,M.,and Sherif,C.W. *Outlines of Social Psychology*. Rev. ed. New York:Harper,1956.

Sherrington,C. *Man on His Nature*.* New York:Macmillan,1941.

Skinner,B.F. *The Behavior of Organisms:An Experimental Analysis*.* New York:Appleton-Century,1938.

——."A Case History in Scientific Method."In S. Koch. ed. *Psychology:A Study of a Science*. Vol.2. New York:McGraw-Hill,1959.

Spencer,H. *Evolution of Society*. R. Carneiro, ed. Chicago:University of Chicago Press,1967.

——. *Principles of Psychology*. London:Longman,Green. 1885. Reprinted by Gregg International,1969.

Stevens,S.S.,ed. *Handbook of Experimental Psychology*. New York:Wiley,1951.

Sullivan,H.S. "Conceptions of Modern Psychiatry." *Psychiatry*,3(1940). 1—117.

Thorndike,E.L. *Psychology of Learning*. New York:Teachers College

Press,1913.

Titchener,E. B. *Experimental Psychology*. 4 vols. New York: Macmillan, 1901—1905.

——. *Textbook of Psychology*. New York:Macmillan,1909—1910.

——. *A Beginner's Psychology*. New York:Macmillan,1923.

Tolman,E.C."Principles of Purposive Behavior."In S. Koch. ed. *Psychology: A Stuay of a Science*. Vol.2. New York:McGraw-Hill,1959.

Tyler ,H. W. *A Short History of Science*. Rev. ed. New York: Macmillan, 1939.

Watson,J. B. "Psychology as the Behaviorist Views It." *Psychological Review*,20(1913),158—177.

——. *Behavior: An Introduction to Comparative Psychology*. New York: Holt,1914.

Wertheimer,Max. *Productive Thinking*. New York:Harper,1959.

Whitehead,A.N. *Science and the Modern World*.* (Lowell Lectures,1925) New York:Free Press,1967.

Whyte,L.L. *Unconscious Before Freud*. New York:Basic Books.1960.

Windelband,W. *History of Philosophy*.* 2 vols. New York:Torch,1958.

Woodworth,R. S., and Schlosberg, H. *Experimental Psychology*. Rev. ed. New York:Holt,Rinehart and Winston,1954.

Woodworth,R.S.,and Sheehan,M.R. *Contemporary Schools of Psychology*. 3rd ed. New York:Ronald Press,1964.

Wundt,W. *Principles of Physiological Psychology*, Vol.1. Translated by E.B. Titchener. New York:Macmillan,1904.

Yutang,Lin. *The Wisdom of China and India*. New York:Random House, 1942.

Zilboorg,G., and Henry,G. W. *A History of Medical Psychology*.* New York:Norton,1941.

---

* 平装书。

人名索引

人名按英文第一字母顺序排列，页码系原文页码，即译文边码。m 表示人名是简略提及的，n 表示见于脚注，r 表示见于参考书目，* 表示见于进一步阅读材料注释。

主题术语索引

按英文词第一个字母的顺序排列，页码系原文页码，即译文边码。*n* 表示见于脚注。

* 原文此处原为 unconscious reference，经核对有关章节，实系 unconscious inference 之误，特改正如上文。——译注

附录一　现代德国心理学

海因里希·克吕维尔

(一)作为"自然科学"的现代德国心理学

下面我们将对现代德国心理学的某些方面试作更细致的研究。对不同的研究领域和不同的研究方法进行审查,仅仅列举和研究素材与方法有关的现象可能并没有什么严重的困难。但如果历史学家希望勾画出现代德国心理学的主要特征,这样的困难就会立即出现。判定主导倾向不只是单纯记录这样的倾向。它是这些倾向的一种历史的说明。

从历史的观点看,主要倾向是一种质的心理学的发展,至少涉及德国心理学时是如此。汉斯·亨宁(Hans Henning)①对这一倾向做出了恰当的描绘,他说:"直到(上)世纪末,人们都以为可以靠数字和测量来理解心理……自1900年起,已有一种质的心理学发展起来,它不那么注意数字而是更多地注意经验的种类和质的分析。"如果把德国心理学的全部特征都描绘为质的心理学那无疑是不正确的,正好像说1900年以前定量化的倾向统治着心理学的一切领域一样是不恰当的。但似乎可以肯定的是从上世纪末以来,质的倾向已经越来越占主导地位,这种倾向显而易见是起源于十九世纪的。同样合理的说法是:1900年以前,生理心理学以及它对"测量"和"数字"的强调和它同自然科学的密切关系,都处于突出的地位,所以齐恒②才说,"实验心理学已经变成生理心理学了"。问题的实质是:这一实验心理学满足于在一个相当有限的领域内判定"事实",而且,由于它对自然科学方法的依赖,满足于把它们作为真实的"事实"记录下来,特别是

① 参看 Ogden, R. M., "Are there any Sensations?" Am. J. Psychol., XXXIII, 1922.

② Ziehen, T.,《Leitfaden der Physiologischen Psychologie》(1891).

当这些事实可以用定量方法来加以处置的时候是如此。一个强大的实证主义倾向在德国1900年以前的科学心理学领域内是相当明显的,但是那时,还难以一开始就承认,当所有这些辛勤工作的成果受到审查时,有"一种温和的怀疑主义的声音"——用费里克斯·克卢格尔(Felix Krueger)的话来说——在耳边回旋。这样一种心理学的"毫无希望",借用默比乌斯(Moebius)的一个说法,已经十分明显,而心理学者也越来越不愿意按照邓拉普(Dunlap)称之为一种"关于事实的假冒终极体系"来说教了。

因此,历史学者可以认为脱离实证主义倾向是当代德国心理学的主要特征。假如我们要了解这个变化的"为什么"——我们不准备在这里对这个问题做出详尽的回答——那就有必要不把现代德国心理学的历史当作一个孤立的现象,而应作为一种同其他科学的和非科学的努力密切相关的发展。这方面,冯特在莱比锡的同事,历史学者卡尔·兰普雷希特(Karl Lamprecht)的学说是很有意思的。兰普雷希特认为,历史是"社会的心理学科学",实际上只不过是"应用的心理学"。① 在他看来,德国历史在政治、社会、经济和科学等方面——而且不仅德国历史——都是一连串"心灵的分"与"合"的阶段。他认为,分化和过渡阶段的特点是人们受到大量那时尚未认识或起码是不平常的刺激的冲击,受到成千上万还不可能加以综合的新印象的冲击。结果,一种自然主义的态度,一种分化状态便应运而生。兰普雷希特把十九世纪的最后十年就看成是这样的过渡时期,那时,不仅激进的社会政治和经济的变化发生,而且自然科学也经历了最重要的革命。在这样一种过渡的时代,自然科学家与心理学家都"在前所未闻的神经紧张的压力下进行研究工作……在这样的环境中,科学表现出一种精细分工的倾向"。十九世纪最后十年和二十世纪初的实证主义思潮是否能用兰普雷希特非常引人注意的理论来解释,据说是由于破坏了心理生活统一的新刺激的分化作用的影响,则还是一个尚待研究的问题。很明显,这一理论自身容易遭到许多反对,特别是因为它同历史"循环"说有密切关系。

但是,我们认为,兰普雷希特指出,在本文讨论的时期内,不仅在心理学而且在大多数科学中,主要的兴趣在于实际问题而且极为常见的是为预见而

① Lamprecht, K., Moderne Geschichtwissenschaft (1905).

求知(savoir pour prévoir),这个看法还是正确的。而且,说今天的心理学证实,它更关心的是兰普雷希特所说的“综合”而不是“事实”,似乎也是正确的。

进一步说,要阐释在德国质的心理学兴起以前的“经验主义”、“实证主义”和“定量化”的思潮,还需要记住,在德国,心理学过去是现在仍然是同哲学有密切关系的。由于心理学同哲学的这种密切联系,或者可以试从某些哲学的发展中去寻求心理学变化的踪迹。弄清哲学发展的性质,再阐明现代心理学中的主导趋势可能就不那么困难了。

首先,要考虑上面提到的心理学与哲学的联系。例如,在心理学已经从哲学中解放出来的美国,心理学者看到生理心理学或实验心理学的著作一般都必然要在哲学上引起很大兴趣时,可能多少会觉得惊讶。他也许很清楚,那些钻研阿瑟·史泰因(Arthur Stein)所谓“心理学的心理学”的人需要有哲学的基础;但是这个哲学基础为什么对于某位志趣在于实验与搜集事实的研究者也是必需的,他就不那么清楚了。本文的任务不是要讨论哲学和心理学的关系,但我们应当简单地记录这一事实,在德国甚至具有“生物学”或“实验”头脑的心理学者至今都还需要求助于哲学。即使他想把心理学工作简化为事实的精心堆砌,他仍然要以哲学方法在理论的基础上来证实这个尝试。即使他认为哲学同生物心理学不相容,他却正是要用哲学的方法来证实这一点。只要看一看属于不同“学派”的德国心理学者的名单就足以说明这个问题。他们同哲学的关系是明显的,不论他们是不是同时代的学者。姑且采用梅塞尔(Messer)的分类①,于是我们一方面就有许多主要是依靠实验方法和强调生理方面的心理学家,另一方面则是“纯”心理学家,他们的主要方法是内省,而主要兴趣则集中在“高级的”心理活动。在第一组学者中,我们可以提出像冯特,齐恒,埃宾豪斯,和G.E.米勒的名字,在第二组中,李普斯(Lipps),柯尔耐留斯(Cornelius),布兰塔诺(Brentano),埃伦费尔斯(Ehrenfels),麦因农(Meinong),维塔塞克(Witasek),施通普夫(Stumpf),普凡德尔(Pfänder),布隆斯维格(Brunswig),舍勒(Scheler)和特瓦尔多夫斯基(Twardowski)。梅塞尔把他自己和维茨堡学派的代表人物和追随者如屈尔佩(Külpe),马尔布

① Messer,A.,《Psychologie》(1914).

(Marbe),比勒(Bühler),林德沃尔斯基(Lindwarsky),赫尼希斯瓦尔德(Hönigswald),泽尔茨(Selz)和吉尔根宗(Girgensohn)放在介于"实验"心理学者和"纯"心理学者之间的位置上。仔细读一读这个名单,便使我们清楚认识到,这些人大多数都在认识论、逻辑、伦理学、美学,和科学理论(Wissenschaftstheorie)或其他哲学领域有所著述或有所研究。哲学与心理学之间的关系在德国曾经是而且现在仍然是非常密切的。

问题依然存在:当代哲学思想的研究者以何种方式说明当代心理学的主要倾向呢?这样提问题似乎是预先假定没有解决的问题是真实的。说到心理学同哲学的关系,更常见的是相互依赖而不是心理学对哲学的依赖;而且,似乎今天心理学的主要概念有时同哲学领域中发展起来的那些同心理学的关系远非密切的概念极其相似。要证明这样的论述,需要相当详尽的分析,那是本文无能为力的。也许,只要以涉及突出的哲学动向——其影响使它自身在心理学以及其他科学中崭露头角——的方法以引起对当代哲学主要概念的注意就足够了。这里我们可以提及几个不同的新康德学派(李尔 Riehl;柯亨 H. Cohen,纳托尔普 Natorp,卡希雷尔 Cassirer;温德尔班德 Windelband,李克尔特 Rickert,拉斯克 Lask;纳尔逊 L. Nelson);胡塞尔(Husserl)的现象学和"生命哲学"的一组学者,他们代表了一定的反理智论的观点。我们很快就能看到新康德主义对于同"现象"打交道的"行为"和使"经验"成为可能的"机能"的强调怎样促进了当代心理学概念的形成。对于"现象学"领域中的"描述性分析"和"生命哲学"领域中定量化的受排斥也应同样重视。无疑,今天的心理学强调"机能"和"行为"甚于"现象",强调能动的甚于静止的,强调综合观点和对一个现象各方面的描述甚于仅仅对现象某一个方面的分析以及尽管是定量的却并非适宜的研究;它强调整体甚于"组成部分"。总之,已经发展了的主要概念同今天的哲学公式是处于相当密切的关系中。

我们可以说,一个"质"的心理学的兴起在德国哲学的某些主导趋向中发现了即使不是它的说明至少也是它的补充。心理学中这一质的趋向同社会科学以及"自然科学"各领域中的类似趋向有密切关系,这一事实不需要任何进一步的说明。这种密切关系并不使人诧异,因为在"科学的哲学"和各种科学之间的分界线一直是在不断地变动。

下面我们将对德国当代心理学主要派别的特点做一个简短的说明。

这样的分析应表明，把这一心理学扼要地说成是“质的”心理学，从历史的角度看似乎是正确的，但它也将表明，还有另外的趋向不容忽略。我们将不以检查各个不同研究领域中的演变作为开始。这样的审查也许会使我们得出结论，认为“心理技术学”（实业心理学及其有关领域）近年来在德国心理学中是最突出的现象。从这样的角度看来，就会有必要记载如“德国国家铁道”已建立成百的心理技术测验站。当然，对于历史学家来说，指出各个领域中最新心理学研究的分支是一个饶有趣味的问题：从心理物理学研究（Wirth）到“心理诊断”和“电诊法”（Moede，Piorkoroski，Giese），从小鸡的社会心理学到“地理心理学”（Hellpach）；但可以肯定的是，只有审查原理而不是审查研究的领域，只有审查指导研究的假说，而不是审查从这些假说之一出发而发现的事实，才能达到一个更深刻的历史的理解。

我们将首先研究威廉·施特恩（William Stern）①的“人格心理学”。这里没有必要从实验心理学、“差异心理学”、应用心理学以及儿童心理学，证言及语言心理学等方面来概述他的著作，虽然他的著作以丰富的材料阐明了“人格心理学”的许多题目。

这一心理学同施特恩的哲学体系——以三卷篇幅阐述的“批判的人格主义”是密切相关的。施特恩的信念是：科学的心理学和人格的哲学必然属于同一个体系。因此，人格心理学的许多概念只有依靠人格主义才能得到充分的评价。这一哲学体系的基本概念清楚地说明了施特恩的心理学。从哲学分析的观点看来，可以说“批判的人格主义”是反对实证论和先验论的，也是反对各式各样施特恩称之为“天真的人格主义”的。从心理学的角度来看，饶有趣味的是，在这里，既非“意识的过程”，也不是

① 参看三卷《Person und Sache》：第一卷，《Ableitung und Grundlehre》，第二版，1923；第二卷，《Die Menschliche Persönlichkeit》，第三版，1923；第三卷，《Wertphilosophie》，1924。并参看《Die Psychologie und der Personalismus》（1917）。“Die menchliche Persönlichkeit und ihr Psychisches Leben” Zeitschr. f. päd. Psychol.，XXI，1920。参看 William Stern，《Die Philosophie der Gegenwart in Selbstdarstellungen》，第六卷。

"行为",而是完整的"人"的整体作为一种哲学体系而且当然也是作为心理学的出发点。对于"完整性"的依赖和对于一种似乎代表德国心理学特色的"原子论"观点的排斥,近来在施特恩的人格哲学中找到了一个系统的基础。在对"人"这个复杂统一体的界说中,目的性和个体性是作为主要特点提出来的。很明显,这里强调了目的论的方面。"人"是作为力求达到某些目的的"有意图的个人统一体"受到观察的。施特恩承认,"人"的心灵面和肉体面都能用严格的机械论加以说明;实际上他的整个体系的出发点就是"人"与"物"、"人格观"与"非人格观"的目的论原则与机械论原则的对立。但他的假说是,这个对立在一种"目的机械平衡论"的基础上消失了;而且,这个对立并不是和身心二元论相同的。甚至有可能以目的论或者用他的话说以"人格论"说明肉体的现象,并以机械论说明心灵现象。但"人"在"心物上是中立的",以心物上中立为特点的人的存在这一不可否认的事实应作为任何心理学体系的出发点。"意识"的或"机体"的事实都不能作为起点。不难看出,"人"的特点,有目的的活动,各部分的整合以及个体化,就是身心两方面所共有的特性。但肉体生活和心灵生活都被视为一种次要的现象;人的统一的整体才是最重要的。

人是不可分割的,这是一个基本的事实,常常被内省主义者和行为主义者所忽略。但这一事实对于人格主义心理学是基本的。根据这种心理学的观点,就应该问一问,为什么一个行为主义者要不厌其烦地"证明"意识的不存在和不重要,而人们期望于他的却是对人的行为的主要特点——例如同一块石头比较——究竟是什么的问题表现出积极的兴趣。人们可能像一个"人格主义者"那样提出问题,为什么要为所谓的意识作用烦心,为什么不径直沿着对行为的描述前进而不问它的心理的或机体的成分?但是,从阿那托恩·阿尔(Anathon Aall)所说的"行为主义的幼年理论现象"回到人格主义时,便应该对"人"的"心物中立"的某些进一层的含义加以研究。施特恩认为这个概念特别光辉,甚至是理解像"素质","气质"和"特性","自卫本能"和"发展","类型"和"完形","意向"和"遗传","表情","行动"和"反应"等问题的基础。例如,一个所谓的意志行为的突出特征并不在于我们一方面有一系列肉体的活动,另一方面有相伴的意识作用,而在于客观环境的组合被一种具有目的性的不可分割的身心行为所改变。(也许,没有必要再说明,目的性并不总是指意识说的,它是"超越"心与身的。)我们可以承认,科学的分析能证实对于这种行为的身心成分的人为分割；但也应该承认，心理学不能不对那些在这种分割以前就显现出来的特性加以说明。总之，施特恩认为，“人”同环境的关系在先天论或经验论的学说中并没有得到完满的说明。他指出“趋同现象”的心物中立事实，即每一行动和反应，每一暂时的和永久的特性都可以解释为一个“内在”倾向和一个“外在”因素的产物。从心理学的观点看，人们应该认识到，有一种相互的依赖，一种“人”与“环境”的经常趋同现象，即：一方面，趋向一定目的的倾向预先安排人去选择客观世界的某一有限部分作为“环境”，而另一方面，环境组合中的客观因素又决定，个人有目的的活动是否有可能达到自己的目的。

就这一点说，最好要弄清，S－R（刺激-反应）公式在人格主义心理学中考虑到“人”与“环境”的关系时是不适用的。施特恩的公式是$\frac{S-P}{R}$，强调了目的论的关系。孤立的刺激并不是直接同人的孤立的反应发生关系，像在机械的S－R公式中所表示的那样，而是同人（P）发生关系。因此，某一光线刺激，并不是引起光的感觉，而是引起人在他“自发目的”倾向的基础上，以感觉行为做出反应。

很容易看出，为什么在人格主义心理学看来，意识不是最重要的，为什么意识的作用与意义是依赖于“人”才能确定的。如果看一看施特恩证明“心理现象”或“心理因素”怎样预先决定行为的存在；而这些行为又怎样预先决定“意向”等等，那一定是相当有意思的；但我们这里涉及的只是心物上中立的人的整个心灵生活所扮演的角色。也许只要说一下研究施特恩的著作可以弄清作者在涉及心灵生活时关心的是它的起因的“说明”以及它的“意义”的解释就足够了。身与心在人的有目的的行为中是拴在一起的，那就是说，“个别”的心理行为同“个别”的器官行为是不能有恒常关系的。这个结论对于“表情科学”——用克拉格斯（Klages）的话说——以及对于性格学（Characterology）都具有深远的意义。① 因此，把“面部表情”或“书写中手的动作”同一定的心理状态或作用联系起来的尝试必然是徒劳无功的。作为整体的人的有目的活动不容许这样一种身心因素的分割。

---

① 参看Klages，L.，《Ausdrucksbewegung und Gestaltungskraft，Grundlegung der Wissenschaft vom Ausdruck》（1923）。

这里不可能考虑施特恩如何借助于“人”与“环境”趋同现象中的“冲突”来判定意识活动的机能，以及他如何不顾自己反对心理分析学说的论战而证明潜意识的确是对意识及其不完整不连贯的特性的一种“必不可少的补充”；这里至少有如下一点是可以说的，即发自“环境”与“人”、“客体”与“主体”之间的接触的意识作用，必然会给我们以有关客体的错误报告——感觉、记忆和思想的“幻象”是很常见的——而且涉及“主体”时也同样，因为意识状态和作用欺骗我们，如在心理分析研究中所表明的。意识作用不适当地或不正确地反映“客观”和“主观”世界，这不仅是一个事实，而且也是一种必需，这种必需只能按照人格主义心理学的观点去理解，对于这种心理学，意识是一种次要的现象。也许，已经没有必要附加说，施特恩（他的早期著作强调的是现象起因的“说明”而不是它的“意义”的解释）不仅强调人的“整体性”和“结构性”①，而且为了达到一种“目的数学”发展了关于“测量”的明确观点。他的体系所经历的种种变迁这里没有提及，但起码应该说明，不仅在哲学中，而且在生物学和医学（克劳斯 Kraus，F.，②）中，人格主义的概念也已经证明是极有价值的。

当我们转向完形心理学的时候，我们可以很明显地看出，在韦特海默尔、克勒和科夫卡的著作中，对于质的方面的强调并不排斥辛勤的实验。对心理现象的“整体”特性的坚持并不表示——正如查阅一下这一学派的出版物③就能明显看出的那样——富有成果的实验工作是不可能的。甚至在论著过多的知觉领域中也是可能的。但是完形心理学支持歌德，普尔金耶（Purkinje），约・米勒和马赫所说的对现象的无偏见的观察，摒弃那种破坏典型整体特性的分析。观察不是把我们引导到像感觉那样的“元素”或“分子”。观察并不强制我们承认“感觉分子”存在，这应该认为对于心理学是具有根本重要性的观点。引克勒的话说：“我仰望现在均匀的蔚蓝的天空，发现它是连续不断的。没有任何一点关于它是由真实单子组成的暗

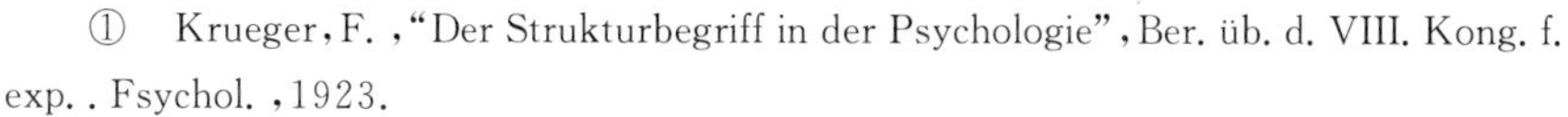

① Krueger，F.，“Der Strukturbegriff in der Psychologie”，Ber. üb. d. VIII. Kong. f. exp.. Fsychol.，1923.

② Kraus，F.，《Allgemeine und spezielle Pathologie der Person》（1919）.

③ 参看 H. Helson“The Psychology of Gestalt”一文中的文献目录，Am，J. Psychol.，XXXVI，1925，342，494；XXXVII，1926，25，189。

示，没有任何关于界限和不连贯的暗示。人们可以回答说，我的简单观察并不是判定这一点的方法，但我不能同意这种论调，因为我们首先需要的概念是为了我们对直接经验的理解，而假如把感觉看成是某种分子型的东西，我们在直接观察中找不到任何东西来充实这个看法，感觉就会丧失很大一部分它作为基本概念的重要意义。天空那一区域或任何别的均一领域的延续不断是它的一个确定的特性。而且我们看到，我们在这一形式中的基本理论观点一点也不能有助于这一特性的理解。相反地，还要有一个专门的假说来解释，为什么尽管有感觉分子的存在而均一的领域还会变成一个连贯统一体。因此，这一无用假说所产生的一切仅仅是理论的繁复而已。我更强调的是这一事实，我们将在下文很快看到，在感性领域中确实有局部存在，它们是真实的客观单位，尽管它们肯定不是'感觉'。感觉的概念很容易使我们看不见其他这些真实存在的重要性，而且已有相当长的时期起了这样的作用……"①简单的观察告诉我们，"真实的客观单位"作为感性领域的部分是存在的；观察表明，现象是"有构型的"(Gestalted)②，看见一座房屋和一棵树并不给予我们关于房屋的 x 个感觉和有关树的 y 个感觉——比方说 189 个房屋感和 124 个树感。观察仅仅向我们指明有一座房屋和一棵树。即使我们承认我们恰好是有 189 个房屋感和 124 个树感，而我们在现象上所得到的是一棵树和一座房屋的有特点的完形(Gestalt)这一事实仍然存在。我们不可能得到。x－a，比方说是 170 个感觉，和 y＋a，143 个感觉，这一事实也仍然存在。现象世界代表着某种有特点的组成和构形；它具有一定的秩序，那是不能在一种"总和"的基础上加以说明的。引用科夫卡的话来说，"感觉的总和并不等于我们的现象世界"。③ 关于某一感觉总和的报告，涉及颜色、亮度、浓度、方位等等，必定还会遗漏现象世界的许多方面，连同它那诱人的或令人厌恶的，美的或丑的，刺激人的或平淡无奇的东西而未加说明。或许可以说，在感觉论的说明

① Köhler, W.,"An Aspect of Gestalt Psychology", Psychologies of 1925.

② 参看 Wertheimer,"Untersuchengen Zur Lehre von der Gestalt, II", Psychol. Forsch., IV, 1923, 301。

③ Koffka, K.,"Psychologie der Wahrnehmung," VIII th Intern. cong. of Psychol., 1926(pub. 1927).

中没有讨论到的方面便可以作为完形心理学的一个出发点。

上面的例子是从光的感觉领域中提出的。然而,据认为其他领域的工作也会证明,心理生活的现象总是多少“有构型的”,总是由某种“整体律”(韦特海默尔)所决定的。韦特海默尔对于“法则”的编制有兴趣。批评完形学派拒绝采用分析方法作为“科学心理学的主要工具”是不十分中肯的。对于心理学实验中“分析态度”①的拒绝或指出其有限的意义并不意味着废弃科学的分析。心理现象是“有构型的”并有某些特有的整体性和整体倾向,这个事实并不一定表示它们不遵循确定的法则。拒绝把内容同它们自身的关联物割裂开的内省论者的“分析”不同意零零碎碎观察行为把行为压缩成能够记载或测量的事实的那种行为主义“分析态度”,这同拒绝科学的分析是完全不同的。只要审查一下完形学派所做的实验工作,就可以很容易地证实这个看法。我们不需要进行这样的审查,但我们希望能够引起对这些实验的一般的注意。从完形角度研究的一些现象有对于运动的感觉、衬比现象、后象、立体的视觉、色的感觉、形状对色感的影响、种种视觉的“幻象”以及“形基”关系等等。其他感觉领域中的问题也已经受到探讨,而且在动物心理学、儿童心理学以及关于思维和语言的心理学中已经有所论述。② 完形学说虽然是同视觉领域中的研究相关联而形成的,其目的却不限于成为一种知觉的理论,甚至也不限于一种心理学理论。

1912年韦特海默尔③在研究貌似的运动时得出这样的结论:对运动的知觉是一种知觉本身(a perception per se),是一种自成一类的现象(a phenomenon sui generis)。假如两个静止的刺激物迅速接连展示出来,像在频闪光测镜中很容易就能做到的那样,那么,看到的可能就是单独的一个运动着的东西。貌似的运动具有真实运动的一切属性。韦特海默尔提出一个生理学的假说,即,在感官认识到的运动中,重要的问题并不在于互相分

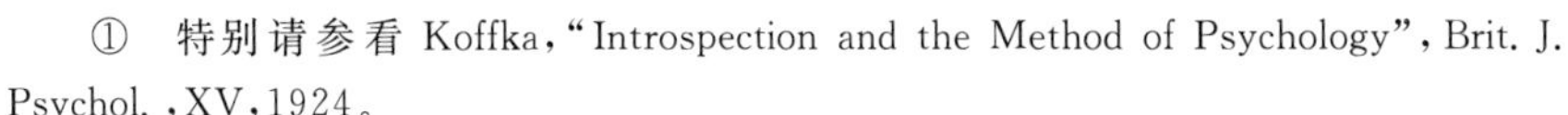

① 特别请参看 Koffka,“Introspection and the Method of Psychology”, Brit. J. Psychol.,XV,1924。

② 参看如 Köhler,《The Mentality of Apes》(1925);Koffka,《The Growth of the Mind》(1925)。

③ Wertheimer,“Experimentalle Studien über das Sehen von Bewegungen”, Zeitschr. f. Psychol.,LXI,1912. 并参看《Drei Abhandlungen zur Gestalttheorie》(1925)。

离的大脑皮质细胞的兴奋作用和单个兴奋的总和，我们应该假想，重要的是由于单个细胞的兴奋而产生的作为特定完整性的“交叉过程”和总过程。这里，我们可以提及，科夫卡、哈特曼和克勒①已经修改了韦特海默尔的“短循环说”，而自1912年以来对于运动和溶化的种种现象已经做出了大量的实验。这些工作具体说明完形观点的含意是什么，虽然从这些研究中还完全不可能得到有关这一假说的全部意义。像“运动”、“形式”等等现象，不可能通过援引纯心理学原理而得到说明。例如，林克（Linke）②就这样尝试过，他主张，韦特海默尔的运动中的“同时的”、“最适宜的”和“相继的”阶段可以根据心理现象自身而不依赖生理学就能解释清楚。但是，“完形学说的主要论点可以说是：神经系统的物质完形具有类似其现象关联物的特性。”我们不能怪罪完形心理学者忽略了现象世界特性的描述，因为他们已经强调了——上文已指出——有关现象的许多曾被忽略的方面。以“整体律”为目标，他们曾在种种知觉研究中证明，一个位置的情况影响另一个位置的情况，我们总是同一连串刺激打交道，而不是同一个完全孤立的刺激打交道，起决定作用的并不是刺激的局部特性，而是这些特性的相互关系。但是完形心理学者对于这样一种现象学的说明并不满足。克勒③主张，机体的过程，中枢神经系统的过程，也应具有心理过程的基本机能特征。于是，心理学这门论述心理过程的科学发现——根据克勒的定义——完形是一种状态或过程，这些完形的特有的性质和效用是不能同它们所谓的组成部分的性质和效用混同起来的。空间形式和曲调不只是色点或音调的总和等等（马赫，冯·埃伦费尔斯）④有关生理行为的假说不能忽略这样的心理完形。从心理学的角度看，我们并没有发现相互独立的元素，而是发现“相互依赖的微分”；我们发现了完形，那不只是组成部分的总和，而

① Hartmann,“Neue Verschmelzungsprobleme”,Psychol. Forsch. ,III,1923,319; Köhler,“Zur Theorie der Stroboskopischen Bewegung”,Psychol. Forsch. ,III,1923,397.

② Linke,《Grundfragen der Wahrnehmungslehre》(1919).

③ Köhler,《Die Physischen Gestalten in Ruhe und im stationären Zustand》(1924).

④ Mach,《Analysis of Sensations》(1910). Ehrenfels, C. von. ,“Über Gestaltqualitäten”,Vierteljahrsch. f. wiss. Philos. ,XIV,1890,249.

且是可以进行变换的，因为完形并不依赖一定的元素群(埃伦费尔斯的两项“准则”)。“很明显，只有一种不可能分割成独立局部元素的作用才可以被认为是真正形式的相关物。”因此，从生理学的角度看，我们应该假定，中枢神经系统中的过程不是相互分离的兴奋的总和，或用韦特海默尔的说法，不是“‘和’字的联结”(“and - connections”)，而是完形作用。生理的完形于是同心理的完形相适应。如果在物理学领域中能够证明也有不能从组成部分合成的完形，那么，就能够达到关于生理的完形当然还有心理的完形的更深刻的理解。克勒试图证明物理完形的存在，并指出这样的探讨对心理学的意义。我们不能阐述他在这个题目上的观点，但已经明确的是完形学说不限于心理学学说。同时也已经弄清楚的是，以前关于形质的著作对于这一学说来说并不是首要的。让我们只提几个名字：埃伦费尔斯、赫夫勒、迈农、科奈留斯、维塔塞克、本奴希(Benussi)、马蒂(Marty)、马赫、斯托特、铁钦纳、李普斯、比勒、斯通普夫、舒曼和格尔布(Gelb)，他们都对这一形质(Gestaltqualitäten)的概念感兴趣。格尔布谈到这一概念时追溯到柏拉图；格拉茨学派(Graz school)的大多数学者一直在从事“形态”、“整体”、“关系”、“铸成的内容”和“高级的对象”等问题的研究。只要研究一下讨论这些问题的文献，就可以看出它们同完形心理学的观点是尖锐对立的。饶有趣味的是看一下卡希雷尔(Cassirer)①——在他看来“不变性”概念在自然科学的逻辑分析中具有突出的意义——是怎样评论关于形质的著作的。他说：“当相关的成分经历最多样的变化时，保留一不变量于其内涵的可能性只有从纯心理考虑的一个新角度才能理解和成立。”由一位新康德主义者写出的这一评语，使我们清楚地认识到，完形心理学和形质心理学是不同的领域。

认为完形学派使“整体性”实体化，那是误解，正如认为人格主义心理学使人的“目的”实体化是误解一样。进一步的研究立即表明，不论是上述哪一种情况，我们都必须同一个精心制作的假说打交道，这个假说正如所宣称的那样，符合要求地说明了各种事实。承认发生“联想”过程——也许是在一次重感冒中(韦特海默尔)——是一回事；拒绝“联想”假说是另一回事。韦特海

① Cassirer,《Substance and Function and Einstein's Theory of Relativity》(1923).

默尔的“整体性假说”同联想存在的事实是符合的，但同联想假说并不一致。认为心理生活可以化为元素之和的“束捆假说”和“联想假说”两者都包含着“累积概念”。但是，在已经能够证明一种“累积”、一种单纯机械的“增加”只能例外地，只能在特殊情况下，只能在狭窄范围内发生时，为什么还要运用这样的概念呢？——这是韦特海默尔提出的问题。为什么要把这种不正常的情况看成是整个心理生活的典型特征呢？上文已经提及，观察迫使我们相信“整体性”概念。

很明显，对于完形心理学的观点，只有从这一角度写出的心理学体系才能给予恰当的估价。这样的体系并不存在。要证明完形假说的价值是困难的，不仅在心理学和生理学的领域是如此，而且，假如要对康德的“范畴”或物理学中的“因果关系”重做解释时也是如此。我们要强调的也正是这个任务的艰巨性。这样一种体系的合乎需要是毫无疑问的。我们不能说有什么新的心理学体系，除非这一学说充分估计到自然科学与社会科学各个不同领域中的研究成果；除非，换句话说，心理学家具有明确的“哲学”观点。首先是在自然主义哲学领域，克勒和韦特海默尔提出了一些明确的观点。一般地说，他们的观点是反休谟的。“经验”据他们看来并不是决定一切的因素。“知觉中的完形问题不容许有一种经验主义的解释。”①经验主义的解释在知觉领域是不受欢迎的；当事情进展到要形成一种哲学理论时，这样的解释也遭到拒绝。甚至很有可能，像汉斯·德里施(Hans Driesch)在《心理学的危机》②中所断定的那样，“联想心理学现在已真地死去。”在德国，它似乎是死去了，至少在讨论心理学理论的著作中是这样，——但是，当然，并不是哲学已完全抛弃经验主义观点。因此，我们能够理解那种对休谟哲学进行毁灭性批判的尝试。无须多说的是“过去经验”的影响不容忽略。举视知觉的例子来说：在视知觉领域，组合与秩序取决于：1)外界刺激的复合；2)以前的知觉过程所造成的“完形意向”；3)“躯体方面”的状况，在这种状况中，与被知觉的完形相应的生理过程发生，这种状况并可能受其他皮层区状况的影响。在某些过程

① Köhler,“Gestaltprobleme und Anfänge einer Gestalttheorie”, gahresber. üb. d. ges. physiol. u. exp. pharmak. ,1922,512.

② Driesch,H. ,《The Crisis in Psychology》(1925).

中，心理关联物具有“内在活动”的特性。这个说法表明，完形心理学家已察觉到“过去经验”的影响；但是；“刺激构型的质的和外形的方面”是他注意的关键。审查这些质的和外形的方面，他发现，并不是“过去的经验”、频率、练习等等构成完形出现的原因，而是完形在获得经验中，在学习中被作为“先决条件”。以视知觉为例，“过去生活的这一影响，不是表明经验如何用别的什么东西制成元件，而是以过去观察中元件本身的存在为先决条件”。

关于现象的质的方面和外形方面的强调还使人明确，任何种类的“元素”都应看成是派生的东西，而面前的世界（the prius）是一个引起感觉的、感情的、鉴赏的和美学的“经验”的现象世界，一个带来富有意义且处于一定秩序中的客体的世界，一个带来好的、坏的、美的、令人厌恶的、简单的、匀称的、坚强的、柔软的、轮廓清楚的和轮廓模糊的客体的外界。

而且，毫不奇怪，完形心理学者是拒绝“恒常假说”的，拒绝感觉与刺激之间直接对应的关系以及从机械意义来看的 S－R（刺激-反应）公式。对于极力寻求刺激反应关系的“经验主义”者，常常好像是除改善他的“技术”以外，就没有别的事情可做。完形心理学则指出这样一种做法的价值是很可怀疑的，并唤起人们对于有关基本困难的注意。看来这样的怀疑主义，或者，用积极的词句来说，这种对“现象分析”①和机体过程的“含意”的坚持，已产生大脑定位研究中非常有价值的成果，在这个研究领域中，要确立“对应反应”的尝试，像埃丁格尔（Edinger）所说的那样，已造成了某种程度的贫瘠②。但是，假如我们像戈尔德施泰因和福克斯那样，认为在完全的偏盲中视野的“改组”产生类似正常视野的条件这种情况“在生物学上是必要的”，那么，我们便能理解，例如，为什么解剖学上的视网膜中央凹部的机能要由一个未受损伤的更偏离视网膜中心的部分来代替，要由一个假凹，一个机能凹来代替。这种着眼于生物学的观点不会导致贫瘠，而是丰收的实验工作的起点。

① Goldstein, K.，“Die Topik der Grosshirnrinde in ihren klinischen Bedeutung”，Dtsch. Zeitschr. f. Nervenhk.，LXXVII，1923.

Gelb and Goldstein，《Psychologische Analysen hirnpathologischer Fälle auf Grund von Untersuchengen Hirnverletzter》(1920).

② 参看 Klüver, H.，“Visual Disturbances after Cerebral Lesions”，Psychol. Bull.，XXIV，1927。

据笔者看，在法兰克福进行的有关大脑病例的研究似乎很清楚地说明了两个特征，两个看来是完形心理学的突出的最有代表性的特征：坚持“现象分析”和坚持关于机体过程和机体的非机械论的说明。还需要再说一点意见。我们归之于完形心理学的某些观点也可以在其他德国心理学者的著作中发现。关于其他的“学派”，也应做出类似的论述。本文不打算追溯这样的相互关系，只想着重谈一谈当代各学派的主要观点。

谈到费里克斯·克鲁格尔(Felix Krueger)①的“发展心理学”，可以明显地看出，他的学派中对心理学问题的探讨在许多方面同完形角度的探讨有关联。实际上，桑德尔②最近指出，在莱比锡实验室中进行的关于形质的研究工作已经证实了特别是科夫卡、克勒和韦特海默尔的研究成果。起初，形质的概念证实，许多研究者在“精确”工作似乎证明只存在“元素”和“元素复合”的心理生活中已经重新发掘出整体性特征。在发展形质的概念中，对于现象的某些整体性特征做出了正确的评价，但在说明这些特征时，认为它们是依赖于“部分”或“元素”的性质的第二性产物，即派生物。克鲁格尔和他的追随者倾向于反对这种观点，反对把形质看成是以某些不可改变的“部分”为基础的“集合的注意”或“创造的合成”或“生产过程”的产物。他们宣布能用实验证明“整体”与“部分”的关系是另一种关系。特别是涉及完形时，实验证明，完形的“整体的质”支配“部分的质”——而这些部分，这些亚整体，具有不同的“分量”，它们在不同程度上参与“完形”的整体的质。在起源上，这个整体的质也先于“部分的特性”。我们首先意识到整体，然后才意识到部分。而且，据认为，作为一些界限分明而又相互连结的经验的完形是从一个完整的、融合的、未分化的和非连结的经验发展来的。

似乎正是对发展方面的强调，才使完形学派和莱比锡学派分道扬镳。据维尔纳(H. Werner)③的说法，与美国“发生”心理学(genetic psychology)不同的“发展”心理学(developmental psychology)当然没有被克勒、科夫卡和

① Krueger，《Über Entwicklungspsychologie》(1915). 还可参考几卷《Arbeiten zur Entwicklungspsychologie》。

② Sander，“Über Gestaltqualitäten”，VIIIth Intern. cong. of Psychol.

③ 参考 Werner，《Einführung in die Entwicklungspsychologie》(1926)。

韦特海默尔所忽略,但无疑的是,发展的观点在莱比锡实验室的克鲁格尔等人的著作中占据着更突出的地位。这里,知觉的不同领域已经由这一观点加以探讨;此外,克鲁格尔还要求心理学做出为语言学、教学法、人种学、政治经济学和历史能够加以利用的研究成果。总之,他认为,有必要同社会科学建立一种密切的关系。在实验前的时期过去以后,心理学家忽视了这样的事实,即"科学的"心理学主要是以实验者社会圈子里智力正常和受过教育的成人的实验结果为基础的。这一片面性当然可以用动物、孩子和"土人"作为受试而得到弥补。施通普夫"音调心理学"的多数研究成果起初都是以"关于缺乏音乐素养的德国人的调查统计成果并根据生理学的假说"为基础的,这可以由那些关于"土人"的"音乐意识"的研究以及通过表音速记法记录他们的音乐而得到弥补。

但克鲁格尔认为仅仅扩展研究领域是不够的,必须再进一步。心理学家应重视文化方面的事实。个人发展问题只有通过对社会条件的考虑才能得到适当的解决。心理学和不同科学部门以及不同研究领域的关系对于克鲁格尔显得重要起来了。"历史上的起因"问题出现了。历史和个人打交道同生物学所指导的心理学和个人打交道不是一回事。历史问题和"发展心理学"问题的解决都不能采取把受试带到实验室去的方法。至少,目的在于对各种文明表现如法律、宗教等等或对个人心理的"历史结构"做出心理上的理解的发展心理学不可能在这样一条道路上前进。这就是说,现代社会学、历史学和历史哲学中出现的许多问题对于克鲁格尔所设想的"发展心理学"都是很有意义的。可以补充说一句,涉及"客观"文明表现的心理发展时,"有机"的观点受到了强调。举一个例子:列举"客观的"法律准则,提出一个就其客观性说同其他文明表现相脱离的"法律体系",并不能使人弄清楚这些准则的心理发展。冯特在《法》(*Das Recht*)中的探讨是不充分的。有必要弄清法律同宗教、社会、政治与经济状况的有机联系,通过具体例证表明这种种因素如何构成"文明整体"中的特殊面貌。这一"文明整体"(Kulturganze)的现象学,对于这某一个方面的估价,例如对于法律准则的估价,就是一个先决条件。

让我们搁下克鲁格尔的"发展心理学",转到马尔堡学派(Marburg School)关于"遗觉型"的著作上来。在这一学派的研究中,起源问题占主要地位。马尔堡心理学研究所最近几年发表的研究报告试图判定遗觉型人的心理特征。这些研究不只是对种种“经典知觉理论问题”的贡献；而且力求充实心理生活的起源解释。尽管社会现象也从这一角度予以观察，耶恩施(E. R. Jaensch)论述遗觉型的著作只能看成是对生物心理学的一个贡献。

耶恩施认为，“遗觉型”人具有直觉表象(知觉象、遗觉象)①。遗觉象是在许多青年人中发现的一种主观视觉现象，在成人中是不常见的；例如，要一个具有遗觉象的人集中注意地看一个东西——不论是两度的还是三度的——这个人闭上眼睛或注视作为映象背景的地方时，又会看到这个东西。于是，我们可以说这是“某种像幻觉一样清晰的表象，换句话说，类似感觉表象的特殊形式”(Kroh)或如伍尔班齐茨②所说——他在1907年写的书中初次详尽地谈到这些现象——是“知觉记忆表象的特殊形式”。伍尔班齐茨把这些知觉记忆表象同“普通视觉记忆表象”做了对比。在第一种情况中，有一个东西真正被“看到”，在第二种情况中，它只是被“想象到”。强调的事实是：一个具有遗觉象的人能看见一个东西——就这个词的真实意义说——不论是在这个东西刚刚展示以后还是过了相当长的时间以后。从现象学的观点看，我们可以根据正负后象的道理来说明这种主观视觉现象。遗觉象可以不必紧接先前的展示而“自动”出现或“随主观意愿”而出现；它们几乎可以像照相那样可靠，或只在某些特定方面同实物有差距。遗觉象和幻觉的不同在于遗觉型人一般不相信这种现象的客观真实性。因此，遗觉象已被称为“假幻觉”。很明显，涉及幻觉、临床意义上的假幻觉、错觉、各种主观视觉现象以及感觉后效等等的研究具有重要的意义。不承认遗觉象是病理性的E. R. 耶恩施，曾鼓励他的助手和学生去搜寻具有这类表象的人。1917年克罗偶尔发现，遗觉象常常可以在正常儿童中找到。从那时起，便就遗觉型人的气质做出了许多探讨，并对遗觉象进行了系统的实验。

① 请特别参看 Jaensch, E. R.,《Über den Aufbau der Wahrnehmungswelt und ihre Struktur im Jugendalter》(1923)；Jaensch, W.,《Grundzüge einer Physiologie und Klinik der psychophysischen Persönlichkeit》(1926)；Kroh, O.,《Subjective Anschauungsbilder bei Jugendlichen. Einer psychologische-pädagogische Untersuchung》(1922)；Klüver, H.,“Studies on the Eidetic Type and on Eidetic Imagery”, Psychol. Bull., XXV, 1928。

② Urbantschitsche, V.,《Über subjective optische Anschauungsbilder》(1907).

马尔堡研究者在这一实验工作的基础上宣布，这些现象不是病理现象，它们反映着儿童中十分正常而又普通的现象。他们认为在听觉、触觉和嗅觉领域中也有遗觉象存在。甚至汉斯·亨宁①说，在“低级感觉”领域，感觉印象的再现并不具有“表现”或“记忆表象”的形式，而是具有遗觉象的形式。低级感觉领域的表象在他看来也就是遗觉象。

类似马尔堡学派所研究的主观视觉表象当然是在伍尔班齐茨和耶恩施以前就已受到注意的。这方面应提及歌德、普尔金耶、约·米勒、亨勒(Henle)、G. H. 迈尔、维甘(Wigan)、布罗狄(Brodie)、费希纳、高尔顿、埃贝克(Ebbecke)、施陶登迈尔(Staudenmaier)等学者的报告。对于耶恩施和他的同事以实验判定的儿童中遗觉象的种种特征，这里不可能加以描述，但我们将概述以这些研究为基础而发展起来的基本观点。

据认为，“遗觉象阶段在某种程度上是演化发展的正常阶段。”赫尔维希(Herwig)②报告说，马尔堡10至14.6岁的205个男孩中有约占37%的76个孩子是遗觉型的。克雷兰贝格③提及在学校的一些班级中分别有32%，26%，28%，46%，17%，34%，67%是遗觉型。在布累斯劳，费希尔和希尔施贝格④发现的是99.3%(140人中有139人是遗觉型)。塞曼⑤在维也纳发现的数字是88%(200人中有176人是遗觉型)。在布累斯劳和在维也纳，女性中的数字还要高一些。布累斯劳和维也纳的数字包括一些不够标准的例子，这些例子只能表明有轻微遗觉象倾向。克罗在马尔堡报告，在儿童中有61%，在成人中有7%是遗觉型。由于遗觉象阶段在一

① Henning, H.,《Der Geruch》(1924),《Psychology der Gegenwart》(1925).

② Herwig, B.,“Über den innern Farbensinn der Jugendlichen und seine Beziehung zu den allgemeinen Fragen des Lichtsinns”, Zeitschr, f., Psychol., LXXXVII, 1921.

③ Krellenberg, P.,“Über die Herausdifferenzierung der Wahrnehmungsund Vorstellungswelt aus der originären eiditischen Einheit”, Zeitschr. f. Psychol., LXXXVIII, 1922.

④ Fischer, S., and Hirschberg, H.,“Die Verbreitung der eiditischen Anlage im Jugendalter und ihre Beziehungen zu körperlichen Merkmalen,” Zeitschr. d. f. ges. Neurol. u. Psychiat., LXXXVIII, 1924.

⑤ Zeman, H.,“Verbreitung und Grad der eiditischen Anlage”, Zeitschr. f. Psychol., XCVI, 1924.

定程度上是一种“正常”阶段，又由于调查研究已表明，成人充分发展的意识的某些恒常特点在前一发展阶段中更为明显，发展心理学应对遗觉象阶段特别关心。他还坚持认为，在马尔堡的受试中，适用于遗觉象现象和正常知觉现象的法则是相同的。适用于遗觉象的法则仅仅“在数量上有所不同”。例如，遗觉象中关于方位、外投域、衬比等的说明也被应用于相应的正常知觉现象。但是，很明显，伍尔班齐茨观察到的不合乎心理规律的遗觉象不可能用来解决正常知觉问题。

对于遗觉象(EI)、后象(AI)和记忆心象(MI)开始比较时，发生的观点也受到了强调。由于EI在某些方面明显地同AI相似，而且同时还表明同MI有一定的关系，因此，在EI、AI和MI之间划定分界线很重要。对于EI所做的有关颜色、大小、强度、“分量”、细节的丰富等同背景的关系，对于“可塑性”、“伸缩性”的程度、“紧凑”、“不变”的程度等同烦扰刺激的关系所做出的判定都同AI、MI有关联。耶恩施得出结论，认为AI、EI、MI是三个“记忆等级”。他提出一种记忆等级体系，最低的一级是AI，最高的是MI。从目的上看可以作为一个整体的记忆，在心理学上应认为是由几种“记忆”组成的：一种AI记忆，一种EI记忆，一种MI记忆。克雷兰贝格以他的实验为根据指出，在许多例证中，遗觉象阶段之前还有一个“统一的阶段”，这时，AI、EI和MI几乎是不能分辨的。据认为这——可以称之为一种未分化的EI——就是我们知觉的个体发展之源，而这些知觉的许多特点(如颜色的“稳定性”等等)都可以根据“统一的阶段”得到适当的说明。

对于作为一个整体的意识的发生学解释来说，视觉遗觉象研究几乎不能提供什么充分的材料。但是耶恩施指出，关于遗觉象的研究和关于遗觉型的研究是两件不同的事。遗觉型的个人(一般即从性成熟以前到性成熟期的人)和非遗觉型的个人(一般指成人)的区别不只是量的区别，而且是质的差异。耶恩施和他的同事试图证明，遗觉象在某一个人身上的存在往往意味着这个人的后象、忆象、知觉和理智、感情和意志生活以及他的体质等都显示出一定的“典型”特征。遗觉“型”因而确实是涉及一种具有一定身心特征的体质类型。

实验的结果表明，遗觉象除有“程度上”的不同以外——有“弱”例与“强”例的五种程度的区别——“类型”上的不同也出现了。E. R. 耶恩施和W. 耶恩施描述了两种类型。例如，在**第一种类型**中，遗觉象可能仅仅是一种视觉化的观念；这个人“看见”他在想的事。他能不费力地——常常不需要先有展示——唤起遗觉象，并“随意地”驱退表象；他能改变表象的形式、颜色、方位等等，假如这样的改变是“有意义的”；自发的遗觉象是作为“自然的”和“正常的”表象来看待的；这些现象大都带有刺激物的颜色；它们在细节上很丰富，并在形式上易于塑造；埃默特(Emmert)法则的适用价值几乎同在记忆表象中发现的一样；“流动现象”是很明显的；这些现象的延续可能是不确定的，延续的时间因人而异；如果一个人的记忆表象是变动而不固定的，他的后象也一般是“正常的”。在第二种类型中，遗觉象具有更多的后象特征；要随意“看到”现象大都是不可能的，遗觉象继续留存，赶也赶不走；他常常不能改变表象的外形与颜色；变化似乎极其困难，而且进展非常迟缓；自发的遗觉象并不经常发生；它们常常被认为是讨厌的甚至是“不可信的”；这些现象大都表现有互补色；它们常常是不很清晰的；埃默特法则在大多数情况都有效；一般没有“流动现象”；延续时间同个人的“意愿”无关；后象持续的时间长一些而记忆表象也显出有一定的坚持性。对这两种遗觉型不同特点的列举没有考虑到这两种类型的身体方面。第一种称为B型(涉及Basdow syndrome，盾状腺综合征)，第二种称为T型(涉及tetany，强直症)。W.耶恩施在他临床研究的基础上试图充实这样的看法，即在临床上和生理上判定的B症状中，B型的遗觉象只是其中的一种征状。关于T型的遗觉象也同样。在理论上，W.耶恩施认为有两种不同的“身心反应系统”，其实验研究——在能够证明的范围内——可以从“视觉症状”即从遗觉象出发得到有利的引导。从分明不同的遗觉象例子出发，据我们知道，还有进一步的优点，能使我们看清楚“混合”表象的例子。据说，从实验来看，除纯B和纯T型外，还有BT型和TB型，TE(E指癫痫成分)型和BH(H指癔病成分)型，以及其他病理亚型也需要分别开。

在我们的讨论中，我们已经在E.R.耶恩施所提出的遗觉象研究领域中的发生方面做了着重的说明。我们还可以附加说，他认为从发生观点进行的遗觉象研究对于生物学、社会学、神学、教育学、艺术，甚至语言学的某些问题都具有深远意义。耶恩施的研究已经激发了关于遗觉象倾向的研究，不仅在德国和奥地利的心理学实验室中是如此，而且在美国、英国、法国和意大利也一样。迄今为止，耶恩施的许多发现已经得到证实。但某些具有很大理论意义的要点还不能成立，例如认为遗觉象阶段是一个“正常”阶段，认为有关正常视觉和遗觉视觉的规律仅仅在量上有区别；还有，认为遗觉象的存在表示还有其他“典型”特性相伴随等假说都是证据不足的。

（二）作为“人文科学”的现代德国心理学

1926年，在国际心理学会议上有一个专题讨论会，研究“心理学中关于理解和说明的问题”（宾斯万格尔 Binswanger，埃里斯曼 Erisman，埃瓦尔德 Ewald，施普兰格尔 Spranger）。在最后这一章，我们将论述这些问题，也就是论述文化科学心理学①的某些方面。这一领域中的观点只有几种可以在这里加以探讨。历史学家在这一领域比在其他任何领域都更需要记录下引起争论的事实。关于“理解”和“说明”的讨论——它包含着对心理学基础的彻底审议——比其他任何情况更能使我们相信，关于“心理学危机”的说法是有些道理的。

我们可以从讨论某些现代逻辑学的著述开始来逐步说明一些有关的“重要”论点。西南德国学派曾试图把逻辑学和认识论方面的内容划归不属于自然科学的那些科学著作中。据认为，有关自然科学的前提和方法已经达到了一定程度的澄清；然而，类似的澄清对于那些被笼统称为“人文科学”的科学尚待完成。这一学派进行的分析企图说明，在这些科学同自然科学之间存在着一定的对立。例如，里克特（Rickert）②在对

---

①　德文 Geisteswissenschaften 一词的第一次出现，如罗特哈克尔（Rothacker）指出的，是在席尔（J. Schiel）关于米尔《逻辑》一书的译文中。席尔用这个词来表达英文的“moral sciences”（“伦理学”）。现在，“Geistwissenschaften”和“Kulturwissenschaften”（人文科学）两词是通用的。因此，我们将把“geisteswissenschaftliche Psychologie”译为“cultural science psychology”（中文译为“人文科学心理学”或“社会科学心理学”）*。参考罗特哈克尔在《哲学手册》（由 Baeumker 和 Schröder 出版）中的“逻辑与人文科学体系”（Logik und Systematik der Geistwissenschaften）一文。

*“cultural science psychology”一词我国心理学界现已通译为“社会科学心理学”，根据本文中运用这个词的确切含义，仍译为“人文科学心理学”。——译注

②　《Über die Grenzen der naturwissenschaftlichen Begriffsbildung》，第二版（1913）；《Kulturwissenschaft und Naturwissenschaft》，第二版（1910）。

比人文科学和自然科学时就发现，在人文科学领域具有突出意义的是价值概念。因果律和历史“律”是不同的。温德尔班德（Windelband）①发现，在自然科学中所运用的方法绝不是唯一可以称之为“科学的”方法。历史的方法具有同样的科学尊严。自然科学是“概括的”，人文科学是“个体的”。我们用“概括的”方法还是用“个体的”方法，我们要研究的是现象的因果联系还是现象的独特性或个别特点，要看我们研究的对象是什么。没有理由把第一种方法称为“科学的”，而把第二种称为非科学的。假如心理学运用历史学家的“个体化”方法，它应被看成是一种人文科学，假如它运用物理学家的“归纳”（目的在找出规律）程序，它应被看成是自然科学的一种。实际上，里克特认为心理学属于像物理学那样的逻辑型。他断定，任何以研究文化事件的内在必然性为目的的心理学都是不可能的。

但是同时，一种人文科学心理学已经发展起来，它自认是同“自然科学心理学”对立的，或至少是不同的。据称，心理学不属于像物理学那样的逻辑型，而心理学要科学地进行研究，并不一定非要像各种自然科学那样以找到“规律”为目标。毫无疑问，在人文科学心理学的发展中，西南德国学派这一强调人文科学方法特殊性的著作是有重要意义的。

更重要的是威廉·迪尔泰（Wilhelm Dilthey）的著作，他像詹姆斯评论的那样是一个“对于一切可认识和不可认识的事物具有渊博学识”②的人。生活在黑格尔思辨哲学没落以后而实验研究正在盛行的时期的迪尔泰（1833—1911）会认为“思辨哲学家是蠢人”，那是一点也不奇怪的。由保罗·纳托尔普（Paul Natorp）转述的这句名言，加上本诺·埃尔德曼（Benno Erdmann）关于迪尔泰对传统的历史哲学和新的心理学两者都强烈反对的评语③可以使我们完全明了迪尔泰的著作包含着许多混杂的成分。要简要概

① 参考《Präludien》第六版（1919），并参看《Geschichte und Naturwissenschaft》（1894）。

② 《The Letters of William James》.

③ “Gedächtnisrede auf Wilhelm Dilthey”, Abh. d. Kgl. Pr. Akad. d. Wiss.（1900）.

述他的心理学观点是一件非常困难的任务①。上面提到的"新的"心理学是由H.埃宾豪斯所代表的心理学。现在有关"理解"和"说明"的讨论中提出的许多论点都首先是在迪尔泰同埃宾豪斯的争论中形成的。② 迪尔泰攻击埃宾豪斯的"说明性"心理学,他认为那是模仿"原子"物理学的理想,而且主要是由假说构成的。要正确对待人文科学的特殊性,就应以一种"描述性"心理学来替代说明性心理学。(这里,迪尔泰提醒说,沃尔夫(Ch. Wolff)以及德罗比施(Drobisch)和魏茨(Waitz)曾对"说明性"心理学和"描述性"心理学——"理性心理学"和"经验心理学"——加以区分。)迪尔泰所设想的心理学是一切人文科学的基础。它是具有根本重要性的理解过程。这一过程归根到底是一个"艺术过程",一个我们在其中不断意识到部分同整体的关系的过程。由于某种原因,我们总是体验到一个句子、一个手势、一个行动,简单地说,一个局部深嵌在一个连锁的整体中,深嵌在一个结构关系(Strukturzusammenhang)中。对于这种结构关系的体验应该是心理学的出发点。"结构关系的体验",这就是迪尔泰的简明公式。这些内在的经验,如我们理解一个句子,一个手势,一个行动,激情与痛苦,人生与历史,这绝不是假设的过程,而是代表着描述性心理学的坚实基础。这样一种心理学不是从"元素"开始——像自然科学和说明性心理学那样——去"构成"因果关系,而是从体验到的内在关系开始。它从体验到的结构关系出发,用"分析的方法"去描述它的各个方面。尽管这样一种分析可能是多么精密,它从未找出"心理作用的全部因果关系结构"。试比较这样两个方面:"我们说明自然,我们理解心灵生活。"* 自然科学和自然科学心理学"说明",人文科学心理学"理解"。要注意的是,这

① Dilthey,《Ideen über beschreibende und zergliedernde Psychologie》(1894).《Beiträge zum Studium der Individualität》(1896). Sitz. d. Kgl. Pr. Akad. d. Wiss. z. Berlin,1894. "Über den Aufbau der geschichtlichen Welt in den Geisteswissenschaften" Abh. d. Kgl. Pr. Akad. d. Wiss. (1916),Philos.-Hist. Kl. "Die Typen der Weltanschauung und ihre Ausbildung in den metaphysischen Systemen". Weltanschauung,ed. by M. Frischeisen-Köhler(1911).

② Ebbinghaus,H.,"Über erklärende und beschreibende Psychologie",Zeitschr. f. Psychol.,IX,161.

* 这里用的是一句德文:"Die Natur erklären wir, das Seelenleben verstehen wir."——译注

一简单说法是一个非常复杂而又艰难的分析的结果。它曾强烈地激荡着从希默尔(Simmel)到施普兰格尔的现代思潮，而有关理解这一概念在逻辑和心理学两方面的复杂性，自埃宾豪斯-迪尔泰的争论以来的几十年中已经得到阐明。然而，迪尔泰系统阐述的“理解”同现代讨论中用成打不同含义精心制作的“理解”概念之间存在着极大的差别。

很容易了解，为什么最近二十年来对于“说明性”心理学的不满意大大增强了。越来越明显的是，实验主义心理学从实验室中某种“元素”开始，对于心理的高级活动不可能做出预期的深入观察，也不可能正确对待这样的事实，即人也是一个历史的动物，正好像他是哺乳动物一样。兰普雷希特(Lamprecht)认为历史是应用心理学，他因此不得不依靠一种注重最终可以分辨的元素的心理学。他不得不求援于埃宾豪斯、李普斯、冯特等一代人的著作。所以并不奇怪，他一再要求有一种“心理力学”作为历史的基础。当然，这种运用“自然科学心理学”概念的心理力学蕴涵着巨大的困难。兰普雷希特所需要的心理学是这样的：它应该改换出发点，使人格的整体同一种受到历史制约的环境的种种表现发生关系。施普兰格尔认为，只有一种名副其实的人文科学心理学才有可能满足这样的需要。

由于施普兰格尔无疑是现代人文科学心理学领域中的领袖人物之一，我们将在下面勾画他在《生命的形式》(*Lebensformen*)①一书中所提出的某些观点。这本书阐明了同迪尔泰著作密切相关的原理，并且，施普兰格尔认为，它相当于人文科学心理学的本体构成——而不仅仅是方法论基础——的初步尝试。它的成果是一种类型心理学，一种有关“人格基本类型”的讨论。作者描绘出(1)理论型人，(2)经济型人，(3)美术型人，(4)社会型人，(5)权力型人，(6)宗教型人。接着提出的问题是，为什么人文科学心理学采取类型心理学的型式？② 施普兰格尔草拟了一种他称之为构造(Struktur)③心理学的心理学，以反对几乎包括全部当代心理学学派的“原子”心理学。在他看来，意义是最

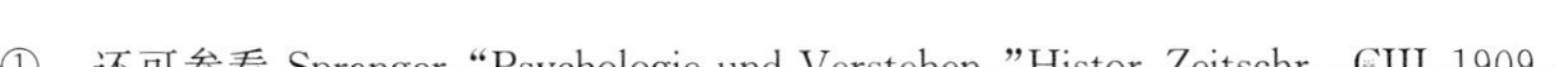

① 还可参看 Spranger,“Psychologie und Verstehen,”Histor. Zeitschr. ,CIII,1909。

② 参看 Klüver,“The Problem of Type in ‘Cultural Science Psychology’”,J. Philos. , XXII,1925。

③ 要了解这个词的意义，请看 Krueger,“Der Strukturbegriff in der Psychologie”, Ber. üb. d. VIII. Kong. f. exp. Psychol. ,1923。

重要的。在心理学中，我们必须从那种以“意义关系”为特点的整体开始。所谓一种关系是富有意义的，就是说这种关系的一切组成部分和作用过程在价值意义的一种总体完成方面变得可以理解了。从这个观点看来，一部机器正如一个有机体一样也可以是富有意义的。施普兰格尔认为，在设想心理不只是一种由自我保存倾向所控制的有目的的结构方面，他比迪尔泰走得更远。他的主要论点是，我们应该从作为一个整体的人格出发，这个整体同一种历史地发展起来的文明环境处于密切接触状态。把个人同这一环境人为地分割开，那一定是徒劳一场。这里存在着确定的联系。例如，在“宗教的”或“认识的”态度中，我们赋予这一环境以意义。在人文科学心理学中，我们不得不从这一类事实出发。这样一种研究的意义当我们想到表象、情感，和内驱力在认识的以及宗教的态度中所扮演的角色时，就变得明显起来。表象、情感和内驱力就它们本身来说，都是无意义的材料；它们停留在主观状态，“为我状态”，并且对于别人是不能解释的。但一个人可以向另一个人说明他的主观经验的意义。涉及意义时，我们才有共同语言；其实，我们能够共享的仅仅是我们主观经验的意义，而不是经验自身的作用过程。在某些“行为”中，我们使我们的意义具体化，并把成果称为科学、技术、艺术、宗教、社会、法律，等等。对于这些“具体表现”、这些文化领域的理解，只能通过“行为”和这些行为意图实现的意义才能达到。由于“行为”的数目太大，我们应该进行“隔离”、“理想化”(idealize)的研究，并在我们发现意义有所不同的地方加以区分。于是，施普兰格尔把科学的、经济的、美术的和宗教的行为描绘为个人的精神行为。对于这些行为类型的每一项的意义他是怎么说明的，这里不可能加以讨论。“同情”和“统治”行为不得不作为涉及别人的行为增添进来。于是，我们便有了六种不同的“行为”类别，使意义具体化或表现在科学、经济组织、宗教等方面。假如我们认为这六种“意义倾向”之一如“艺术行为”在某人身上占统治地位，我们就应当说他是“艺术型人”，尽管很明显，所有其他五种“意义倾向”也都在一定程度上有所表现。

这就是施普兰格尔达到上述六种“理想的基本类型”所运用的方法。尽管他的学说中有许多重要论点不能在这里提出，①但研究他的方法的某些细节还是有必要的。至少这样一点是明确的，即这种类型心理学是相当复杂的，不只是

① 我们略去了施普兰格尔最近已有改变的论点未谈。

把人划分为理论型、艺术型等等的简单问题。施普兰格尔的类型是“理解的先验图式”。这六种基本类型不能用实验方法来证明。现实只提供复合的类型，但这些复合型借助于“理想型”是可以理解的。这些“纯”型并不是心理学上的实验型，甚至也不是历史型，而是为了理解历史的现实而运用的概念手段。像迪尔泰的对手埃宾豪斯一样，施普兰格尔也是从个人出发。但他的下一步就离开了“说明性的”实验心理学。对于感觉和复现，对于个人的感情生活和意志生活的详尽分析是“说明性心理学”主要关切的事。施普兰格尔毫不关心这样的分析，径直研究作为整体的个人同历史环境的关系。施普兰格尔关心的个人并不是处于那样一种环境中，在这里某些刺激引起如感觉的反应等等。施普兰格尔感兴趣的是历史的背景；作为一种历史存在的个人，才是他的人文科学心理学注意的焦点。个人的行为是在这些行为同艺术、科学等等的关系中，同文化生活其他“超主观”表现形式的关系中受到观察的。这些“意义领域”的每一种都有某些明显的特征。然而，如果我们考虑到历史的复杂性，不同领域的分别就难以确定了。不过，当我们不以文化生活的表现而以个人作为出发点时，我们便可以找到较少的“意义倾向”。于是，施普兰格尔宣称，我们发现的就是上面那六种“类型”。于是，这些先验图式真地能使我们在人同历史环境的关系中，在人同“艺术”、“科学”、“社会生活”等等“超主观”现象的关系中理解人。让我们想一想，例如，某一个人，在他身上有一种意义倾向，一种价值似乎是占支配地位的；例如，科学的价值。在这一假想的基础上，我们就能设想“理论”人，理论型的生命形式。“科学的基本原则”客观性在实验上不能完全支配一种生命形式，这一事实在这个问题上是并不重要的。“理想的”理论人是一个构造物。为了理解现实的个人，我们需要这样的发明。因此，理解的问题才是施普兰格尔心理学的基础，一个埃尔德曼认为是人文科学的基础的问题。施普兰格尔说，他是由“历史的研究和忠实的日常观察”得出他的基本类型的。但是，他认为，关于这些类型范畴还需要做更多的工作；这样的工作可能最后会引起这些范畴的改变。例如，人们可能会像施特恩那样反对把类型说称之为心理学。但是，“理解”和“说明”的问题，是否存在两种心理学的问题——一种“理解性的”和一种“说明性的”；一种“人文科学心理学”和一种“自然科学心理学”，——这不只是一个名词问题。很明显，荣格、罗尔沙赫、耶恩施、克雷奇默尔、埃瓦尔德和比恩鲍姆(Birnbaum)规定的“类型”同

施普兰格尔的“理想的类型”是性质不同的。这些研究者注意的是以实验方法判别“类型”。应该肯定，这一工作已成为当代德国心理学的突出特征之一。①尽管实验方法可以不同，在理论上，类型概念是用来表明个人之间就其基本特点说来是可以在某种程度上相互比较的（Kronfeld）。当然，这一类型概念同“人文科学心理学”的“类型”毫无共同之处。假如我们遇到一种说法，认为类型问题是当代心理学最根本的问题，那么，很清楚，这种说法是指“理解”的问题。我们关于施普兰格尔观点的说明可能造成这样的印象，即这一问题主要是哲学家所关切的；但同时，它在心理病理学中已经成为十五年来的一个争论题目，那也是确实的。我们在这里要谈到关于“因果关系”和“通过理解意识到的关系”有何不同的讨论。总之，这是雅斯佩尔斯（K. Jaspers）引进心理病理学中的“原因的说明”和“心理学的理解”之间的区分。雅斯佩尔斯②谈到一种“静的”理解，在这种理解中，我们认识和把握“别的自我”的心理状态，并谈到一种“起源的”理解，在这种理解中，我们设想一个心理状态由另一心理状态引起的方式。我们根据多次观察，在一些因素之间确定客观关系，就这样在原因上做出说明。雅斯佩尔斯一再指出，我们通过“理解”找到一定关系的这一事实，同这一关系实际发生的次数比较，是微不足道的。

这些评语表明，这是从一个同施普兰格尔极不相同的角度来探讨“理解”问题的。要弄清这一区别，我们应注意两个事实。一是雅斯佩尔斯同现象学的关系。胡塞尔和舍勒（Scheler）的著作，以及布伦塔诺的著作，在常态与病态心理学中不仅在理论上而且在实验工作上都一直起着促进的作用。③ 本文不可能对胡塞尔的研究进行分析，因为他的研究涉及某些哲学上最棘手的

---

① 参看 Klüver, “An Analysis of Recent Work on the Problem of Psychological Types”, J. Nerv. and Ment. Dis., LXII, 1925。

② Jaspers, K.,《Allgemeine Psychopathologie》(1913). 并参看“Kausale und verstandliche Zusammenhänge zwischen Schicksal und Psychose bei der Dementia Praecox”, Zeitschr. f. d. ges. Neurol. u. Psychiat, XIV, 1913。

③ 请特别参看 Husserl,《Logische Untersuchungen》和《Ideen zu einer reinen Phänomenologie und phänomenologischen Philosophie》。《Allgemeine Einführung in die reine Phänomenologie》. Scheler, M.,《Der Formalismus in der Ethik und die materiale Wertethik》. 并可参考 Appendix D in Ogden and Richards,《The Meaning of Meaning》。

问题。下面只能简略提到他的某些概念。

胡塞尔把“现象学的态度”和“自然的态度”做了对比。人很自然地把世界——他在这个世界上思考、恨与爱——看作是“真正给予我们的”，并且关切这一世界的事件、事物、学说和真理，把这些作为应该接受或拒绝，应该相信或不相信的现象，总之，他对这些的关切是因为它们本身以外的什么，是“因为考虑到后果”。在“现象学的态度”中，我们勾销了这些后果，我们把它们“放在括号里”。我们可以意识到一件东西的存在，但是我们并不利用这一存在，就是说，我们并不借助于存在的事实证明或反证任何事情。“我勾销一切同自然世界有关的科学；虽然我不想反对这些科学，但我对于它们的有效性绝不加以利用。没有一个属于自然而在我看来又十分明显的命题现在可以被认为是有效的或无效的；没有一个命题真被采纳，没有一个命题可以作为一个基础为我所用。”就这样，胡塞尔勾销一件东西或一个命题可能具有的“有效性”及其“系统的”意义。“不论什么东西——不论它是真实的或不真实的，逻辑的，非逻辑的，或者甚至不合逻辑的——都可以在现象学上加以探讨或纯化；即剥去它自然的或系统的联系。”①这样一种理论上被“隔离”的称为“现象”的东西，是靠勾销“自然的或系统的联系”，靠“现象学的还原法”得来的。于是，现象学给自己下的定义——援引兰茨的公式——是：“在客体同意识的关系处于高度不偏不倚状态时对于客体的一种研究，这时，有关客体的表面价值和分类上的意义不在考虑范围之内。”我们把客体的“自然的”联系“割断”，我们暂缓判决，目的在于不失去真正给予我们的现象的视线，这种现象是经常为种种“传统”、“理论”、“说明”所掩盖的。现象学的还原法可以应用于像“红”、“蓝”、“真”、“美”、“意义”、“标记”、“符号”等等现象。“一定深浅的红可以在许多不同的方式中判定。例如，作为由‘红’字所表明的颜色（颜色自身已经是一种替代物，一种还原）；作为这一件东西或这一特定表面的颜色；作为‘我所看到的’颜色；作为这一特定振动次数和振动长度的颜色。它在这里作为一个方

① Lanz，“The New Phenomenology”，Monist，XXXIV，1924. 一般说来我们将遵循兰茨的提法，尽管它不看重现象学中的新发展，也不注意胡塞尔所做的许多基本的区分，例如，在“现象的”，“描述的”和“真实的”之间，或在不同种类的“我”之间等等的区分。似乎通过对布伦塔诺的研究或许能更好地理解现象学。

程式的x出现。只有现象学的经验才能赋予我们'红'自身,在这里,那些判断以及标记和符号的总体达到它们最后的完成。它使x转变为一个观察的事实。"(舍勒)在现象学上,红不是一种"感觉"或"振动"或"一种皮质作用",或一个"幻觉"等等,"即使是一个幻觉,它也不能摆脱它的'本质',甚至宣布它是由幻觉产生的也不能摆脱。"现象学同"本质"打交道,同存在打交道;它不是一种"事实的科学"(Tatsachenwissenschaft)。它审查"红"或"真理"或"朱庇特"(Jupiter)的"本质"。例如,我们发现,说"朱庇特"在我们的想象中只有一种心理上的存在,那是不恰当的;因为想象活动是"真实的事,而朱庇特不是一件真实的事:任何地方他都不存在"。我们想象的对象,或者一般地说,意识的对象,同它在其中出现的意识状态是不相同的。意图的"对象"和意图的"动作"是不相同的。这个不同不是就存在的意义来说的,"而仅仅是可能论断的一个不同重点"。

以上谈到的仅仅是现象学上的很少几个概念,但已经很容易理解,在这一学派的影响下,心理学概念中牵涉的问题如"机能"、"动作"、"意图"、"现象",和"标记"等等,已经找到了一个简明的公式。在依赖观察(内在的审查)的现象学家的影响下,以无偏见的方式观察现象的倾向,并且首先是不掺杂先入之见的描述,已经接受了一个强烈的刺激。因此,对于一种"现象分析"的需要,不仅在心理学中,而且在其他研究领域都已经提出来。在心理学中,特别是在心理病理学中已做出尝试,不以身的作用为依据(常常是假设的)来识别和理解心理状态和心理作用。在一个"内在心理分析"的基础上已取得了成果。最后,理解已作为一种方法介绍进来。这样的发展是否仍然同现象学有密切的关系,那是另一回事;但是,这一"哲学"学派的影响是不容否认的。这一学派毫无疑问在相当大的程度上应对由"说明"到"意义"的转移负责,这种转移在当前的心理学中往往是很明显的。它的影响在林克(Linke)、普芬德尔(Pfänder)、盖伊格尔(Geiger)、沙普(Schapp)和布龙斯维格(Brunswig)等心理学家的著作中很容易看出来。在心理病理学中,席尔德尔(Schilder)、施纳依德尔(Schneider)、克龙费尔德(Kronfeld)、施托希(Storch)、迈尔-格罗斯(Mayer-Gross)等的现象学研究已经出版。这些研究者大多数都曾受到舍勒著作①很大的影响。再来看雅斯佩尔斯，我们可以说，不仅他在心理病理学中的著作，而且他对于创立一种世界观心理学②的尝试，也都表明有现象学观点的影响。

要充分认识雅斯佩尔斯对于"理解"心理学的看法，还需要研究一下他同M.韦贝尔(M.Weber)③的关系。M.韦贝尔关于"理想型"的概念，雅斯佩尔斯认为在心理学和心理病理学中都具有突出意义。韦贝尔强调人文科学的特殊性，认为任何法则体系，不论多么完善，也不可能阐明一种文化表现的意义，因为文化事件以价值含意为先决条件；就是说，在认识一项文化事件时，这项事件中只有某一个方面显得是有意义的。这里，"理想型"具有一种特殊的作用。我们从"夸张某些经验元素"开始，不适当地强调这一事件的某些特征并抹杀其他特征，确定某些以我们现有知识看似乎有可能成立的关系。总之，我们为这种情境设计了一种逻辑模式，理想的类型。这样，特定研究的目的便在于判定现实同这一理想型有怎样的区别。只有以后的研究才能解答这个问题：究竟这种类型是幻想的产物，还是科学上有成果的概念。于是，理想型的一切表现——例如，基督教的本质——只要是作为实际存在物的历史表现受到观察的话，就都只能具有可疑的价值；尽管这样的理想型在研究方面具有很高的启发意义，并且，假如作为"比较"和"衡量"现实的概念手段，在描述方面也具有很大的系统化作用。理想型不是一种估价的手段，而是为了启发的目的而设计的一种构造物。雅斯佩尔斯接受了这个看法。至于韦贝尔，像雅斯佩尔斯一样，我们也不能说他有什么新的"发现"。以前运用的方法被赋予一个明确的方法论公式，这就是一切。雅斯佩尔斯自己也认为，颖悟的研究者经常"本能地"运用"理想型"。例如，狂躁症的"理想型"已被塑造出来(狂欢、语无伦次加情绪压抑)；癔病的特征也已划定。这样一种方法不会引导无穷的细目，而且能发现有意义的关系，不论我们是同病症的理想型打交道，还是同世界观的或其他现象的理想型打交道。

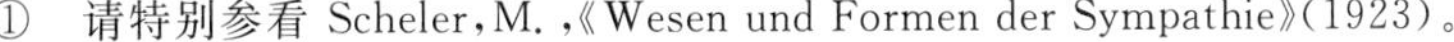

① 请特别参看 Scheler, M.,《Wesen und Formen der Sympathie》(1923)。

② Jaspers,《Psychologie der Weltanschauung》(1922).

③ Klüver, "M. Weber's, 'ideal type' in Psychology", J. Philos., XXIII, 1926. Weber, M., "Die 'Objectivität' sozialwissenschaftlicher und sozialpolitischer Erkenntnis", Arch. f. Sozialwiss. und Sozialpolitik, XIX, 1904.

上述雅斯佩尔斯的观点表明，在他的体系中还没有明确形成“理解”的概念；当然，应该承认，这个问题牵涉的困难是很多的。

在这一章对“因果的”和“理解的”心理学进行对照研究时，我们曾试图勾画当代德国心理学最有代表性的特征之一。到目前为止，上述问题似乎还没有得到任何解决。究竟是只有一种科学的心理学，还是有两种不同的心理学，究竟在“因果的”和“理解的”心理学之间是对立的关系还是两者相互补充——这些问题和这一类的问题还没有得到最后的答案。

附录二 历史回顾*

G. 墨 菲

历史可由站在高山之巅鸟瞰全景，也可由迈着缓慢而艰难的步伐沿着陡峭山路攀登山巅的过程而进行了解。我们在这里首先试图采用全景法，但也提供少许段落给读者，如果他们愿意，就可看出全景法与逐段法如何相互结合。

现在有再次兴起的努力要使历史成为一门科学；撰写"历史规律"的新企图是显然的。阿诺德·托因比（Arnold Toynbee）在比较了许多文化后告诉我们，如果一社会集团遇到一种它能作出应答的强烈挑战，这就会促进他们的文化向前发展一步；但如果该挑战过于强烈而不能为这个社会结构所承受时，则他们的文化就会失败而消亡。人们可以反对这些概括而仍然热情地重申独一无二性，即历史的不会重演。这一问题使我们想起了戈登·奥尔波特（G. Allport）对个性的一般规律（nomothetic）与个体特征（idiographic）** 研究之间的生动对比。事实上，历史学家在他力求合法性时可能走到只关心社会过程的抽象概念的地步，同时，他也可能沿着相反的方向走下去而成为事件的编年史作者而且归根到底会成为政治的、文化的、科学的，或其他类型领袖人物的研究者。我曾有机会为其他的听众稍微发挥了这一思想①。这里我不准备多谈，而只愿对心理学史持广泛的一般规律的观点，比历史学家通常所关心的要更多地注意运动、倾向和时代，更少地注意新概念的光辉创立者。例如，如果有人要察看智能的历史，特别要察看关于心理的概念史，寻求

---

* 这一篇文章是加德纳·墨菲于1973年所作，作为开卷论文刊于B. B. 伍尔曼主编的《普通心理学手册》中（Handbook of General Psychology，1973）。——译注

** 原文是"ideographic"意为"表意符号的"或"象形文字的"，但用在这里是不适当的。可能是作者笔误，应为"idiographic"，即"个体特征的"。见本书边码第415页，墨菲提及奥尔波特时曾用过"idiographic"一词。——译注

① 参看我在A. R. Dasai编（印刷中）印度邦贝大学社会学部《五十周年纪念集》（1969）的投稿，题为《Is There a Science of History?》。

直观创造性的瑰丽异彩，那么他就不会遗忘两位同一时代的伟人，即斯宾诺莎和莱布尼兹。但前者这么远地走在他时代的前面而且对于一种本质上属于高超类型的创造性思想所做的阐述又是那样的独一无二，以至于他对当时的心理学几乎没有留下任何深刻印象；至于后者，则以他的力学和数学形成一种关于知觉与注意的概念，掌握了并广泛影响了此后三个世纪的心理学。这多少类似于E.G.波林(Boring)的想法，即思想必须与时代精神相和谐。然而，你可以径直地说，刻划倾向的特征是合法的，或者，也可以变得主要只关心人物。

从这一观点出发我们必须从一般的历史开始——既非政治史，也非军事史、经济史、科学史，也非任一其他种类的特殊历史。我们必须，譬如说，像毕比(Bibby,1963)那样来观察我们的问题，他在其优美的《4000年以前》一书中向我们展示了公元两千年前整个地球如我们所知的那种人类生活运动的面貌：战车的发明与应用；远达冰岛的大胆海洋探险；黄金的发现并发展为贸易的力量；冶金术与书写的发展。所有这些都是人类历史中的插曲，人们既不能在其中分清部族的界限也不能把这些都归因于主要的发明而不丧失基本的人类透视，说明这个作为一种动物存在与一种文化存在的人当时在发现什么并以之应用于其个人的和集体的生活。从这一观点看来，心理学的历史只能开始于一稳定的文化，这时，人们在高度发展的劳动分工和经济剩余的富饶土地上，才开始转向内部，探索使社会变化得以衍生的知觉与反省的心灵本身的性质。例如，这发生于中国、印度和地中海区域，表现在纪元前500年中国的老子和孔子，印度的《奥义书》，从南意大利到小亚细亚许多城邦的希腊思想家等，在哲学和心理学方面都有惊人的兴起。

这些人都是生活在经历了军事的与经济的巩固期的相对稳定社会中，他们着手探讨如何认识现实的问题，探讨心理或精神的实质是什么，并探讨生活如何能够过得更好等等。中国的哲学家们大都探讨如何生活得更好的问题，而印度的心理学家们一般则不相信这一世界，不相信与我们周遭物质现实的直接交往，并培养对内在精神的理解与训练。希腊人则主要关心首要原理，关心物质世界与精神世界能以衍生的基本存在。

本文所探讨的几乎全部是西方心理学。在这一西方图景中有必要记住的是山、川、岛屿的地理导致不时的中断，导致城市与国家活动的不时显现——总是贸易,总是交换观念,经常战斗,建立帝国然后又崩溃等——形成各种新的交流和新的战斗或归并。可以说,希腊哲学家与心理学家是有限而短暂的地文与文化现实的不连贯表现。中国与印度的广阔平原,在集中于沿海一带并为巨大的河流所分割时,便于远距离活动;但喜马拉雅山的巨大锁链使它们在历史上很长的时期中彼此分离。如果在中国哲学中比在西方哲学中有较大同质性的话,这可能是部分的解释;如果在印度心理学中比在西方心理学中有较大同质性的话(我同意这点可以争辩,但请暂时接受它)这是因为总有 5,000 年或更长时期的公认的印度文化。在同样意义上,西方没有一种文化存在一千年以上,甚至当你选取例如由奥林匹克竞赛(从公元前 800 年到公元 200 年)为代表的希腊文明,或选定罗马帝国,或神圣罗马帝国,作为一种半政治半文化的人类事业长期延续的象征时也是如此。

然后,安下心来对西方心理学作一简短的审查,我们首先可以说它始于希腊人所从事的"首要本原论"(Russell,1959)的研究。有人说所有物体的最初本原是水;另一个说是火;又一个说是数;甚至还有一个说是心。我们必须特别强调希腊人所形成的三个概念:毕达哥拉斯关于数目是理解世界秩序结构与过程的线索的概念;德谟克利特关于细小物质微粒(原子)在物体甚至在心的结构中联合、连结与分离的想法;以及精神或心总是反应的方式——或我们应当说是活体的机能或过程——的"机能"概念。所有这三种概念都发展了和系统化了。柏拉图关于精神与身体明显分开的概念对公元第三世纪和以后的基督教神学哲学家成为重要的东西,而亚里士多德关于精神作为活的个体的基本形式或机能的概念终于成为经典的并深受集中于拜占庭的东方哲学所崇敬,直到 1453 年这座城市为土耳其所攻陷。但在十字军东侵后,集中于罗马的西方基督教开始吸收东方哲学的某些东西,而亚里士多德关于精神是形式的概念与基督教关于精神与身体分离的概念结合为大家所知道的"经院哲学"。

十字军东侵以及与穆斯林世界的接触,连同缓慢发展的文艺复兴(例如,在查理曼领导下),并为大的经院学派所增进——最后 12 世纪大学的建立——这一切都促使带有希腊心理学初期特征的思想型式复苏。

从这一观点出发,以走马观花的方式编撰历史,我们试图从文艺复兴开始来审察约自公元 1500 年以来在一般科学与心理学中的五种主要倾向。

1. 自然科学的哲学

那么，我们从伽利略开始，他是意大利北部帕多瓦大学的数学教授，研究柏拉图的学者，数学家与新方法发明者。组成他的创造性的，既非他的柏拉图主义也非他的数学，虽然二者在确定他实验工作的特点上是基本的。据说他注意到皮萨大教堂内灯光的摇摆而启发他思考那些重现于其关于自由落体研究中的自然力的测量，并使他试图解释水泵的作用。他不同意关于光以无限的速度运动的概念。他用灯笼做实验，试图发现光实际的运动速度。自然，他对哥白尼关于地球绕太阳运动的概念作了肯定的反应；正像他同样地肯定望远镜的发明一样。他自己的望远镜，仿造荷兰所用的一个，的确显示了木星的卫星。那时，世界可以通过希腊人的眼睛加以观察。它是有秩序的并能以数学方式认识的。你实际上可以模仿自然甚至分离出物质自然的小片并且对它进行实验研究。同时，巴黎的笛卡尔，数学家与物理学家，在他的《方法论》一书中注意到思考的心的性质，这书赋予理智的灵魂以超越于身体的生理系统之外并在某种程度上独立于它的地位。同时，在杰出的论文《灵魂的情感》中，他"以物理学的方式"描述情绪并奠定了反射动作生理学概念的基础。动物是"自动机"，而人——除了他的理智灵魂通过身体与松果体交往外——按照物理学的原理也有其生理的根源。英国人托马斯·霍布斯访问了巴黎的笛卡尔和他的同事们又访问了伽利略，并从他们那里学到许多东西。他回到英国就灌输一种像德谟克利特的唯物原子论概念于其关于社会《利维坦》的系统研究中。他也发挥了许多导源于亚里士多德的有关观念联想的想法，这些观念在结合中，详细说明了心理事件为脑内物质的原子颗粒所规定的学说，脑内全部的物质的活动是情绪与思维本性的基础。如果哲学家需要它的话，这里就是现代唯物论的心理学；而且这里是作为研究知觉、情绪、思维，甚至意志的一种有效原理的合理的生理心理学。不管在哲学上是否精炼，它卓越地代表颇为现代化的概念。

同时，伽利略的物理学与数学在英国、荷兰和德国正产生着新的方法。莱布尼兹既是数学家又是单子论的哲学家（指经验的分子而非物质的分子），他探讨单子（不可分的精神）反映外部世界的途径，这不是偶然的。同时，牛顿几乎单枪匹马地创立了数学-物理的世界观，它表明了运动的定律并表述了以后被称之为"古典物理学"的引力体系与光学体系。

容易为人遗忘的是哥白尼和伽利略的天文学，伽利略和牛顿的地球物理学对于全部现代心理学有直接而巨大的意义。18 世纪中叶，当哈特莱(Darid Hartley，1749)把全部心理学奠基于"联想"时，他发现牛顿对钟摆的研究正是他想要提供的物理基质。联想是"脑内白色髓质"中振动活动的弦线，它使每个新鲜感觉刺激引起在过去经验中的一系列彼此相互联系的心理事件。当牛顿的观念通过伏尔泰的著作对于一般的读者大众给予巨大影响时——因为这给予他们以有秩序的物理论的宇宙，一种"自然主义的"世界，其中物理哲学与数学结合起来了——牛顿的物理学与数学也同样为现代心理学的组成确定了方向。因此，19 世纪初在德国当赫巴特(Harbart，1816)着手论述关于观念的联想时，他不仅利用了牛顿所规定的原子论的和数学的方法，而且实际上在测量联想过程的强度时使用了微积分运算。甚至当牛顿与惠根斯辩论光的性质时，医学界就在研究物理学对活体系的含意；而在 19 世纪初托马斯·扬就提示光学物理如何关联到颜色经验。但 19 世纪中叶赫尔姆霍茨曾作出大量贡献的"生理光学"，也大部分取自作为解剖学家和生理学家的医生们的工作。今日的生理学在其时间、空间、力、质量等概念上仍然在很大程度上是信奉牛顿学说的。虽然从 1900 年以来新的发展——量子论、相对论和测不准原理——还没有深刻地影响到心理学，但在它的四周已产生了一种不安；自然，在其他地方所看到的逻辑实证主义与操作主义的争论总是提醒心理学家们注意：他们的科学在某种意义上必须"基于""基础科学"。可以不夸张地说，现代心理学应该归功于牛顿的至少不亚于应该归功于文艺复兴时期的任一心理学思想家。

2. 生　理　学

但在一般科学中我们的第二个运动，虽然仍利用物理的基础，但所涉及的机能概念与伽利略和牛顿的差别极大，所以我们必须把它视为一门新的科学发展。我指的是身体单元的系统概念，如由笛卡尔及其直接追随者所发挥的，成为理解本能甚至理解审慎反应单元(deliberate response units)的基本东西。把本能与反射动作相比较，把习惯放入有关反射概念的范畴里，甚至在威廉·詹姆斯和德国生理心理学家如冯特的时代以前已成为司空见惯的事了。在19世纪后期反射弧在心理学思想中非常关键，以至杜威致力于对它进行卓越的攻击，期望对这一死敌的致命一击能为一种新机能主义提供唯一可以设想的基础，在这一机能主义中活体的整体性可以受到强调。谢灵顿在本世纪初把简单反射用作“方便的抽象”，随之引起科学观念的一致发展，以致它终于又成为一种不方便的抽象。然而，反射没有被排除，它与反应系统结构的最终关系也不能确定。大多数以元素论与原子论为一方，整体论与完形论为另一方的争论都关联到这些行为原子，这些反射单元。

但当我们瞥视西方欧洲心理学史感到对所有这些问题颇为熟悉时，我们易于忘掉在上世纪60年代与70年代同样的论题由俄罗斯的谢切诺夫明智而系统地加以发挥。它们在别赫捷列夫的“客观心理学”和巴甫洛夫以生理学条件反射单元为基础的条件反射体系时代以前已充分形成一宏大而自足的反射学体系。

现在我的命题是：替代德谟克利特的原子论和替代由霍布士和洛克所发展的意识元素的原子论的，有一种从笛卡尔时代以来直接看到的行为单元的原子论，它主要由以上所述的物理科学的背景中汲取力量，但也从医学和动物学的进步中——特别当它们在德国大学发展时——汲取力量。与此相平行的是谢切诺夫、别赫捷列夫和巴甫洛夫等的生理实验和分析。因此，人们可以主要根据反射概念在其多少以笛卡尔学术发展时所具有的引人而有效的影响来说明从内省心理学到行为心理学的转变。

3. 演　化　论

但以上我们还没有把生物科学作为心理学背景的问题说完。的确，我们不过是刚刚开始。因为和古代心理学与中世纪心理学对比起来的现代心理学，其第三个主要倾向是发展的概念——基本上是变化的概念——变异性、分化、新整体的出现；总之，大体可以被认为是演化论的学说。在希腊人中，在著名的伊壁鸠鲁信徒中已有过演化论，而且这已为罗马诗人卢克莱修的诗篇《物性论》生动地表现在拉丁文中。演化论18世纪在浪漫主义的变化理论中又重新抬头，如在布丰的诗中，以及在德国的歌德，在英国的伊拉兹马斯和达尔文的地质学和生物学的演化论推论中。自1800年后不久，各地生物学家提出从一种生命形式到另一种生命形式的发展问题，即关于“物种演变”问题。尽管拉马克是演化理论家的天才，但证据还不够充分。但演化理论的发展，再加上对观察资料经历 20 年的仔细整理，使得查理·达尔文有可能于 1859 年发展成一种关于生命形式演化的有条理的图式。这同时也是个人生长概念的背景。佛朗西斯·高尔顿表明一种个性的心理学能用这些概念写出，并进而为整理身心两方面个别差异的知识发展了实验的与统计的方法。到 19 世纪末，心理学成为个人化的科学。事实上，精神病学，正像艾尔弗雷德·比奈在他 1890 年的小册子里所说的，已发展成为一门人格的心理学。自然，以演化论为基础的另一门生物学体系精神分析也变成一门极其清楚的个人化的心理学型式。因此我们就有了一幅从卢克莱修到高尔顿和弗洛伊德的演化论思想方式发展的图画，完全值得被看作心理学史中的一个基本倾向，正像伽利略——牛顿物理主义的倾向或赫尔姆霍茨——谢切诺夫——冯特的反射动作倾向一样。

4. 冲动与动作

尽管几乎心理学史的全部——稍微超出心理学——能以认识的概念撰写，几乎医学思想史的全部——稍微超出医学——还是能以冲动和动作的概念进行撰写。从这一观点出发，人们开始能同医学界一起编写东方或西方心理学史。的确，希波克拉底及其体液说是一条优秀的基线。医学心理学，像全部医学一样，必须注意这样的事实，即一明显冲动或动作的主要原因可能是外部观察者及病人本身所看不见的。可能有看不见的情感上和决断上的理由；因而也有思想上的理由。在弗洛伊德以前就有关于无意识的各种历史提醒我们注意到如下的事实，即某些生理的和某些心理的隐藏得很好的事件总是在调制一道烦扰的——或启发创造性的羹汤。19 世纪的医学，像怀特（L. L. Whyte，1951）提供的文献所证明的那样，已为无意识心理学提供了一连串的可能性，而从叔本华经过尼采到冯·哈特曼等哲学家们则提供了同样吸引人的可能性。而后，当弗洛伊德从维也纳、巴黎、南锡，并且又在维也纳观察到由潜在动因而发生的行为型式与思想型式时，他便由希腊人所发轫的医学心理学推断出一个系列。希波克拉底是位演化论者和医学心理学家；弗洛伊德也是这样。事实上希波克拉底著作的某些段落既是笛卡尔学说的也是弗洛伊德学说的。作为实验生理学家和胚胎学家的弗洛伊德，变成心理病理学家弗洛伊德，在主要是希波克拉底的关于人的概念中混合了关于演化论的和生理学的概念。

5. 社会心理学

我们已选择了四个需要特别注意的重大的有长远影响的倾向：(1)牛顿的物理主义倾向；(2)笛卡尔反射论倾向；(3)发展的达尔文学说的倾向；(4)弗洛伊德医学动力学倾向。但是还要考虑一个甚至更为广泛和更为深入的倾向：人们在满足其生活需要和最深的理智、人格、和社会的需要过程中为自己建立了一种新的物质环境与社会环境，并从这一新环境接受反馈而改变其自身。理查兹·麦基翁提示，希腊商人和美索不达米亚商人在底格里斯河与幼发拉底河两岸充分地讨论商业与生活时，开始谈论一切东西都可同金钱交换，像赫拉克利特所说的那样，并发展了继续和保存的基本观念，像赫尔姆霍兹或皮亚杰要说的那样。金钱和信用系统引起双方由于交换获得收益而敢于交易的习惯。的确，在商业世界中发展了关于合理性与冲突控制的观念，人们在其中不是以战斗的方式解决问题，而是以交易、规划解决问题，所以人群与人群之间建立长期的相互关系就成为可能的了。当然，希腊城邦的政治组织增强了个人的权力，而且群众决定的合法性限制了君主专制的范围。同样的民主个人主义在早期罗马和希伯来社会中也在形成。关于人性以及以理智控制冲动的含蓄观念有其模糊的但提出责难的故事涉及心理学的萌芽。的确，曾征服印度半岛的骄傲的人们，当他们观察到在他们周围各处的贫穷、疾病和死亡时所产生的失望与沮丧心情，导致一门提供安静和逃避的心理学。的确，由文官对中国广阔的文明所进行的控制——这些文官是根据经书学识的造诣选拔出来的——有其自身涉及秩序与约束的心理学要旨提供出来，利用这种秩序与约束，这一官僚政治就把勋位与尊严赋予一些符合他们社会身份的人们。心理学产生于作为社会基本假设形态的哲学，由那些掌握整个时代精神的个人，如老子、孔子、佛、希波克拉底、赫拉克利特等所竭力维持并时常做出极其动人的表述。

鲁宾逊(James Harvey Robinson，1921)说希腊哲学所能达到的进步是在一个由奴隶制度所主导的世界中做出的，因为自由人并不操心事物或工具，而只注意观念。当人们想到雅典城邦的技艺——例如，赫斐斯塔司的兵

工厂——就觉得这种说法有点夸张。但鲁宾逊的主要论点是完善而重要的：人们的工作方式说明其思想方式，本质上如卡尔·马克思所立的这一命题。人们跟着鲁宾逊便可以依据自身像滚雪球那样发展起来的经济、政治和军事冒险看到"人心历史"的出现，而科学只是一种原始的好奇心，只在闲暇和经济富裕之时才能发现。从这一观点看来，在希腊城邦崩溃之后，而且确实在奴隶制作为一种社会制度开始瓦解之后，希腊科学——它是工具制造与工具完善的手段——开始形成于关于身体及其机能的概念，正像人们解剖并通过透镜看到的那样。

过了将近2000年之后，科学在这一意义上——好奇的，制造着工具，使用着工具，探索着包括环境与人自己在内的现实的性质——在文艺复兴时期形成了。由此观点看来，商业革命，由于它反对农奴制并终究反对奴役，并且由于它使艺术、工艺完善，使一切能创造性地运用技术者提高运用工具的技巧，这导致了实验科学的发展。的确，大学尽管受传统的支配，仍然发挥了它们的作用，因为正是自由乐器演奏者与思想家的相互作用才终于提供了我们已经注意到的伽利略传统。因此，西欧13至17世纪的商业革命不只是一种以生产、加工、交换羊毛与羊毛产品的方式进行的革命。它包括对精美纺织品的喜爱，以及威望、权力和随之而来的审美的满足。但当那些与羊毛和其他纺织品打交道的行会以及促进这些交易的银行家们权力增长起来时，商业革命就提供了关于理性、计算、个人收益的一种习惯法以及最后一种个人主义与民主思想，这形成了政治感。约翰·洛克的理性与致力于教育与民主的原理属于商业革命大发展迅速侵蚀并最终破坏皇族与大地主权力以利于新的资产阶级的时代。所以，血液循环的发现和适用于医学观察的显微镜的发明在这一时代迅速出现，这并非偶然；因为理性的人，不管是商人或银行家，都欢迎革新，而且的确欢欣地把他们的子女送到大学里，除学习古典文学外，还汲取一点关于思想世界本身的新实验主义。

这一新实验主义，就物理对象而论，表现在詹姆斯·瓦特的蒸汽机的发明以及用于新发明的"工厂系统"的新的织梭和机器工具的发展。所有这些新工具和仪器都增加了人类控制甚至理解自然力作用的能力。它们增进了这样一种信念——如果不是从哲学方面说，也是就非常简单的、日常的、实际的意义说——即，像拉·美特利所说的，人是机器；而且它们创造了一个基本上像机器样的“政治经济”的世界，其中人民与国家基本上是按照机器的原理所操纵。反对这一切的伟大转变是人道主义的、浪漫主义的、一种新诗般的“政治风暴”运动，然后把生活的教养作为最高的价值，如同在演化论原理中以及在来自浪漫主义思潮和来自充分理解的达尔文演化论本身的个人化努力中所见到的那样。

那么，我们可以说，概括在“商业革命”和“工业革命”成语中的社会文化倾向，必须被理解为改变生活概念与心理概念的基础成分，这些概念已在过去几个世纪内形成。这并不是说个人无足轻重。这只是说，如果一般历史的以及包括在其中的科学历史的动力学能够作为赋予每个个人的努力以前后联系与意义而受到充分理解时，那么，某一偶然的个人所取得的伟大成就就可得到最完善的了解。

参考书目：

1. Bibby, G. 4000 Years ago: A panorama of life in the second millennium B. C. New York: Knoff, 1963.

2. Hartley, D. Observation on man, his fame, his duty, + his expectation, 1749.

3. Herbart, J. A Text book in psychology, 1816.

4. Robinson, J. H. The mind in the making, New York: Harpes+Row, 1921.

5. Russell, B. Wisdom of the west, Garden City, N. Y: Doubleday, 1959.

6. Whyte, L. L. (ed.) Aspects of form: A symposium on form in nature+art. New York: Pellegrini and Cudahy, 1951.

译 后 记

美国心理学家G.墨菲的《近代心理学历史导引》首次出版是在1929年。第一版曾由我们两人分别于不同年代全文译出(手稿),因部分译稿失散,这次据墨菲和柯瓦奇1972年修订第三版重译。第一、二、三编(一—十九章)及附录一系林方译;第四编及本书其余部分系两译者合译,其中第二十二,二十三,二十七章及附录二为王景和译,第二十,二十一,二十四,二十五,二十六章及索引部分为林方译。

本书涉及的知识领域较广,翻译过程中遇到不少困难,曾得到科学院心理研究所党委的支持和心理所理论组同志的帮助和指教。所长潘菽同志曾在百忙中亲自抽查校阅了部分译稿,做了许多重要修改。心理所一室刘范同志细致地校阅并修改了第十一章译稿。在此一并表示衷心的感谢。

心理学涉及的问题比较复杂,新名词及术语较多,译文中不免有不当和错误之处,希望读者批评指正。

本书译文脱稿后始知原书1949年修订第二版曾有中译:一为北京大学哲学系心理学史教学小组集体翻译(手稿);一为美国密执安大学刘永和教授的译本。由于时间仓促,未及参照研究,本书译文不当之处也希望两位译者赐教,以便再版时校正。

译 者

1979年10月

图书在版编目(CIP)数据

近代心理学历史导引/(美)G.墨菲,(美)J.柯瓦奇著;林方,王景和译.—北京:商务印书馆,2017
(汉译世界学术名著丛书:120年纪念版:珍藏本)
ISBN 978-7-100-14889-4

Ⅰ.①近… Ⅱ.①G… ②J… ③林… ④王… Ⅲ.①心理学史—世界—近代 Ⅳ.①B84-091

中国版本图书馆CIP数据核字(2017)第160012号

汉译世界学术名著丛书
(120年纪念版·珍藏本)
近代心理学历史导引
(全两册)
〔美〕G.墨菲 J.柯瓦奇 著
林方 王景和 译

商务印书馆出版
(北京王府井大街36号 邮政编码100710)
商务印书馆发行
北京冠中印刷厂印刷
ISBN 978-7-100-14889-4

2017年12月第1版 开本710×1000 1/16
2017年12月北京第1次印刷 印张55¼
定价:278.00元